教育部1+X证书制度大数据财务分析指定教材
职业院校财经类专业“岗课赛证”融通系列教材

大数据财务分析

杜海霞　董萍萍　肖汉峰　主编

中国财经出版传媒集团
中国财政经济出版社

图书在版编目（CIP）数据

大数据财务分析 / 杜海霞，董萍萍，肖汉峰主编．
--北京：中国财政经济出版社，2022.9（2024.12重印）
教育部1+X证书制度大数据财务分析指定教材
职业院校财经类专业“岗课赛证”融通系列教材
ISBN 978-7-5223-1422-8

Ⅰ.①大… Ⅱ.①杜… ②董… ③肖… Ⅲ.①企业管理-财务管理-职业技能-鉴定-教材 Ⅳ.①F275

中国版本图书馆CIP数据核字（2022）第078011号

责任编辑：张　军　　　　责任印制：张　健
封面设计：卜建辰　　　　责任校对：徐艳丽

大数据财务分析
DASHUJU CAIWU FENXI

中国财政经济出版社 出版

URL：http：//www.cfeph.cn
E-mail：cfeph@cfeph.cn

社址：北京市海淀区阜成路甲28号　邮政编码：100142
营销中心电话：010-88191522
天猫网店：中国财政经济出版社旗舰店
网址：https：//zgczjjcbs.tmall.com
北京密兴印刷有限公司印刷　各地新华书店经销
成品尺寸：185mm×260mm　16开　13.75印张　299 000字
2022年9月第1版　2024年12月北京第4次印刷
定价：58.00元
ISBN 978-7-5223-1422-8
（图书出现印装问题，本社负责调换，电话：010-88190548）
本社质量投诉电话：010-88190744
打击盗版举报热线：010-88191661　QQ：2242791300

本书编委会

编写 说明

2020 年 1 月，大数据财务分析证书入围第三批职业技能等级证书，参与 1 + X 证书制度试点。目前，大数据财务分析职业技能等级证书试点院校数量近 300 所，报考人数超 4 万人。

《大数据财务分析》是大数据财务分析 1 + X 证书系列教材之一。

本教材依据职业技能等级标准，以企业财务分析应用技术变化为驱动，将大数据技术与企业财务分析理论有机融合，并以典型工作任务形式引入教学。深入融合业务与财务，将大数据技术作为支撑，形成系统化大数据财务分析体系。

本教材以《大数据财务分析职业技能等级标准》为标杆，对标职业技能等级标准初级和中级的具体要求，精心设计编写教材案例及相关内容。依托大数据财务分析教学实训平台以及相关大数据应用工具，进行财务分析思路、方法讲解和可视化的呈现，将行业最新应用及新技术融入教材及实训任务中，为胜任大数据财务分析、财务 BP、投资分析师等新岗位提供有力支撑。本教材也将思政元素融入教材各项目中，以立德树人为基石，在学习掌握技术技能的同时，培养学生正确的人生观、价值观与世界观。

本教材由北京财贸职业学院杜海霞教授编写项目一、项目二、项目四、项目五，北京财贸职业学院董萍萍编写项目三、项目六、项目七。

本教材配套实验手册及操作指导等资源，并精选部分资源嵌入二维码链接，读者可根据需求随时随地通过移动终端进行扫码学习，其他资源可配套参考实训平台中的相关资料。如需要了解教材配套资源的相关信息，可以电子邮件形式联系中国财政经济出版社，Email: caijingjiaocai@ 163. com。

本教材既可以作为大数据财务分析职业技能等级证书配套培训教材，也可以作为中等职业学校、高等职业院校、应用型本科、成人高等院校财经类专业大数据财务分析教学教材，还可以用作在职人员的职业技能拓展及企业岗前培训教材。

希望本教材能够对大数据财务分析类课程教学、学习以及实践提供有益帮助。限于编者水平，教材难免有不足之处，请广大读者提出宝贵意见，以期不断改进。

编　者

2022 年 9 月

目 录

项目一
构建大数据分析框架

【学习目标】

□ 具备管理思维，能够理解企业业务背景，评估分析需求，确定分析目标

□ 具备敏锐洞察力，能够识别问题，确定进一步分析重点

□ 具备职业判断力，能够基于不同的任务情境，选择合适的分析方法

□ 具备大数据思维，能够初步确定数据采集的路径与方法

□ 具备责任意识，能够初步确定决策建议

【知识框架】

如图 1－1 所示，在对企业经营进行分析时，从业务逻辑上有四个步骤：确定分析目标、选择分析框架、进行分析、出具政策建议。在进行分析时，从数据维度来看，包括数据采集、数据清洗、数据分析与数据可视化四个环节。

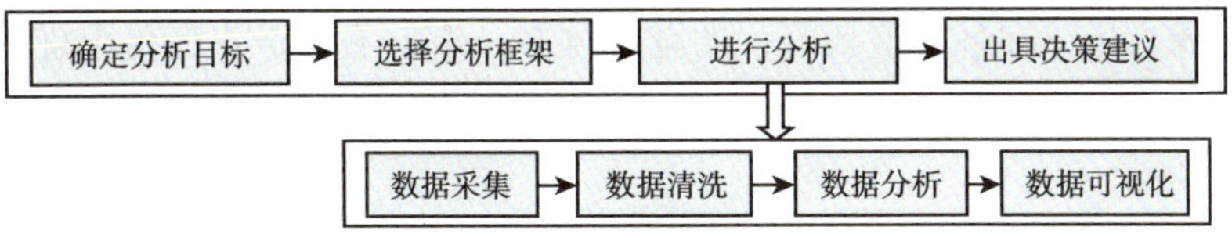

图 1－1　大数据分析框架

任务一　确定分析目标

1.1.1　梳理分析目标

【任务案例】

华瑞公司主要从事生鲜电商销售业务，需要分析的问题如下：

（1）公司是否应拓展二级城市的市场？

（2）公司2021年度的收入目标是否收现？

（3）公司已经募集了多轮风险投资机构的投资，是否存在风险？

（4）公司未来活跃用户数是否会持续增长？

（5）公司为了履行社会责任，是否应进行规模性的扶农产品采购？

请试着讨论以上分析的目标分别属于什么层级的目标？

【任务处理】

大数据财务分析的目标可以分为战略分析与经营分析。

1. 战略分析

战略是一个组织为了实现企业长期目标所做的方向性选择和资源的取舍。战略分析主要解决三个问题：在哪里（差距）？去哪里（方向）？怎么去（路径）？战略分析主要对公司所处行业的发展趋势、行业竞争状况、供应商与客户等上下游企业的集中度水平等进行分析，如表1－1所示。

表1－1　公司战略分析

战略分析	华瑞公司战略分析
在哪里	行业发展趋势：预计未来生鲜零售市场发展趋势如何 行业竞争程度：公司在生鲜电商市场的地位；与同行业（例如每日优鲜等公司）的比较分析 供应商的议价能力：公司采取品牌供应商直供的方式，供应商议价能力较强 客户的议价能力：线上订购生鲜的消费习惯已被培养，尽管零售端客户并无议价权，但竞争日益激烈的生鲜电商使得客户粘性不足
去哪里	商业模式：是否延续采用前置仓模式？ 市场拓展：公司是否向二级城市拓展
怎么去	如公司拟于2022年度在二线城市投资新建100个前置仓库，则需规划：资金来源、前置仓库规划与建设、供应商选择及营销策略等

在任务案例中，公司是否应拓展二级城市的市场？主要是要从战略层面解决去哪里的问题，所以属于战略层面的分析目标。任务案例中，社会责任也是公司战略层面的目标。

2. 经营分析

经营分析可以为战略分析提供支撑。一方面，通过经营分析，可以为战略方向变更提供支撑数据；另一方面，可以反映战略目标是否实现以及原因。经营分析包括两个层面：整体层面经营分析与业务层面经营分析。整体层面经营分析是指对公司盈利能力、风险与成长能力等方面进行分析。

任务案例的相关分析目标，如表 1－2 所示。

表 1－2　　任务案例分析

华瑞公司	分析类别
公司的收入目标是否实现？	盈利能力分析
公司已经募集了多轮风投机构的投资，是否存在风险？	风险控制能力分析
公司未来活跃用户数是否会持续增长？	成长能力分析

业务层面经营分析是在对公司整体层面经营分析的基础上，对具体业务进行分析，提供业务动因分析及预测支持。例如，公司通过整体分析，发现收入下降，可以进一步分析毛利率波动的原因，判断是销售价格、数量、品种结构还是成本的原因。如果是销售数量下降，可以进一步分析是客户数量下降引致的，还是其他替代品引致的。

需要注意的是，尽管分析的目标包括战略分析与经营分析，但是在具体分析时，可能会基于公司的不同发展阶段或决策需要选定某些核心指标进行重点分析。企业所处行业不同，发展阶段不同，选取的核心指标也会有所不同。例如，某电商 APP 刚上线时，可以将下载数量作为核心指标进行分析，当用户规模增长到一定程度时，可以重点分析活跃用户量指标。当电商 APP 用户注册数达到一定规模后，企业需要关注盈利能力时，客单价就可以作为重点分析指标。

【任务拓展】

分析确定产品运营层面业务指标时有个基本的模型——OSM 模型，如图 1－2 所示。

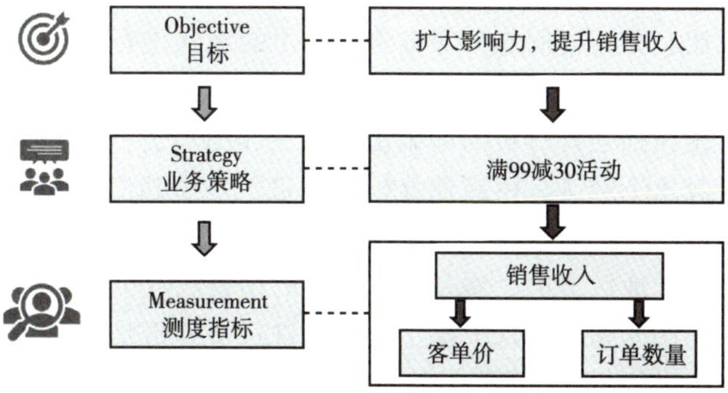

图 1－2　公司促销 OSM 模型分析

Objective – 目标：用户使用产品的目标是什么？产品满足了用户的什么需求？

Strategy – 业务策略：为了达成上述目标，公司采取的策略是什么？

Measurement – 测度指标：这些策略随之带来的数据指标变化有哪些？

请用 OSM 模型分析公司是否实现了提升客单价的目标，哪些策略是有效的，哪些策略尚需进一步改进？

例如，为了扩大影响力，提升销售收入，公司采取了“满 99 减 30 活动”促销策略。订单增长，尤其是新客户引致的订单增长代表了公司影响力的增加。应分析该促销策略是否提高了公司的销售收入，尤其是“99 元（未享受优惠 30 元之前额度）”以上订单销售的增长情况，并可以进一步分析客单价与订单数量（尤其是新客户订单数量）的变化趋势。

OSM 模型体现了数据分析时以目标为导向的基本特征。在应用 OSM 模型时，确定目标非常重要。例如，公司目标是为了提高利润，那么在进行促销活动时，不仅要考虑对于收入的影响，还要分析公司能否盈利。比如，收入为 100 元，成本为 80 元时，若采用“满 99 减 30 活动”促销策略，固然有可能提升收入，但却会陷入销售越多，亏损越多的困局。所以，在进行数据分析时，应关注目标，具备整体思维及数据洞察能力。

1.1.2 确定分析模式

【任务案例】

华瑞公司管理层拟对如下经营问题进行分析：

（1）未来 3—5 年生鲜电商的市场规模；

（2）公司去年盈利能力目标实现情况；

（3）公司今年第一季度销售收入下降原因。

请讨论：以上各项目的分析模式有什么不同？

【任务处理】

大数据财务分析的分析模式可以分为描述性分析、诊断性分析与预测性分析。

描述性分析是指对公司的战略与经营现状进行描述。可以利用绝对的比率指标，也可以通过与同行业进行对比、分析时间趋势等方法对公司的现状进行分析。例如，公司的销售收入为 30 亿元，公司的销售收入较上年同期下降 20% 等。

诊断性分析通常是在描述性分析的基础上，进一步分析数据或指标变动的原因。例如，描述性分析发现销售收入下降了，诊断性分析则是进一步分析销售收入下降的原因是什么。通常诊断性分析会通过对数据或指标进行多维度的分解来达到诊断的目的。例如，当发现销售收入下降时，首先基于地区分类，看是北京地区的销售收入下降了，还是上海地区的收入下降了，如果是北京地区的销售收入下降了，可以进一步分析是新客户还是老客户的收入下降了……这样，层层递进剖析，就可以找到指标的最终驱动因素。

对于公司管理层而言，未来公司前景如何是支持决策的核心问题。预测性分析是在公司现状分析的基础上，对公司未来的业务、财务等指标及发展趋势进行预测，从而辅助公司管理层进行决策。在大数据背景下，还可以通过数据之间相关性的探索性分析辅助管理层进行决策。例如，公司可以基于近年来收入的实现情况，通过建立数学模型等方法，预测明年收入的金额。

从分析的深入程度来看，公司首先需对现状进行描述性分析，回答是什么的问题。然后通过诊断性分析剖析原因，解决为什么的问题。在此基础上，预测性分析可以对公司战略方向与经营成果等进行预测，回答未来会是什么的问题，为决策提供有用建议。

导读案例中各个项目的分析模式，如表 1－3 所示。

表 1－3　　分析模式示例

项目	分析模式
未来 3—5 年生鲜电商销售市场规模	预测性分析
公司去年盈利能力目标实现情况	描述性分析
公司今年第一季度销售收入下降原因	诊断性分析

【任务拓展】

在电商平台上，你浏览或购买过一些商品后，平台会为你进行商品推荐。电商平台就是通过消费者行为数据分析，挖掘出来商品之间的关联关系，引导消费者购买更多商品。流传已久的啤酒与尿布的案例也是一个商品关联关系的案例。沃尔玛发现顾客在购买尿布时，通常会购买啤酒，于是选择将尿布与啤酒陈列在一起，后来发现二者的销售收入果然均显著提升了。

在分析商品关系时，通常会用到两个指标：支持度、置信度。

支持度是指某个商品组合出现的次数与总次数之间的比例，也就是该商品组合整体发生的概率。例如，5 次购买行为中，3 次买了 A 商品与 B 商品的组合，A 商品与 B 商品组合的支持度为 0.6（3/5）。

置信度是指购买了商品 A 后有多大概率购买商品 B，也就是在事件 M 发生的情况下事件 N 发生的概率是多少。买了 5 次 A 商品，其中 2 次买了 B 商品，（B 商品→A 商品）的置信度为 0.4（2/5）；买了 4 次 B 商品，其中 2 次买了 A 商品，（A 商品→B 商品）的置信度为 0.5（2/4）。

如果支持度很小，证明大多数人不会购买该组合。如果置信度低，代表即使两个商品销量都不错，但他们的关系也不紧密。公司在分析时要找到置信度高且支持度高的场景。

任务二　选择分析框架

公司可以选择不同的分析框架对数据和指标进行分析。常见的分析框架包括：宏观环境模型分析、波特“五力”模型分析、财务分析等。宏观环境模型和波特“五力”模型主要用于宏观环境与战略层面的分析。财务分析主要用于对经营层面的分析。

1.2.1 宏观环境模型分析

【任务案例】

请分析以下因素分别属于宏观环境模型分析的哪类因素：

（1）2021年，国家市场监督管理总局发布了《电子商务冷链物流配送服务管理规范》；

（2）国民生产总值逐年增长；

（3）新冠肺炎疫情暴发以来，消费者线上消费习惯逐渐养成，对于生鲜产品的需求呈现多样化、高品质的特征；

（4）生鲜商品智能分拣技术已经成熟，可以极大提高分拣效率，降低商品损耗率。

【任务处理】

宏观环境模型分析主要指对政治（Political）、经济（Economic）、社会（Social）和技术（Technological）这四大类影响企业的主要外部环境因素进行分析。

公司在对政治因素进行分析时，主要考虑的因素包括：行业监管政策及制度、所属行业的市场化程度、所属行业的准入资质条件和门槛、政府节能减排生态保护等相关政策的要求对行业的影响、本行业相关的国家标准或行业标准对企业的影响。任务案例中，生鲜电商行业与民生相关，属于国家政策支持行业。

公司在对经济因素进行分析时，主要考虑的因素包括：所在国家或地区的中长期发展规划，国家出台的产业扶持政策、财政政策、货币政策以及税收政策、GDP情况，目标市场所在地的主体企业的类型和产业集聚情况，产业链相关企业原材料价格变动情况等。

公司在对社会因素进行分析时，主要考虑居民教育程度和文化水平、宗教信仰、风俗习惯、审美观点、价值观念等因素。具体到某个企业，重点分析用户规模、购物渠道（线上/线下）、消费者偏好等因素。

公司在对技术因素进行分析时，主要考虑企业所处领域直接相关的技术发展、国家对科技开发的投资和支持重点、新技术发展的动态、创新技术在产业场景中的应用、是否存在技术壁垒等因素。

【任务实施】

任务案例对应的宏观环境模型分析中的要素，如表1－4所示。

表1－4　宏观环境模型分析示例

项目	宏观环境模型因素
2021年，国家市场监督管理总局发布了《电子商务冷链物流配送服务管理规范》	政治
国民生产总值逐年增长	经济

续表

项目	宏观环境模型因素
新冠肺炎疫情暴发以来，消费者线上消费习惯逐渐养成，对于生鲜产品的需求呈现多样化、高品质的特征	社会
生鲜商品智能分拣技术已经成熟，可以极大提高分拣效率，降低商品损耗率	技术

宏观环境分析时，通常考虑的是影响行业的宏观因素，在数据收集时不需要实时追踪数据，一般按月或季度进行分析即可。

【任务拓展】

在对行业进行分析时，应综合考虑影响行业发展的宏观经济因素，而不能局限于公司本身的经营状况分析。

例如，对汽车行业而言，国家出台了一系列相关政策。为促进汽车消费，支持汽车产业发展，财政部、税务总局发布《关于减征部分乘用车车辆购置税的公告》（财政部税务总局公告 2022 年第 20 号），对购置日期在 2022 年 6 月 1 日至 2022 年 12 月 31 日期间内且单车价格（不含增值税）不超过 30 万元的 2.0 升及以下排量乘用车，减半征收车辆购置税。

政策优惠对象明确为不超过 30 万元的乘用车，重点在鼓励大众消费。该政策与新能源汽车免征车辆购置税一同实施，既能降低居民购车成本，有助于促进汽车消费，还能推进汽车行业整体复苏回暖。对于具体汽车生产企业而言，其销售也会呈现相对乐观的趋势。

对于宏观经济因素进行分析，一方面，有助于了解哪些是国家鼓励支持的产业与行业，将企业的发展融入国家发展的大格局中；另一方面，也有助于分析影响企业经营的宏观经济因素，更好地支持与改进企业的经营决策。

1.2.2 波特“五力”模型分析

【任务案例】

请分析以下因素分别属于波特“五力”模型的哪类因素：

（1）从现有生鲜电商经营模式来看，其他企业要转型做生鲜电商，需要大量的资金投入；

（2）多家生鲜电商在前置仓库进行布局，竞争呈现持续加剧的状态；

（3）公司牛奶采取品牌供应商直供的方式，供应商议价能力较强；

（4）消费端客户并无议价权，但竞争日益激烈的生鲜电商使得客户粘性不足。

【任务处理】

波特“五力”模型确定了竞争的五种主要来源：同行业内现有竞争者的竞争能力、供应商和购买者的讨价还价能力、潜在竞争者进入的能力、替代品的替代能力。

同业竞争主要反映行业中企业的竞争程度。行业竞争越激烈，则企业赚取利润就越困难，反之，企业则相对容易获得收入，这也是不同行业毛利率有所差异的重要原因之一。企业经营情况，除了取决于自身努力外，行业竞争状况也是重要影响因素。

供应商的讨价还价能力直接影响企业的盈利能力。供应商讨价还价能力越高，企业的成本相对也会较高。当供应商的市场份额较大或产品不可替代时，其会拥有更多的定价权，在与企业谈判时就会处于优势地位。

购买者的讨价还价能力会影响企业的销售收入。购买者购买的产品规模越大，客户就越有话语权。购买者如果可以轻易地转换到其他企业购买商品，则购买者的讨价还价能力也相对越高。

潜在竞争者进入的能力主要取决于行业的资金、技术等壁垒。潜在进入者进入某行业的困难越大，则对现有企业的威胁程度越低。

替代品的替代能力是指两个处于不同行业中的企业，可能会由于所生产的产品是互为替代品，从而在它们之间产生相互竞争行为。替代品价格越低、质量越好、用户转换成本越低，其所能产生的竞争压力就越大。

【任务案例】

任务案例对应的波特“五力”模型中的要素，如表 1－5 所示。

表 1－5　　波特“五力”模型分析示例

项目	波特“五力”模型因素
从现有生鲜电商经营模式来看，其他企业要转型做生鲜电商，需要大量的资金投入	潜在竞争者进入的能力
多家生鲜电商在前置仓库进行布局，竞争呈现持续加剧的状态	同行业内现有竞争者的竞争能力
公司牛奶采取品牌供应商直供的方式，供应商议价能力较强	供应商的讨价还价能力
消费端客户并无议价权，但竞争日益激烈的生鲜电商使得客户粘性不足	购买者的讨价还价能力

【任务拓展】

波特“五力”模型可以解释为什么有的行业盈利水平很好，而有的行业盈利较差。例如，在全球芯片供应紧张的背景下，芯片生产企业获得了下游客户的大量预付款项，以提前锁定芯片的产能。这表明，芯片生产企业，尤其是高端芯片生产企业在与客户的博弈中，有较强的议价能力，这也为芯片生产企业带来了可观的收益。

那么，请同学们思考一下，为什么其他企业不进入芯片制造行业呢？芯片制造行业又有什么进入壁垒呢？我国为了解决类似芯片制造这些技术难题，又出台了哪些政策措施呢？我们作为财经类专业的学生，又该如何利用自己的专业知识，为提高制造业优势、实施制造强国战略而努力呢？

1.2.3　财务分析框架

【任务案例】

请分析以下问题的分析分别属于财务分析的哪个维度：

（1）公司是不是有偿还银行贷款的能力？
（2）公司华北地区收入是否超过了成本？
（3）公司华北地区未来收入还会呈现持续性增长吗？

【任务处理】

企业在经营过程中，重点关注如下三方面的财务能力。

（1）盈利能力。获取利润是企业经营的重要目标。企业可以通过降低成本，提高收入获取更多的利润。

为了获得更多业务量（如生产产品），或者取得更高收益，企业需要购置资产。资产使用效率越高，同等资源投入情况下，企业会取得更高业务量或收入。所以，资产营运能力直接影响着企业的盈利能力。

（2）财务风险控制能力。广义的财务风险是指企业在各项财务活动中，由于各种难以预料和无法控制的因素，使企业在一定时期、一定范围内所获取的最终财务成果与预期的经营目标发生偏差，从而形成的使企业蒙受经济损失或不能获得更大收益的可能性。由于企业的财务活动贯穿于生产经营的整个过程，故生产运营、筹措资金、投资活动都可能产生财务风险。

狭义的财务风险是指在筹资活动中产生的，由流动性、偿付性和财务结构引发的财务风险。狭义的财务风险主要关注偿债能力，其中，偿债能力又分为短期偿债能力和长期偿债能力。

短期偿债能力指企业以流动资产偿还流动负债的能力。如果企业的短期偿债能力发生问题，就需要临时进行短期融资来偿还到期债务。这样的话，一方面会加大企业成本，另一方面获得临时融资也有一定的困难。短期偿债能力的高低反映了企业流动资金管理策略的稳健程度。

长期偿债能力指债务总额特别是长期债务的偿付能力。若企业长期偿债能力发生问题，会影响企业从股东或债权人获取资金的信用。如果信用低，股东和债权人会提高风险报酬率，从而提高企业的融资难度和融资成本。当长期偿债能力恶化时，企业将面临资不抵债和破产清算的威胁。

（3）成长能力。成长能力是企业在经营过程中的增长与发展能力，包括企业业务量规模的增长，资源投入的增加程度，以及所带来的收入和利润的增长幅度。

综上所述，盈利能力、财务风险控制能力和成长能力这三个关键能力成为构建企业综合绩效评价体系的基本框架。

【任务实施】

任务案例对应的财务分析维度，如表 1 – 6 所示。

表 1 – 6　　财务分析维度示例

项目	财务分析维度
公司是不是有偿还银行贷款的能力	财务风险控制能力
公司华北地区收入是否超过了成本	盈利能力
公司华北地区未来收入还会呈现持续性增长吗	成长能力

【任务拓展】

公司财务分析人员按照盈利能力、财务风险控制能力和成长能力三个维度对报表进行了分析。但是公司却不满意，这是为什么呢?

根本的原因是财务指标只是企业经营成果、财务状况的体现，因而对财务指标本身的分析仅停留在描述性分析阶段。成功的财务分析需要通过数据透视业务问题，分析财务数据后面的动因，进行诊断分析。例如，销售收入下降，有研发设计的原因，有成本价格的原因，有质量的原因，有广告宣传的原因，也有可能是竞争对手推出了更好的产品。通过诊断分析，得出财务指标变化的原因后，还应进一步分析未来应该怎么做，为决策提供支持依据。比如，销售下降是由于研发设计的原因，则应改进设计，并分析预计增加的成本及可能提升的销售收入，为决策部门是否改进研发设计提供支持依据。

所以，在进行财务分析时，应具备业财融合的分析能力及数据洞察能力。

任务三　数据采集与分析

【任务案例】

公司数据相关情况如下，请讨论如何处理:

(1) 数据分析时，公司想获得同行业上市公司营业收入总额的平均值，有哪些信息来源渠道?

(2) 公司拟对客户收入数据进行分析，发现部分数据缺失客户名称，应该如何处理?

(3) 公司对电商平台与APP上的用户满意度进行调研，数据如表1－7所示。

表1－7　用户满意度调查表

	电商平台			公司APP		
	满意	不满意	用户满意率	满意	不满意	用户满意率
北京	248500	31000	88.91%	134000	20800	86.56%
上海	110500	6000	94.85%	302000	20750	93.57%
广东	106000	10000	91.38%	16650	3250	83.67%

(4) 公司对电商平台与APP上的用户数据进行统计，如图1－3所示，请讨论是否可以直观地得出结论?

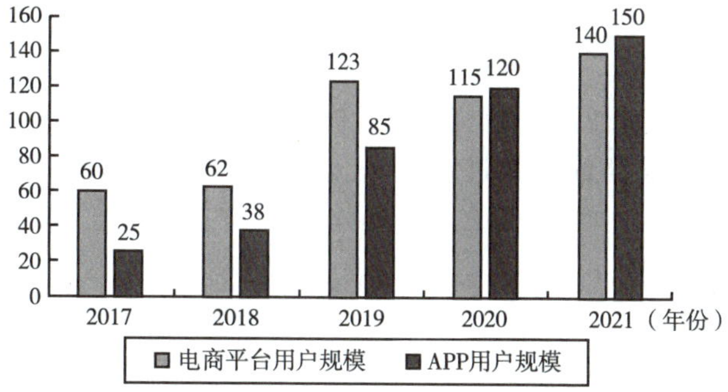

图 1-3 用户统计图

【任务处理】

1. 数据采集

企业需基于分析目标及选定的分析方法，确定数据采集的信息来源及工具。数据采集的信息来源主要包括政府网站、上市公司信息、数据库及网络信息。信息来源用户示例，如表 1-8 所示。

表 1-8 信息来源用户示例

信息来源类别	具体来源示例
政府网站	国家统计局 http：//www. stats. gov. cn/
上市公司信息	巨潮资讯网 http：//www. cninfo. com. cn/new/index
数据库	国泰安数据库 https：//www. gtarsc. com/

数据采集常用的工具包括 Python、八爪鱼、火车头采集器等。

2. 数据清洗

采集后的数据需要进行清洗处理后才能进行分析。数据清洗主要涉及缺失值清洗、格式内容清洗、合理性检查三个方面。

缺失值的重要性不同，对缺失值处理的策略也有所不同。但需要注意的是，实际应用中，对特征的重要性判断非常复杂。例如，在销售数据分析中，当希望对每个客户进行分析的时候，客户名称就是重要的，那么缺失客户名称的数据就需要被清除。但如果我们不需要精确到对客户进行分析，那么缺失客户名称就并不重要了。对于重要的缺失值，一般有以下三类应对策略：以同一指标的计算结果（均值、中位数、众数等）填充缺失值；通过现有数据估算出缺失值（例如，有资产和负债的数据，则可估算出所有者权益的数据）；通过其他数据采集渠道获取缺失值。

格式内容出错是非常细节的问题，但很多分析失误都是源于此问题，所以需要进行格式内容清洗。常见的问题包括：时间、日期、数值、全半角等格式不一致；数据值与该字段应有内容不符（例如，资产栏填了“应付账款”）。分析人员需要仔细检查数据格式和内容，特别是当数据源自用户手工填写且校验机制不完善时。

在数据中还可能存在一些逻辑错误。合理性检查的目的是剔除使用简单逻辑推理就可以直接发现问题的数据，防止由此导致分析结果的偏差。有些逻辑错误可以直观判断，例如，数据中出现了“毛利率，120%”的数值，通过简单的判断就可以认为逻辑是不合理的。有些逻辑错误需要通过交叉验证的方式进行判断。例如，数据中出现了“毛利率，30%”的数值，可能无法直接判断，但可以借助“营业收入”与“营业成本”数据的交叉核对，验证“毛利率”数据的准确性。

此外，在数据中存在极值现象。例如，公司某个月新品上市进行大促销，可能会出现收入大幅增长的情形，在进行趋势判断或回归分析时，就有可能会影响整体判断。在进行数据处理时，应基于不同的情况，对极值进行剔除或平滑处理。

3. 数据分析

在之后的章节里会结合具体业务对数据分析进行详细介绍，本部分内容主介绍数据分析常见误区。

第一类常见误区是未能有效地控制变量而产生了分析的偏差。例如，公司在分析新客户与旧客户的收入时，发现新客户 12 月的收入显著高于旧客户，于是认为未来新客户的收入潜力较大，应给予新客户更多的资源倾斜，但却忽略了新客户收入高的原因在于公司最近的拉新活动促销力度较大。所以，公司在分析时应尽可能控制其他变量。

第二类常见误区是样本偏差，即样本并不能反映总体特征。只有当数据规模达到一定程度后，才能反映出特定的规律。如果出现样本量较少的情况，可以通过延长时间线、剔除不重要的限定条件、增加数据采集量等增加样本规模。

第三类常见误区是存在选择性偏见。例如，公司在 APP 应用升级期间，衡量登录用户数的交易频率和交易规模等指标，进而判断用户对新版本的喜欢是否优于老版本。似乎听上去比较合理，但却存在选择性偏见，因为新版本发布时，最早的用户往往是最活跃的用户，因而其指标较好，并不代表新版本更好。

第四类常见误区是辛普森悖论。什么是辛普森悖论呢？简单来说，就是在两个相差较多的分组数据相加时，在分组比较中都占优势的一方，会在总评中反而是劣势的一方。任务案例中满意度分析其实就是辛普森悖论的一个案例。如表 1 – 9 所示，从分组数据来看，电商平台无论是北京、上海还是广东，用户满意率均高于公司 APP 相关数据。但整体来看，公司 APP 的满意率为 90.99%，高于电商平台的用户满意率（90.821%）。那么，为什么会出现这样看起来很矛盾的现象呢？根本原因在于，电商平台较高满意率的上海地区人数所占比例低于公司 APP 较高满意率的上海地区人数所占比例。

表 1 – 9　　用户满意度分析

	电商平台			公司 APP		
	满意	不满意	用户满意率	满意	不满意	用户满意率
北京	248500	31000	88.91%	134000	20800	86.56%
上海	110500	6000	94.85%	302000	20750	93.57%
广东	106000	10000	91.38%	16650	3250	83.67%
合计	465000	47000	90.82%	452650	44800	90.99%

当然，在具体分析时，上海地区公司 APP 用户调查人数规模较高，是否存在样本调查偏差问题，也应在数据处理时一并考虑。

4. 数据建模与可视化

数据可视化是分析人员洞察数据内涵、理解数据价值的工具。可视化技术将不可见或难以分析的数据转化为可感知的图形，以提高数据识别和信息传递的效率。Tableau 是常用的数据可视化工具。在数据可视化之前，分析人员首先需要了解数据分析的目标，了解数据的含义。

在可视化时，分析人员应选定数据可视化图表类别。例如，柱状图主要用于数量比较，饼状图通常用来说明结构占比，折线图通常用来表现变化趋势，词云图用于展示大量文本数据。当选择的图形类别不合适时，所表达的信息可能就会有所不同。任务案例中关于用户统计数据柱状图可能并不能一目了然地给定相关结论。在图 1－4 中，同样的数据，在折线图中更容易看到电商平台与 APP 用户随时间趋势的变化。

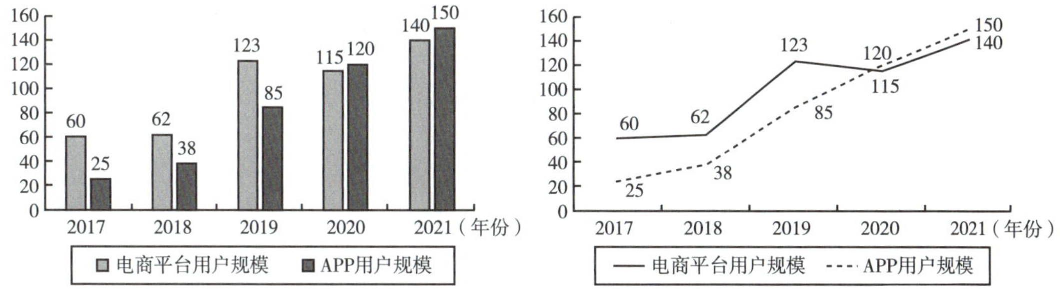

图 1－4　用户统计数据柱状图与折线图比较示例

【任务拓展】

在可视化时，坐标轴刻度的选择对于使用者的选择也很重要。如图 1－5 所示，同样的数据，刻度不同，展现给使用者的感觉也有所不同。在左边的图中，使用者的直观感觉是 2021 年的用户比 2020 年多很多，但右边图的感觉两年相差不多，根本的原因是两个图纵轴的刻度有所不同。

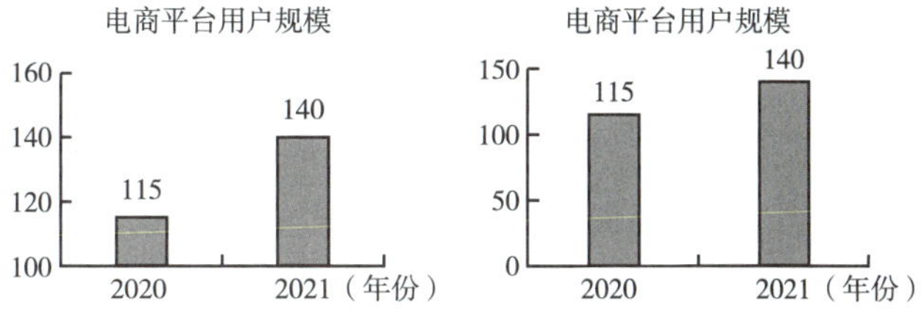

图 1－5　用户统计数据比较示例

有效的可视化图表可以帮助使用者更清晰地理解数据信息，这要求可视化图表绘制者有较好的数据思维与展示能力。有效图表有两个重要特征：传达正确和必要的信息；设计简单，易理解。所以，在进行可视化时，慎用 3D 等立体化图形，尽量不要使用过多色彩，在一张图中尽量不要出现太多序列，例如，在同一张折线图里尽量不要出现 3 个以上的序列。

同学们，你们能描述一下常见的可视化图表类型吗？

任务四　出具决策建议

【任务案例】

以下为分析师在数据分析基础上，为公司提供的建议：

（1）公司收入下降了，所以应进一步提高销售收入；

（2）公司销售收入下降是由于某销售渠道用户粘性较低，大幅流失导致的。公司应通过给老客户发放优惠券等政策，增加老客户的粘性；

（3）公司销售收入下降是由于某销售渠道用户粘性较低，大幅流失导致的。公司应通过拉新活动，增加新客户的规模。

请试着讨论以上建议是否合理？

【任务处理】

分析的主要目标是要给出建议，不能支撑决策的分析是没有意义的。在出具建议时，首先需明确决策建议的使用对象。一般而言，使用对象的需求即为数据分析的目标。技术人员、销售人员、管理人员以及公司董事会对于数据分析的需求是不同的，即使是技术人员，在不同时期，对于数据分析的需求也有所不同。在具体出具政策建议时，应阐释清楚如下问题。

第一，通过指标的数据表现，客观描述经营现状。也就是通过数据陈述指标的现状。例如，公司今年销售收入为 100 万元、公司累计活跃用户为 400 万等。

第二，在数据描述的基础上，基于标准与分析，进行判断。例如，公司今年销售收入为 100 万元，需进一步判断是变好了还是变差了，判断标准是什么？

第三，在判断的基础上，分析原因。例如，销售收入下降了，下降的原因是什么？

第四，给定建议。在分析指标波动动因的基础上，基于对业务的了解给出切实可行的建议。

【任务实施】

任务案例中，第一条建议只说要提高销售收入是没有意义的，因为没有说明如何提高销售收入，所以不是个可以实施的可行性建议。

任务案例中，第二条和第三条建议首先分析了销售收入下降是由于某销售渠道用户粘性较低、大幅流失导致的。所以，应针对提升用户留存率提供建议。比如，给予老客户一定优惠政策，增加对应渠道的广告投入（前提是广告确实需具备效果）等。

在实际分析时，还需要进行预测。尽管预测并不是每个建议都必须包含的因素，但是通过预测，给定未来趋势的判断，对于辅助支持决策无疑是有用的。

【任务拓展】

企业在进行数据分析，判定是否存在问题时，首先需要判断数据的准确性。如果指标的异常是由于数据的错误导致的，则之后再详尽的分析都会是毫无意义的。在判断数据是否准确时，还需核实指标的统计口径是否符合要求。公司可以基于管理需要，确定指标口径。但需要注意的是，要合理保证同一指标前后期的可比性。在与同行业指标对比时，还需合理保证指标的行业可比性。例如，电商企业常用的指标商品交易总额（GMV），某些公司将其定义为已确认的订单，其中包括了未最终完成交易（比如退款）的订单。在数据分析时，就需要基于已定义的指标口径进行统计。

请思考下，有哪些官方网站可以收集到宏观经济指标相关的信息？如何对数据来源的可靠性进行判断呢？

思政拓展：护航数据安全，助力数字经济发展

数字经济的发展，企业数字化转型，使得数据日益成为经济发展的重要组成部分。党的十九届四中全会提出，健全劳动、资本、土地、知识、技术、管理、数据等生产要素由市场评价贡献、按贡献决定报酬的机制。中共中央国务院《关于构建更加完善的要素市场化配置体制机制的意见》将数据作为一种新型生产要素写入文件中，与土地、劳动力、资本、技术等传统要素并列为要素之一。该文件提出要加快培育数据要素市场，具体规定如下。

> 六、加快培育数据要素市场
>
> （二十）推进政府数据开放共享。优化经济治理基础数据库，加快推动各地区各部门间数据共享交换，制定出台新一批数据共享责任清单。研究建立促进企业登记、交通运输、气象等公共数据开放和数据资源有效流动的制度规范。
>
> （二十一）提升社会数据资源价值。培育数字经济新产业、新业态和新模式，支持构建农业、工业、交通、教育、安防、城市管理、公共资源交易等领域规范化数据开发利用的场景。发挥行业协会商会作用，推动人工智能、可穿戴设备、车联网、物联网等领域数据采集标准化。
>
> （二十二）加强数据资源整合和安全保护。探索建立统一规范的数据管理制度，提高数据质量和规范性，丰富数据产品。研究根据数据性质完善产权性质。制定数据隐私保护制度和安全审查制度。推动完善适用于大数据环境下的数据分类分级安全保护制度，加强对政务数据、企业商业秘密和个人数据的保护。

数据安全是数据应用的基础。从2017年至今，我国已形成以《网络安全法》《数据安全法》《个人信息保护法》等法律法规为主体的数据合规体系。《数据安全法》对于数据等

相关概念做了界定。

> 第三条　本法所称数据，是指任何以电子或者其他方式对信息的记录。
>
> 数据处理，包括数据的收集、存储、使用、加工、传输、提供、公开等。
>
> 数据安全，是指通过采取必要措施，确保数据处于有效保护和合法利用的状态，以及具备保障持续安全状态的能力。

那么，该如何维护数据安全呢？《数据安全法》指出，维护数据安全，应当坚持总体国家安全观，建立健全数据安全治理体系，提高数据安全保障能力。同时，做了如下规定。

> 第二十一条　国家建立数据分类分级保护制度，根据数据在经济社会发展中的重要程度，以及一旦遭到篡改、破坏、泄露或者非法获取、非法利用，对国家安全、公共利益或者个人、组织合法权益造成的危害程度，对数据实行分类分级保护。国家数据安全工作协调机制统筹协调有关部门制定重要数据目录，加强对重要数据的保护。
>
> 关系国家安全、国民经济命脉、重要民生、重大公共利益等数据属于国家核心数据，实行更加严格的管理制度。
>
> 各地区、各部门应当按照数据分类分级保护制度，确定本地区、本部门以及相关行业、领域的重要数据具体目录，对列入目录的数据进行重点保护。
>
> 第二十二条　国家建立集中统一、高效权威的数据安全风险评估、报告、信息共享、监测预警机制。国家数据安全工作协调机制统筹协调有关部门加强数据安全风险信息的获取、分析、研判、预警工作。
>
> 第二十三条　国家建立数据安全应急处置机制。发生数据安全事件，有关主管部门应当依法启动应急预案，采取相应的应急处置措施，防止危害扩大，消除安全隐患，并及时向社会发布与公众有关的警示信息。
>
> 第二十四条　国家建立数据安全审查制度，对影响或者可能影响国家安全的数据处理活动进行国家安全审查。
>
> 依法作出的安全审查决定为最终决定。

企业和个人均需遵守国家的数据安全制度，《数据安全法》对数据的收集与使用等均做出了相关规定。

> 第三十二条　任何组织、个人收集数据，应当采取合法、正当的方式，不得窃取或者以其他非法方式获取数据。
>
> 法律、行政法规对收集、使用数据的目的、范围有规定的，应当在法律、行政法规规定的目的和范围内收集、使用数据。
>
> 第三十三条　从事数据交易中介服务的机构提供服务，应当要求数据提供方说明数据来源，审核交易双方的身份，并留存审核、交易记录。

第三十四条　法律、行政法规规定提供数据处理相关服务应当取得行政许可的，服务提供者应当依法取得许可。

第三十五条　公安机关、国家安全机关因依法维护国家安全或者侦查犯罪的需要调取数据，应当按照国家有关规定，经过严格的批准手续，依法进行，有关组织、个人应当予以配合。

《数据安全法》对于违规行为有明确的处罚规定。在进行大数据分析时，离不开海量数据的采集与使用，要遵守《数据安全法》，合法合规采集与、处理与使用数据。

项目二
建立数据分析思维

【学习目标】

□ 了解大数据的概念，掌握大数据分析的基本方法

□ 具备数据分析思维，能够基于业务情境选择不同的数据分析方法

□ 了解企业数字化转型的需求，具备敏锐洞察力及数字化学习能力

【知识框架】

数据思维能够使我们更加清晰地量化问题，推动数据分析，辅助管理决策。数据思维是根据数据来思考事务的一种思维模式，是一种量化的思维模式。数据思维对企业管理和运营起到重要作用。财务数据来源于业务数据，通过对业务及财务数据进行指标设计，帮助企业通过数据看趋势，通过趋势做决策。

业务数据、财务数据与决策数据有密切的关系，业财融合的数据分析思维是进行大数据财务分析的必备思维，主要包括结构分析、对比分析、聚类分析、相关分析、周期性分析、用户行为分析与帕累托分析。

数据思维及分析知识框架如图 2－1 所示。

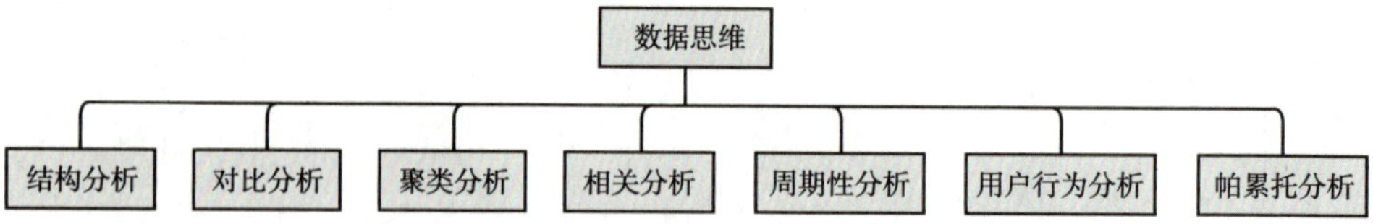

图 2－1　数据思维及分析知识框架

任务一　认知大数据分析思维

【任务案例】

老李是华瑞公司财务经理，已经从事财务工作将近30年，最近在给领导做财务数据分析汇报时，经常被老板要求“得与时俱进，主动学习大数据分析技术。下次用可视化呈现财务状态再汇报”。

传统的财务分析主要着重于对财务报表进行分析，但是这种分析模式不能有效地反映出数字背后的关联信息，不能洞察数据背后的业务动因。

大数据到底是什么？基于大数据技术的财务分析怎么做？请你和老李一起了解大数据，逐步建立数据思维，用新的技术与财务相结合，为企业经营者提供更加有用的决策信息。

【任务处理】

大数据是指无法在一定时间范围内，用常规软件工具进行捕捉、管理和处理的数据集合，目前一般认为大数据具备以下四个方面的典型特征，即数据海量性、数据多样性、价值密度低、高速性。通过对于海量数据的分析和处理，进行深度数据挖掘，可对不同行业不同业务进行数据的现状分析、趋势性预测，并提供决策支持信息。大数据为各行各业的发展提供了数据的支撑，并可以进行有效的判断及预测。例如，电子商务的大数据可以为消费者进行画像。通过对不同消费者个性特征的分析，可以分析消费者的消费偏好特征等，为公司进货品种、营销策略等提供信息依据，从而可以为提升公司盈利能力提供充分的决策支持信息。

与传统财务分析相比，大数据财务分析的特征主要体现在数据源、技术工具与分析思维三个方面，如图2－1所示。

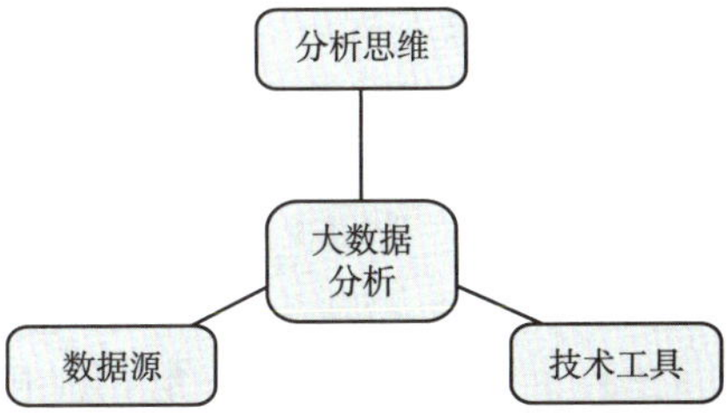

图2－1　大数据分析特征

从数据源来看，与传统财务分析相比，大数据财务分析数据来源广泛、数据量巨大、数据类型多种多样。常用的数据源包括企业和单位的内部信息系统、外部互联网信息系统、物联网系统、宏观数据信息系统等。分析人员可以基于数据分析的目标，进行数据挖掘，从不同数据源采集数据，建立数据之间的关系，并识别异常，得出分析结论。

从技术工具来看，有别于传统的财务分析，大数据财务分析必须利用 PYTHON、SAS 等技术工具，才能快速便捷地采集与分析海量数据信息。所以，要求分析人员了解不同技术工具的特点，能基于不同的目标选择合适的技术工具，并掌握技术工具的具体操作应用。

与传统财务分析相比，大数据财务分析的思维模式有显著不同。第一，传统财务分析可能只能聚焦于部分数据样本的分析，而大数据财务分析由于引入了先进的技术工具，所以可以着眼于全部数据的分析。第二，大数财务分析并非是对数据的单纯因果分析，而是尽可能地着眼于数据的相关关系，建立起数据之间的关联关系，并进一步分析这种相关关系是否是支持决策的有用信息。例如，某生鲜电商公司发现 A 商品与 B 商品同时出现在客户订单中的概率比较大，这不一定表明客户购买 B 商品是购买 A 商品的原因，只能说明二类商品存在一定的关联性。但是，如果通过大数据分析发现了这种现象，则可以在两类商品陈列时尽可能展示在页面相近位置。

【任务实施】

大数据分析就是利用技术工具，运用数据分析思维对多渠道数据进行分析。

常见的数据分析思维主要包括结构分析、聚类分析、对比分析、相关分析、周期性分析、用户行为分析与帕累托分析等。

结构分析主要是指对数据指标进行逐层分解，得出结论的过程。聚类分析是将相似的事物或变量聚为一类，并进而研究各类特征，得出结论。它与结构分析思维的不同在于，聚类分析体现的是由分至总的思维过程，而结构分析思维体现的是由总至分、逐层分解的过程。

对比分析主要是通过与同行业、竞争对手及历史数据进行对比，从而得出分析结论的数据思维。相关分析是指通过数据之间的相关性分析发现规律，进而得出结论的过程。周期分析是指以某个周期作为分析的视角与维度，主要包括时间周期分析与生命周期分析。帕累托分析法实质上是一种分层分析法，通常是指基于一定的标准对公司的业务、客户、资产等进行分层，并对不同的层级分别予以分析，重点关注重要的层级，并为公司提供决策支持建议。

【任务拓展】

2021 年 3 月 12 日，《中华人民共和国国民经济和社会发展第十四个五年规划和 2035 年远景目标纲要》全文发布。从中可以看到大数据以及数字化转型对企业、社会和国家发展的重要性。其第五篇专门谈到“加快数字化发展，建设数字中国”问题，分别在“第十五章打造数字经济新优势”“第十六章加快数字社会建设步伐”“第十七章提高数字政府建设水平”“第十八章营造良好数字生态”涉及数字化问题。

简单统计，“数字化”在《规划》全文出现 25 次，“智能”出现 35 次，“智慧”出现 22 次，“大数据”出现 10 次。此外，还有数字中国、数字时代、数字政府、数字社会、数字经济、数字生活、数字丝绸之路、数字孪生城市、数字乡村、数字消费、数字技术、数字转型、数字创意、数字娱乐等高相关词汇出现了 60 多次。

《纲要》明确要“打造数字经济新优势”，将数字经济发展和数字化转型的目标与作用提高到了国民经济的高度，并提出“充分发挥海量数据和丰富应用场景优势，促进数字技术与实体经济深度融合，赋能传统产业转型升级，催生新产业新业态新模式，壮大经济发展新引擎”。作为指引，规划指出一方面要拓新，即“推动数字产业化”形成新产业、新生态；另一方面要守成，即传统“产业数字化转型”，通过数字技术赋能传统企业。

《纲要》提出迎接数字时代，激活数据要素潜能，推进网络强国建设，加快建设数字经济、数字社会、数字政府，以数字化转型整体驱动生产方式、生活方式和治理方式变革。企业数字化转型可以分为四个阶段，总体上是先内后外，先管理后业务。第一步业务数据化，即业务数据在线，融合成一体，汇聚在数据中台之上。第二步数据资产化，这主要是数据中台建设过程中，通过数据治理使得数据可用、可视。第三步资产服务化，即通过发掘应用场景，提供内部运营的数据资产服务，降本增效、发现新问题、辅助数智化决策等。第四步服务业务化，即通过外部场景或者边缘业务、新业务的创新，数据赋能原有业务或者新业务，产生真金白银。

请同学们深入学习国家十四五规划对于“数字化转型”的具体要求。请思考，我们身边有哪些大数据应用的例子呢？

任务二 结构分析

【任务案例】

华瑞公司的销售渠道主要包括三个：线下直营店、线下经销商与线上购物平台。公司第一季度收入下降。

请用结构分析法进行分析，寻找公司第一季度收入下降的原因。

【任务处理】

结构分析法主要是指通过剖析业绩指标的构成进行分析的方法。具体进行结构分析时，主要包括四个步骤。

第一步，确定要分析的关键指标。关键指标可以是财务指标，也可以是业务指标。

第二步，了解指标的构成，确定分解维度。如销售额可以按商品品种分，分为蔬菜、牛奶等，也可以按地区分，分为北京、上海等。

第三步，跟踪关键指标的趋势，了解指标结构变化情况。例如，分析发现某个渠道销售额下降。

第四步。在关键指标出现明显上升/下降的时候，找到变化最大的结构分类，分析问题。例如，某社区店销售额中占比最大的是蔬菜，可以重点分析下蔬菜的销售额。

企业以财务指标为起点进行分析时，常常会用到杜邦分析法。杜邦分析法就是一种典型的结构分析方法。它以净资产净利率（通常也称作净资产收益率）为核心，以总资产净利率和权益乘数为分解因素，重点揭示公司获利能力及杠杆水平对权益净利率的影响，并层层进行指标分解，建立起各相关指标间的相互关系，进行系统化的分析。

在进行结构分析时，应遵循“相互独立，完全穷尽”原则，通俗地说就是“不重不漏”。例如，把客户群体分为青年群体，中年群体与城镇从业人员群体，由于城镇从业人员群体与青年群体、中年群体之间存在交叉，则不符合“相互独立，完全穷尽”原则。再如分析某公司收入时，有P1、P2、P3三个事业部，ABCD四种产品，则在分析时，可以先按事业部分析，再在事业部下分四类产品进行分析，这种分类是没有问题的。在分析时，如果先按产品分类，在每一类产品下再按三个事业部分类，也是没有问题的。

【任务实施】

任务案例中公司销售额下降，基于结构分析法，可以通过由总至分、层层分解的方法找到收入下降的原因。公司可进一步分析线下直营店、线下经销商与线上购物平台等三个收入来源渠道的收入变化情况，汇总数据如表2-1所示。

表2-1　分渠道销售金额及占比

	销售金额（元）	销售占比
线上购物平台	675986.4	17.56%
线下经销商	2623237.0	68.14%
线下直营店	550391.6	14.30%

以销售占比进行分析，线下经销商占比在68.14%，占比最大，但较以前年度下降，是收入下降的主要原因。公司还可以进一步分析，线下经销商收入下降，是由于客户数量降低了，还是由于每个客户下单的金额下降了，或者由于其他因素。如果经过分析，发现收入的下降是由于下单的客户数量下降了，则应进一步分析是老客户下单数量下降了，还是新客户下单数量下降了。这样，经过层层分解，就可以找到收入下降的最终原因。

步骤一：登录大数据财务分析系统。

（1）进入浏览器，打开网址 http://www.shouguanyun.com/，进入实训系统。

（2）用户登录，输入用户名及密码，点击“登录”按键，如图2-2所示。

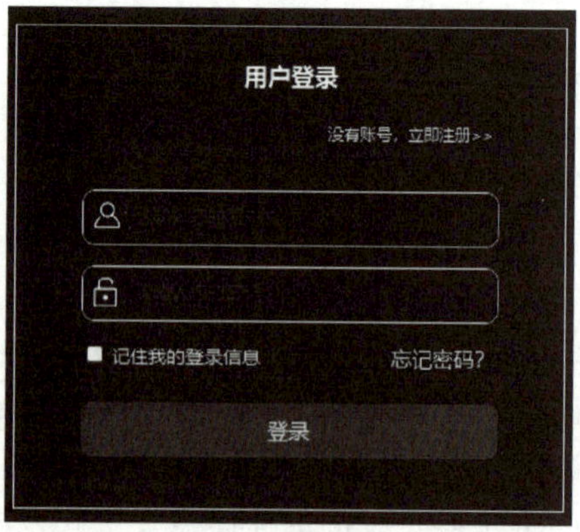

图2-2　用户登录界面

（3）进入“在线实践”，登录成功后，选择“大数据财务分析”课程模块，点击选择“在线实践”按键，如图 2－3 所示。

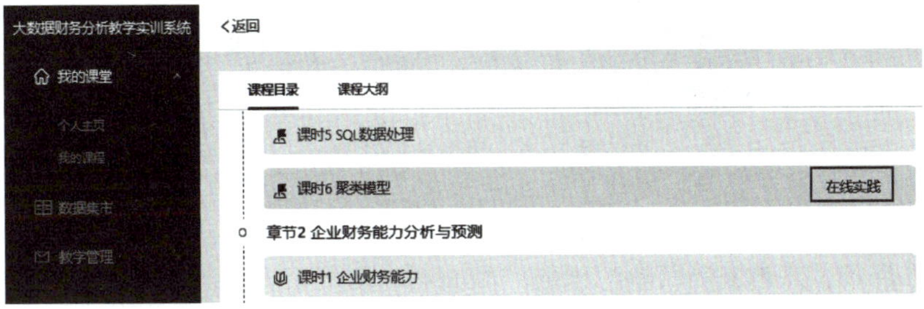

图 2－3　进入“在线实践”

（4）点击“启动实验室环境”按键，如图 2－4 所示。

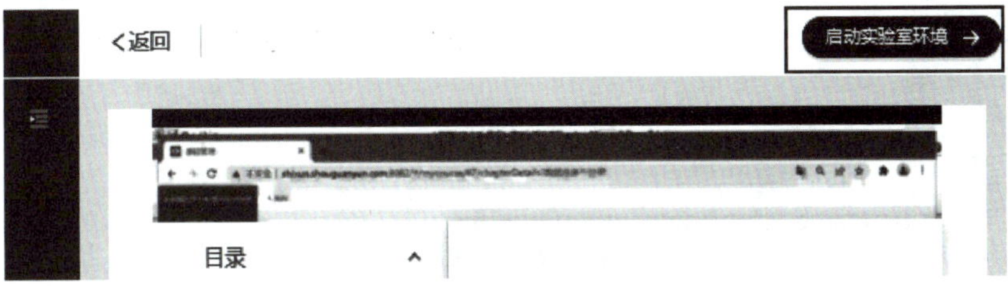

图 2－4　进入“启动实验室环境”

步骤二：创建新项目。

（1）进入实验室环境后，首先需要在大数据分析系统中创建新项目，点击“创建新项目”按键，如图 2－5 所示。根据项目及任务实际主题进行创建，同时可以对项目进行编辑、删除等操作。

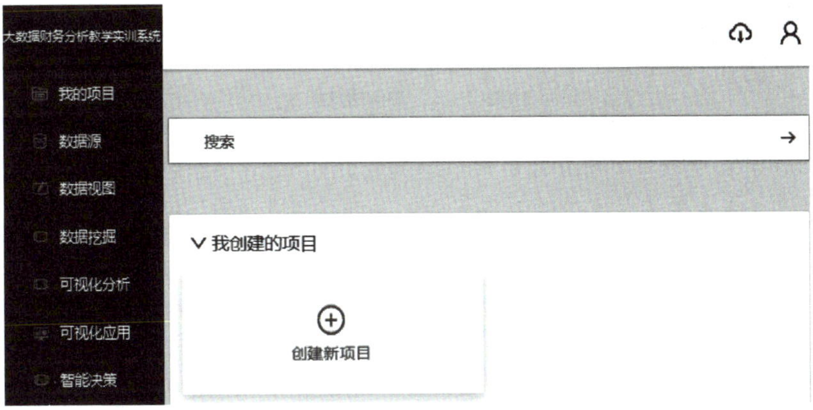

图 2－5　创建新项目

（2）创建成功后，点击进入已经创建的项目，如图 2－6 所示。

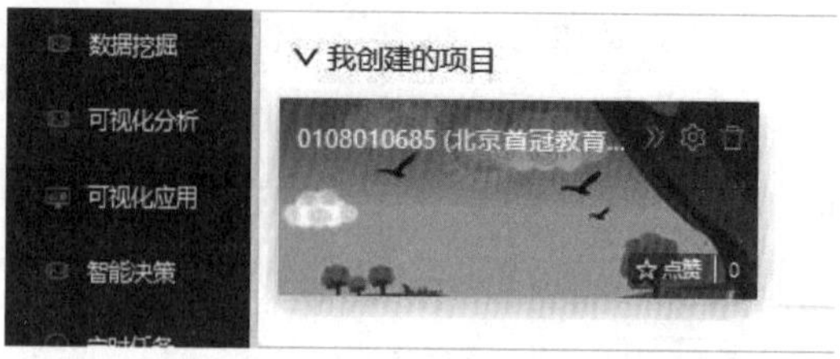

图 2－6　我创建的项目

步骤三：数据准备。

进行数据准备，点击左侧菜单栏中的“数据源”按键，点击“挂载数据集”，通过挂载数据集选择“大数据财务数据集”，如图 2－7 所示。如需使用本地数据，可选择文本数据并点击操作下方“上传”按键，上传数据源。

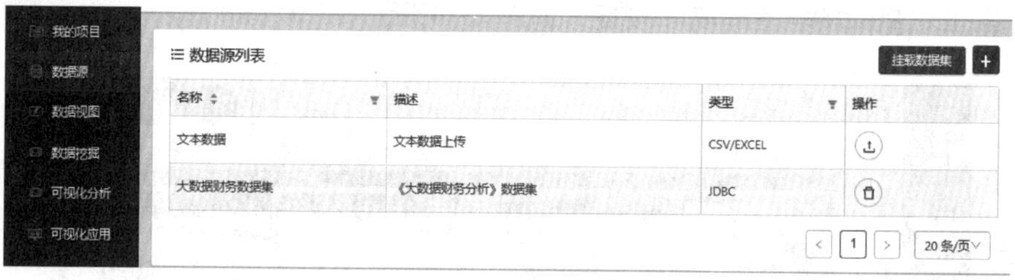

图 2－7　数据准备

步骤四：数据处理。

（1）进入数据视图界面，点击数据视图列表右侧新增“＋”按键，如图 2－8 所示。

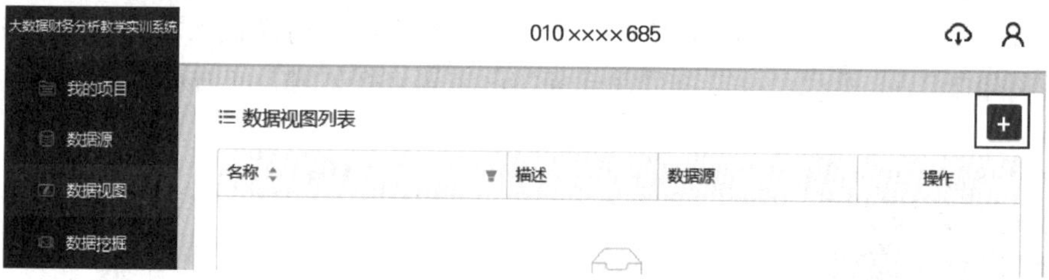

图 2－8　新增数据

（2）编辑新增数据视图名称，命名为“结构分析”，点击“保存”按键，如图 2－9 所示。

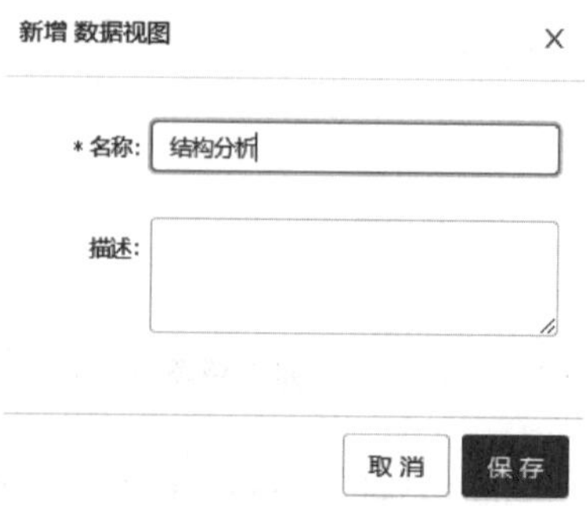

图 2－9　新增数据视图

（3）进入数据视图“智能模式”中，点击“切换到智能模式”按键，如图 2－10 所示。

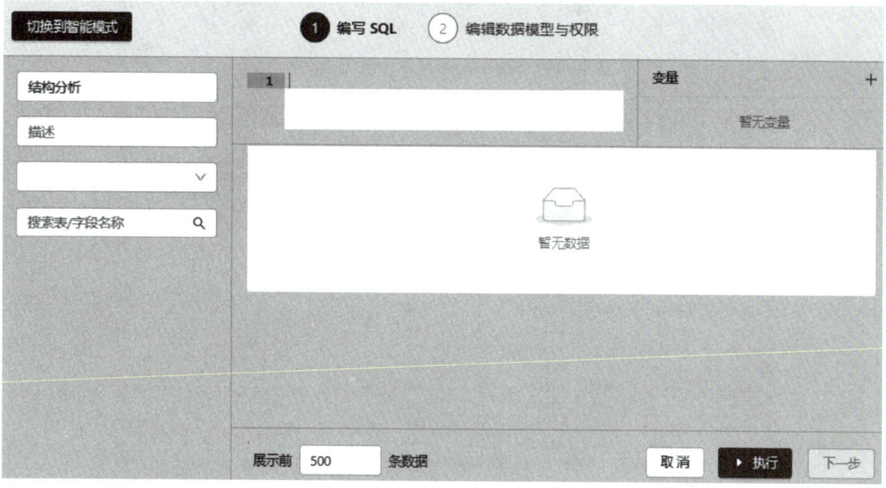

图 2－10　切换智能模式

（4）字段选择。

①选择已经挂载的数据源，并选择“销售订单表”，再点击右侧字段中任意一个字段，如图 2－11 所示。

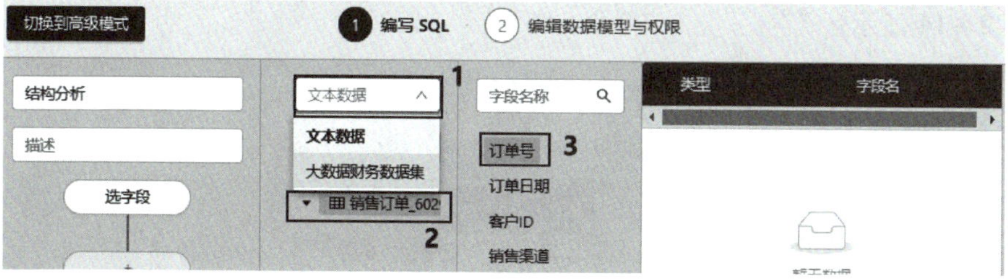

图 2－11　选择字段

②字段导入。点击“全选”，勾选全部 9 项数据字段，然后点击“导入”按键，导入后，点击“确定”按键，如图 2－12 所示。

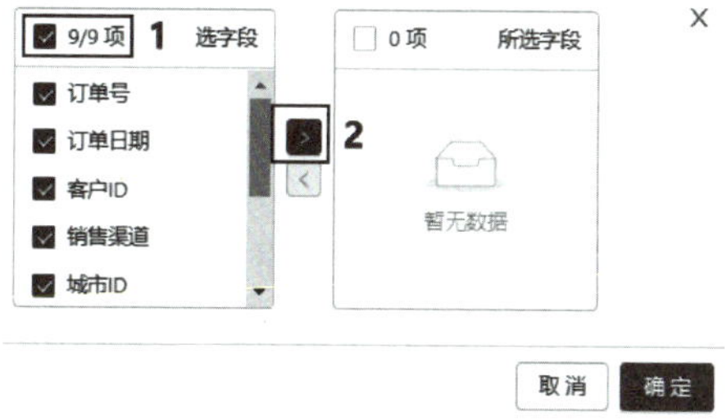

图 2－12　全选并导入字段

③执行操作。导入全部字段成功后，点击“执行”按键，随后可以看到数据预览视图，如图 2－13 所示。

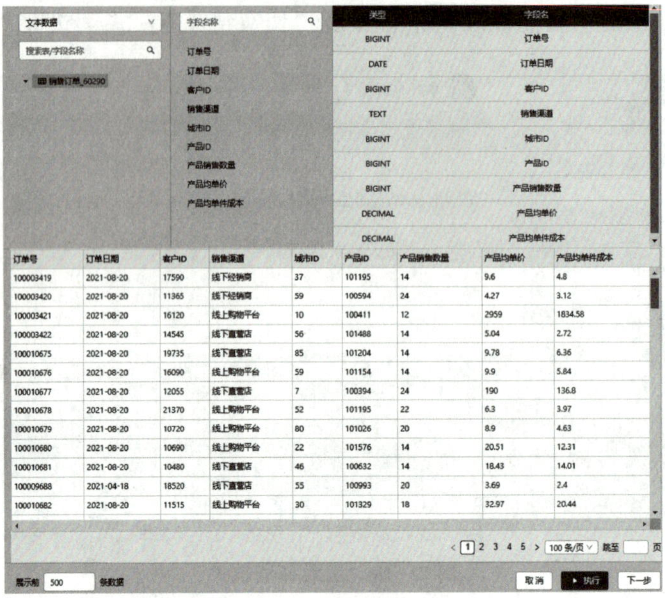

图 2-13　执行字段选择

（5）新增列——计算产品销售金额。

①计算产品销售金额数据，点击选字段下方的新增“+”按键，再选择“新增列”按键，如图 2-14 所示。

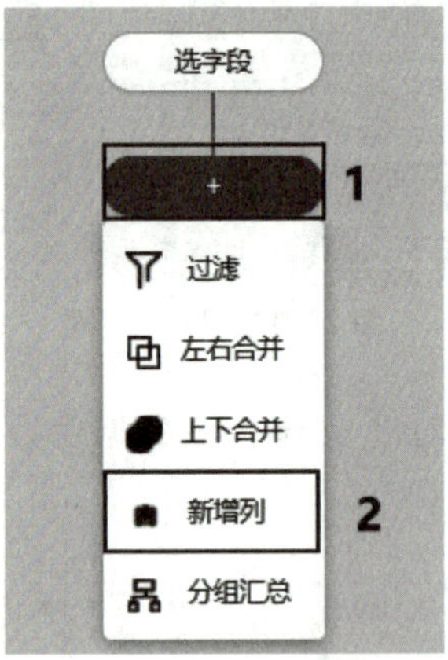

图 2-14　新增列

②点击新增列编辑区域，进行新增列计算，如图 2-15 所示。

图 2-15　点击新增列编辑区域

③编辑新增列名称为“产品销售金额”，选择字段名下方的“产品销售数量”×“产品均单价”，完成函数设置后，点击“确定”按键，如图2－16所示。完成设置后，点击界面右下方“执行”按键，在数据预览区查看是否新增列成功。

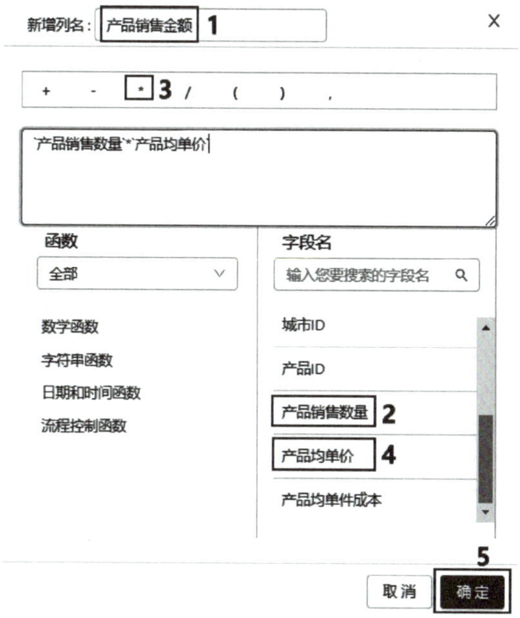

图2－16 产品销售金额计算

（6）过滤日期数据。

①点击选择字段下方的新增“＋”按键，再选择“过滤”按键。

②点击选择“添加条件”。

③点击“请选择字段”区域。

④选择下拉字段菜单中的订单日期，如图2－17所示。

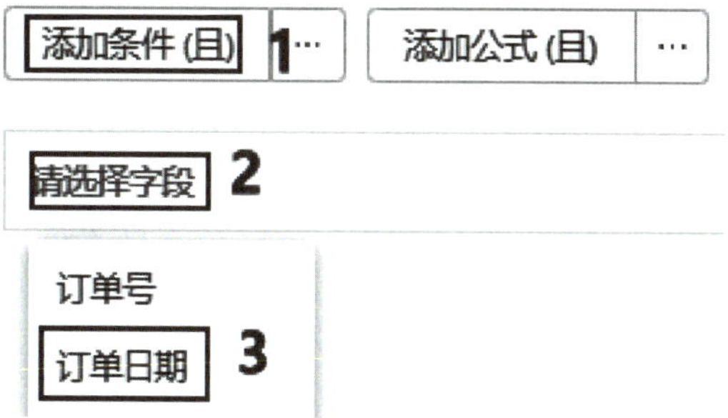

图2－17 添加过滤条件

⑤点击时间选择区域，设置时间区间为2021－01－01至2021－03－31，如图2－18所示。

⑥设置完成后，点击数据视图界面右下角“执行”按键。

图 2－18　过滤日期

（7）新增列——日期设置为“月”。

①将日期数据设置为“月”，点击选字段下方的新增“＋”按键，再选择“新增列”按键。

②点击新增列编辑区域，进行新增列操作。

③编辑新增列名称为“月”，选择函数中“日期和时间函数”中的“MONTH”，并在MONTH的函数内部选择“订单日期”。完成函数设置后，点击“确定”按键，如图2－19所示。完成设置后，点击界面右下方“执行”按键，在数据预览区查看是否新增列成功。

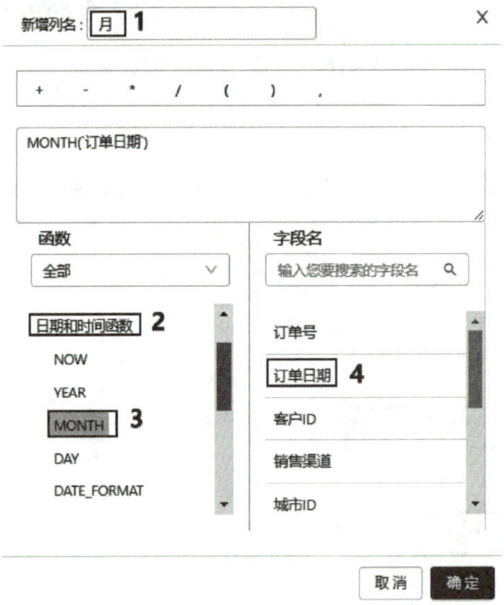

图 2－19　日期设置为“月”

（8）设置数据模型。

①点击数据视图界面右下角“下一步”按键，如图2－20所示。

图 2－20　进行下一步操作

②查看并确认字段的维度、指标数据类型。将字段“月”的数据类型设置为“维度”，可视化类型设置为“日期”，如图 2－21 所示。

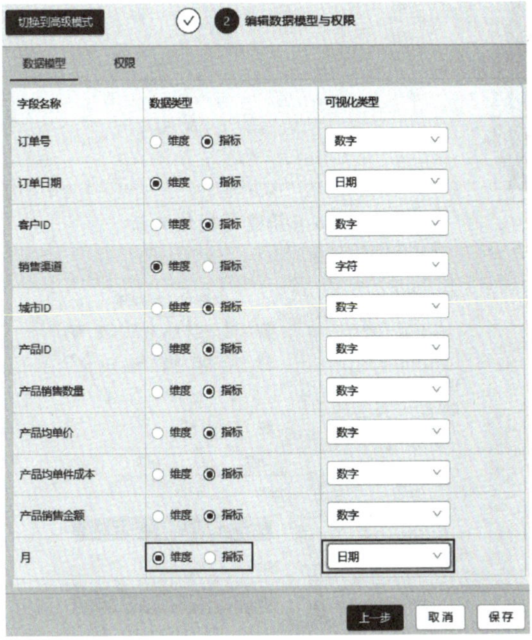

图 2－21 数据模型

③设置完成后，点击数据视图界面右下角“保存”按键，系统自动跳转回数据视图列表界面，可查看是否创建完成“结构分析”数据，如图 2－22 所示。

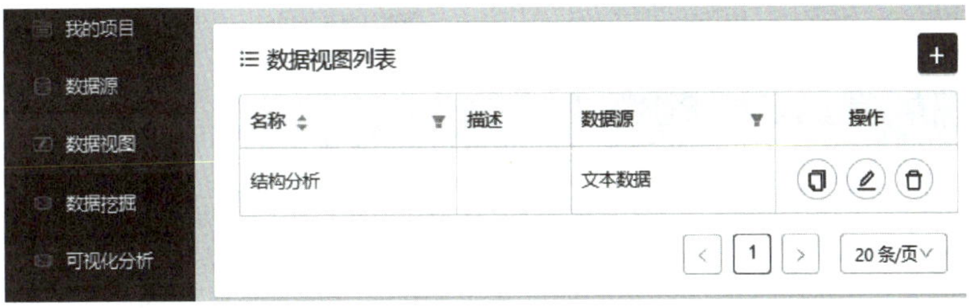

图 2－22 数据视图列表

步骤五：数据可视化。

（1）进入数据可视化分析界面。

①点击左侧菜单列表中的“可视化分析”按键，点击新增“＋”按键，如图 2－23 所示。

②设置可视化图形，将“月”拖动到维度栏，将“产品销售金额”拖动到指标栏，将“销售渠道”拖动到颜色栏，如图 2－24 所示。

③设置样式，点击样式菜单中的堆积右侧“编辑”按键，如图 2－25 所示，勾选“开启堆积”，并点击“保存”按键。

④设置样式中的“标签”，选择右侧显示，如图 2－26 所示。

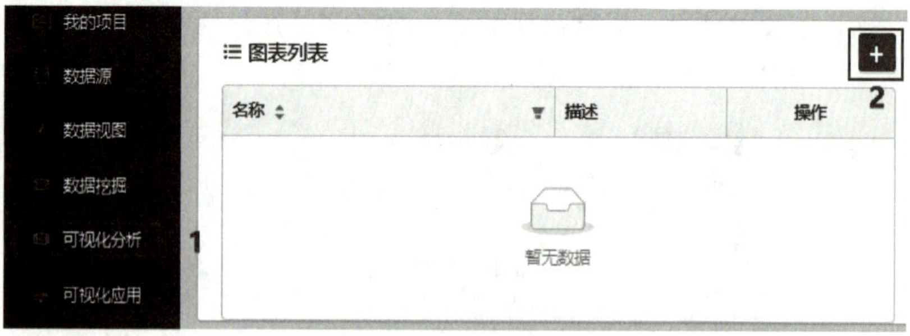

图 2－23　新建可视化分析

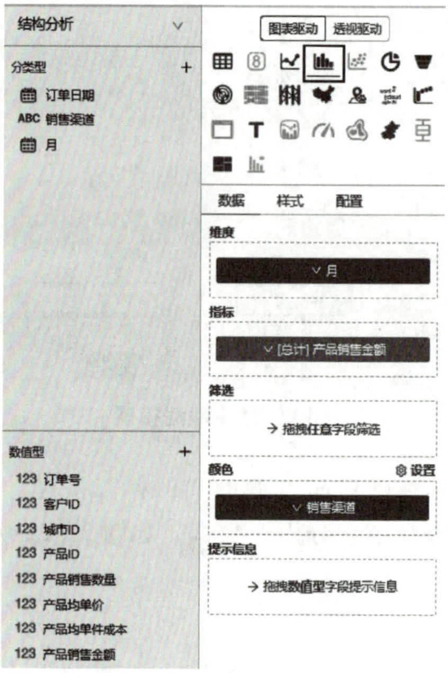

图 2－24　可视化数据设置

图 2－25　编辑堆积

⑤输入可视化图表名称及描述，可视化图表名称为“结构分析”，描述为“堆积柱状图”，如图 2－27 所示。

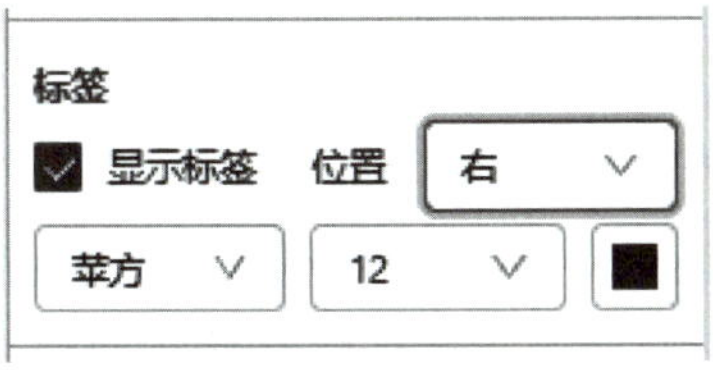

图 2－26　标签设置

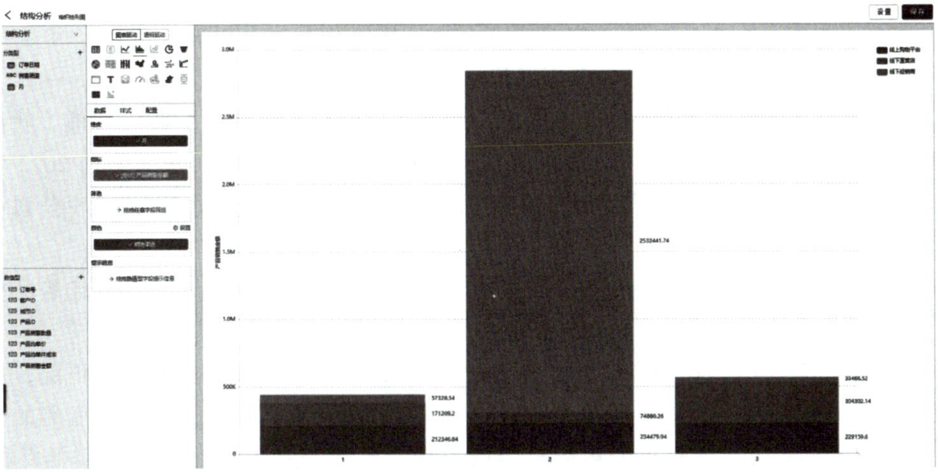

图 2－27　结构分析可视化图形

（2）绘制完成可视化图形后，点击可视化界面右上角“保存”按键，系统自动跳转回图表列表界面，查看是否创建完成“结构分析”可视化图表，如图 2－28 所示。

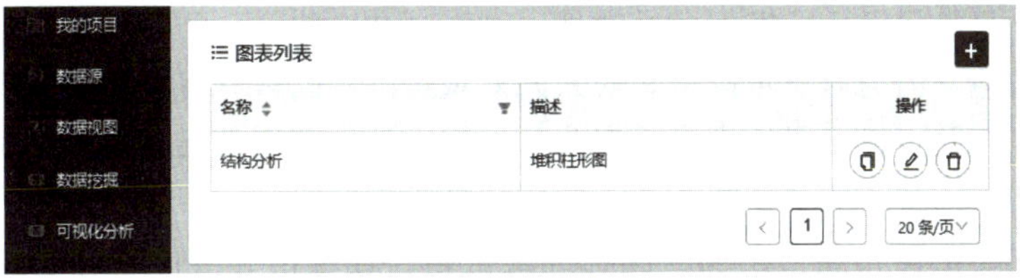

图 2－28　图表列表

任务三　对比分析

【任务案例】

华瑞公司 2022 年度第三季度实现主营业务收入 3500 万元，该如何评价公司第三季度的营业收入实现情况呢？

【任务处理】

在对公司业绩指标或其他数据信息进行分析时，如果只有绝对的数值，可能很难判断指标或数值的优劣。如果 2022 年度公司第三季度实现主营业务收入 3500 万元，请大家思考一下，以下情形对公司第三季度主营业收入的评价有什么不同？

（1）2021 年度公司第三季度实现主营业务收入 500 万元。

（2）2021 年度公司第三季度实现主营业务收入 4000 万元。

（3）2022 年度同行业公司第三季度平均主营业务收入为 300 万元。

（4）2022 年度同行业公司第三季度平均主营业务收入为 5000 万元。

不难看出，在以上不同情形数据对比下，对于公司同一个主营业务收入数值，我们却有可能得出不同的分析结论。在情形（1）与情形（3）下，我们可能会认为公司 2022 年度公司第三季度比较好。情形（2）与情形（4）下，我们可能会认为公司 2022 年度公司第三季度经营业绩不尽如人意。

所以，在进行分析时，应基于不同数据的对比，得出相应的结论。常见的比较分析维度包括时间维度、同行业公司维度、标杆企业维度等。

时间维度是指公司通过分析不同时间段或时间点的业绩指标或数据的比较情况，从而对公司现状进行分析判断。例如，可以和去年同期进行比较分析，也可以通过近五年的指标或数据变化情况来进行分析。对于公司第三季度实现主营业务收入进行分析时，可以和 2022 年度第一季度、第二季度比较，也可以和去年同期进行比较，还可以通过比较近五年来各季度收入进行比较分析。当然，在这里也请思考一个问题，与 2022 年度第一季度（第二季度）比较、和去年同期进行比较，这两种比较方式有什么不同呢？

同行业公司维度分析是指通过与同行业公司相应指标进行对比分析，从而得出结论。当然，在分析时，尽量保持比较期间的一致性。例如，在比较时，公司与同行业公司都选取第三季度的收入数值。因为影响不同期间收入的宏观经济等因素有可能不同，所以如果用公司第三季度的收入与同行业公司的第二季度收入比较，就有可能得出错误的结论。此外，要注意的是，通常可以用公司的指标数值与同行业的平均指标数值进行比较分析。当然，也可以利用大数据工具算出同行业公司相应指标的最大值、最小值、中位数等，并与之进行对比分析。

标杆公司维度分析是指公司可以与同行业内做得比较好的企业进行比较分析。当然，如果公司本身在行业并不处于领先位置，也可以选择竞争对手进行比较分析，而不一定非要拘泥于标杆企业。

【任务实施】

任务案例中，分析 2022 年度第三季度实现主营业务收入 3500 万元，判断该指标好坏时，通过以下维度进行对比分析。

首先，对比公司近五年每季度收入指标数值，并通过折线图展现时间变化趋势，分析 2022 年度第三季度收入指标在近五年的水平。

对比分析系统实操

步骤一：数据采集，采集华瑞公司 2017—2021 年各季度利润表数据。

步骤二：数据整理，提取各季度的营业收入数据，并进行数据汇总。

步骤三：可视化分析。

（1）选择折线图进行呈现

（2）将季度时间作为维度，各季度营业收入作为指标，进行对比分析。

然后，对比同行业公司 2022 年度第三季度收入指标情况，可以选用行业平均值、中位数等进行分析，分析本公司 2022 年三季度收入指标在行业中的位置。

步骤一：数据采集，采集华瑞公司、步步高、家家悦、华联综超等企业 2017—2021 年各季度利润表数据。

步骤二：数据整理。

（1）提取各企业各季度的营业收入数据。

（2）计算各季度行业平均值、中位数。

步骤三：可视化分析。

（1）选择折线图进行呈现。

（2）将季度时间作为维度，行业各季度平均营业收入、华瑞公司营业收入作为指标，进行对比分析。

（3）设置行业平均值、中位数的参考线。

最后，选择竞争对手或标杆企业，对比分析标杆企业或竞争对手收入的实现情况，分析公司收入的状况。

步骤一：选择竞争对手公司，将华联综超作为标杆企业进行分析。

步骤二：数据采集，采集华联综超、华瑞公司 2017—2021 年各季度利润表。

步骤三：数据整理，将华联综超、华瑞公司的各季度营业收入进行整理。

步骤四：可视化分析，选择柱形图进行对比分析。分析近 5 年两家公司的营业收入趋势，并寻找与标杆企业的差异性。

任务四　聚类分析

【任务案例】

华瑞公司市场部门需要对目标客户群体进行分析，以便制定相应的客户精准营销计划，作为数据分析师，请辅助业务部门进行用户分群，以支撑更精细化地开展运营工作，精准刻画用户特征，从而了解不同群集用户的消费情况。

（1）通过聚类算法对用户进行分群；

（2）分析不同群集平均购买价格的分布情况；

（3）分析不同群集消费总记录数和消费总金额情况；

（4）分析不同群集下各类产品消费情况。

【任务处理】

聚类分析指将物理或抽象对象的集合分组为由类似的对象组成的多个类的分析过程。从统计学的观点看，聚类分析是通过数据建模，由分至总，简化数据的一种方法。聚类分析的目标就是在相似的基础上收集数据进行分类。聚类方法包含层次聚类与非层次聚类。层次聚类又包括合并法、分解法与树状图法。非层次聚类包括谱聚类等。

在数据的应用统计分析中，常有这样的需求反馈：想关注符合某些条件的一部分用户，不仅需要知道该群体的整体行为（消费次数、消费金额等），还能查看该群体的数据及导出用户名单，并针对性地发送通知消息等。

在实际数据分析应用中，通过对特定运营目的和商业目的所挑选出的指标变量进行聚类分析，把目标群体划分成几个具有明显特征区别的细分群体，从而可以在运营活动中为这些细分群体提供精细化、个性化的运营和服务，最终提升运营的效率和商业效果。如把付费用户按照几个特定维度（如利润贡献、用户年龄、续费次数等）聚类分析后得到不同特征的群体。

例如，某新能源汽车公司，在国庆节前夕，针对可能的目标群体（一线城市月工资10000元以上人群）进行微信广告推送，帮助提升车企的引流。但在通过用户行为聚类之后，发现其他城市人群同样具备潜在购车的能力。因此，在推广过程中，扩充了目标群体的投放范围，提升引流效果，如图2－29所示。

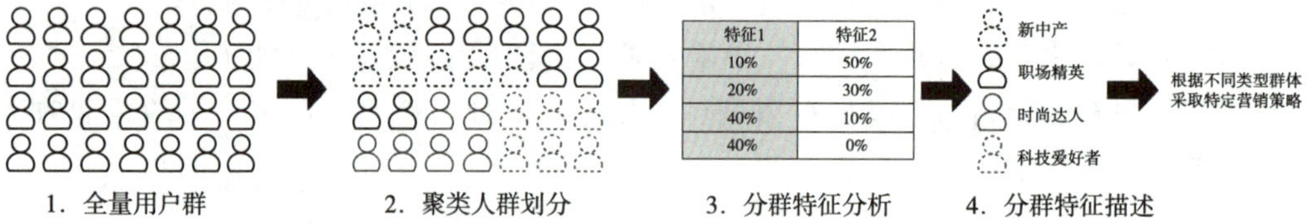

图2－29　聚类分析用户特征

通过聚类分析，对用户分群，就是用来满足这类需求的工具，它能够帮助实现用户增长，并探究产品指标数字背后的原因。聚类分析主要包括如下三个步骤。

步骤一：数据预处理。数据预处理主要包括选择数量、类型和特征的标度。

步骤二：为衡量数据点间的相似度定义一个距离函数。既然特征类似性是定义一个类的基础，那么不同数据之间在同一个特征空间相似度的衡量对于聚类步骤是很重要的，由于特征类型和特征标度的多样性，距离度量必须谨慎。

步骤三：聚类或分组。具体是指：（1）数据对象分到不同的类中；（2）数据基于不同的方法被分到不同的类中。

【任务实施】

请你进入大数据财务分析系统，进行相关的聚类分析操作。

聚类分析系统实操

【任务拓展】

聚类算法中，最经典的就是K－means聚类算法，也叫作K均值聚类。

聚类分析的一个重要用途就是针对目标群体进行多指标的群体划分，类似这种目标群体的分类就是精细化经营，个性化运营的基础和核心，只有进行了正确的分类，才可以有效进行个性化和精细化的运营，服务及产品支持等。

K－means 的假设是：将某一些数据分为不同的类别，在相同的类别中数据之间的距离应该都很近，也就是说离得越近的数据应该越相似。

K－means 聚类算法，可以将输入数据聚合成 K 个类别并输出。K 和 means 的参数是相互依存的：如果知道每个数据的所属类别，那么类别的所有数据的平均值就是这个类别的中心；如果知道每个类别的中心，那么通过计算数据与中心的距离，再根据距离的大小可以推断出数据属于哪一个类别。

将一组存在 N 个样本的特征矩阵 X 划分为 K 个无交集的簇，每一个簇中含有多个数据，每一个数据代表着一个样本，在同一个簇中的数据即被算法认为是同一类。

N：假设为样本数量。

K：假设为聚类簇的数量。

簇：类似于集合，也可以通俗地理解成一个小组，不同小组等于不同分类。

Means 代表取每一个聚类中数据值的均值作为该簇的中心，或者称为质心。

还可以采用 K－means 算法进行探测，发现离群点与异常值。这里的离群点指相对于整体数据对象而言的少数数据对象，这些对象的行为特征与整体的数据行为特征很不一致。例如，某 B2C 电商平台上，金额巨大且频繁的交易，就有可能隐含欺诈的风险，需要风控部门提前关注。

基本实现步骤，如图 2－30 所示。

步骤一：随机在 N 个样本中抽取 K 个样本作为初始的质心。

步骤二：开始遍历除开质心外的所有样本点，将其分配至距离它们最近的质心，每一个质心以及被分配至其下的样本点视为一个簇（或者说一个分类），这样便完成了一次聚类。

步骤三：对于每一个簇，重新计算簇内所有样本点的平均值，取结果为新的质心。

步骤四：比对旧的质心与新的质心是否再发生变化，若发生变化，按照新的质心从步骤二开始重复，若没发生变化，聚类完成。

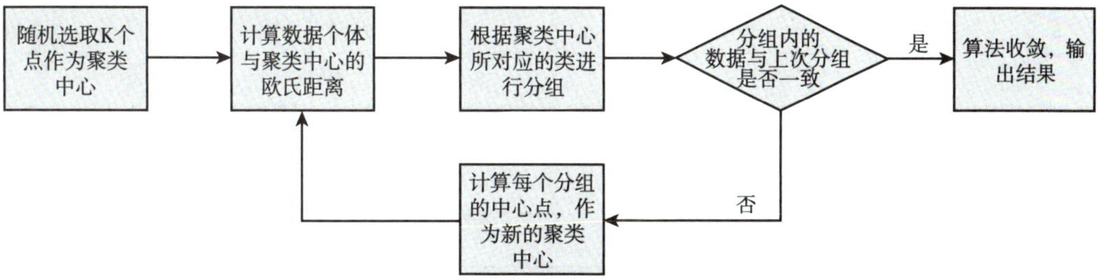

图 2－30　K－means 算法流程图

K－Means 算法理论上可以支持任意维度的数据，我们采用一个简单的二维数据作为例子来看一下，数据如表 2－2 所示。

表 2-2　　K-Means 简单案例

名称	X	Y
数据 1	3	3
数据 2	2	5
数据 3	8	6
数据 4	9	12

以 X 作为 X 轴、Y 作为 Y 轴，将数据生成散点图形，如图 2-31 所示。

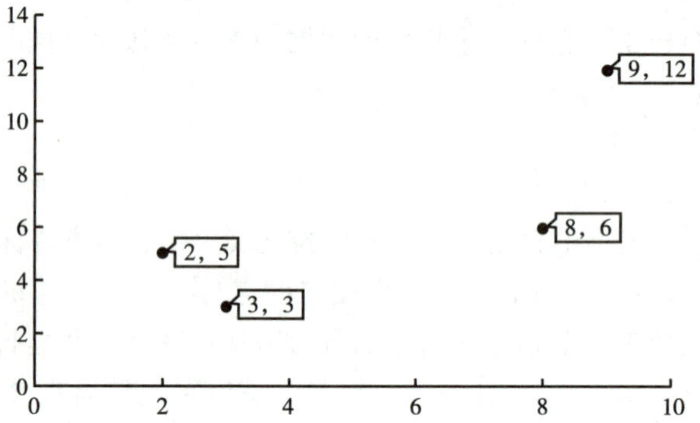

图 2-31　K-means 散点图

我们需要选择 K 个点作为初始中心，每一个点代表一个聚类中心，从图上我们可以看出应该分成 2 类，所以 K 的值定义为 2，分别是点 A 和点 B。然后随机给这两个中心点赋值，我们就暂定为 A（0，0）和 B（10，14），如表 2-3 所示。

表 2-3　　K 点选择后坐标数据

名称	X	Y
数据 1	3	3
数据 2	2	5
数据 3	8	6
数据 4	9	12
A	0	0
B	10	14

以 X 作为 X 轴、Y 作为 Y 轴，将 K 点选择后的数据生成散点图形，如图 2-32 所示。

对于样本中的数据对象，根据点与点的距离公式计算他们与聚类中心的欧氏距离 d，按距离最近的准则将他们分到距离他们最近的聚类中心所对应的类。

距离公式为：$d = \sqrt{(x_1 - x_2)^2 + (y_1 - y_2)^2}$

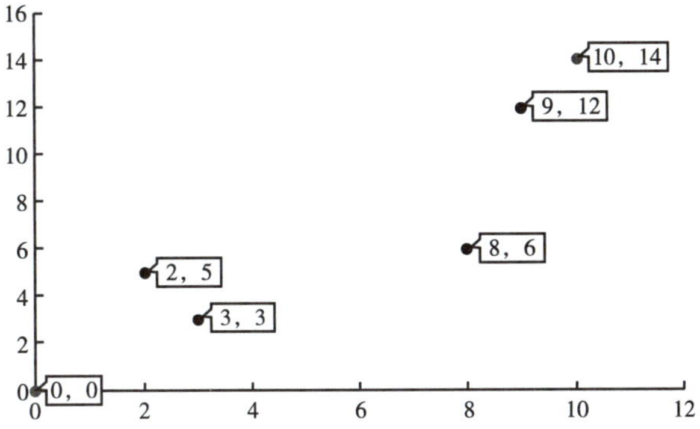

图 2－32　选定 K 点后散点图

计算后的结果如下，数据 1 和数据 2 距离 A 点更近，数据 3 和数据 4 距离 B 点更近，所以将数据 1 和 2 划为 A 类，数据 3 和 4 划为 B 类，如表 2－4 所示。

表 2－4　　K 点距离计算

名称	A	B
数据 1	4.24	13.04
数据 2	5.39	12.04
数据 3	10	8.25
数据 4	15	2.24

更新聚类中心位置，将每个类别中所有数据的均值作为该类别的聚类中心，那么 A 组的聚类中心为：

$A=[(3+2)\div 2,(3+5)\div 2]=(2.5,4)$

B 组的聚类中心为：

$B=[(8+9)\div 2,(6+12)\div 2]=(8.5,9)$

将新的聚类中心添加到图中，如图 2－33 所示。

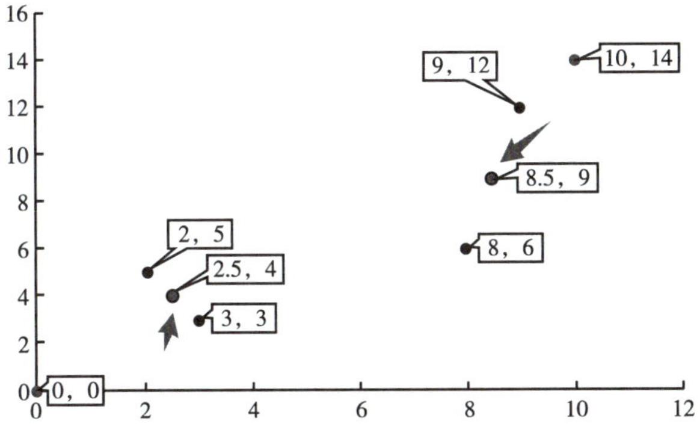

图 2－33　更新聚类中心点

根据新的聚类中心，重复进行距离计算，计算后的结果如表 2－5 所示。

表 2－5　　K－means 重新计算距离

名称	A	B
数据 1	1.12	8.14
数据 2	1.12	7.63
数据 3	5.85	3.04
数据 4	10.3	3.04

我们发现数据与新的聚类中心点的距离变近了，但是分组的情况并没有改变，依然是数据 1 和 2 为 A 组，数据 3 和 4 为 B 组，说明算法已经收敛，可以结束循环。如果在这一步的聚类结果与之前的结果还有差异，那么就还需要返回第二步继续进行循环计算，直到结果不再改变为止。

经过对聚类分析的学习，请思考，还有哪些场景需要用到聚类分析呢？

任务五　相关分析

【任务案例】

某企业 2014—2021 年，各月某种产品的产量与单位成本的数据，如表 2－6 所示。请分析该企业产量与单位成本之间是否存在相关关系，若存在相关关系，相关关系的方向、形式和相关程度如何？

表 2－6　　产量与单位成本数据

年份	201401	201402	201403	201404	201405	201406	201407	201408	201409	201410	201411	201412
产量（件）	59100	59300	58371	59234	60213	61458	63891	62319	64100	63490	64910	65000
单位成本（元）	53	52.9	53.1	52.6	52.3	53.1	52.3	52.4	52.14	52.18	51.5	52
年份	201501	201502	201503	201504	201505	201506	201507	201508	201509	201510	201511	201512
产量（件）	68100	67490	69910	71200	72390	74390	75890	78231	79247	80289	84910	83200
单位成本（元）	52.3	52.15	51.35	51.7	51.89	51.23	51.2	51.11	51.05	51.2	51.02	51
年份	201601	201602	201603	201604	201605	201606	201607	201608	201609	201610	201611	201612
产量（件）	85201	85218	86210	87123	88347	89012	88279	89100	90012	90489	92348	91200
单位成本（元）	51.23	51.2	51.11	51.05	51.2	51.02	51.024	50.99	50.96	50.92	50.89	51

续表

年份	201701	201702	201703	201704	201705	201706	201707	201708	201709	201710	201711	201712
产量（件）	93200	93489	94892	97283	101020	110239	108278	100021	102345	109234	110000	112460
单位成本（元）	50.99	50.96	50.92	50.8	50.23	50.12	50.13	49.84	49.76	49.35	48.75	49
年份	201801	201802	201803	201804	201805	201806	201807	201808	201809	201810	201811	201812
产量（件）	118349	115892	119320	120384	124589	125892	139482	123849	129823	130218	124389	129200
单位成本（元）	49.1	48.75	48.6	48.35	48.23	48.15	48.42	48.3	48.05	48.12	47.65	48
年份	201901	201902	201903	201904	201905	201906	201907	201908	201909	201910	201911	201912
产量（件）	131201	134202	137203	132893	138279	140299	138279	139281	149210	138279	140129	140290
单位成本（元）	47.85	47.91	47.65	47.53	47.42	47.28	47.5	47.12	47.36	47.12	46.85	47
年份	202001	202002	202003	202004	202005	202006	202007	202008	202009	202010	202011	202012
产量（件）	141577	142582.5	143588	144593.5	145599	146604.5	147610	148615.5	149621	150626.5	158230	158230
单位成本（元）	46.85	46.91	46.65	46.53	46.42	46.28	46.5	46.12	46.36	46.12	45.85	46
年份	202101	202102	202103	202104	202105	202106	202107	202108	202109	202110	202111	202112
产量（件）	160450.4	162820.4	165190.3	167560.3	169930.3	172300.3	174670.2	177040.2	179410.2	181780.1	184150.1	186520.1
单位成本（元）	45.865	44.79	44.715	45.64	44.565	45.49	44.415	44.34	43.265	43.19	43.115	43.04

【任务处理】

相关性分析是指对两个或多个具备相关性的变量元素进行分析，并进而衡量两个变量因素相关密切程度的思维。相关性的元素之间需要存在一定的联系才可以进行相关性分析。通过对不同特征或数据间的关系进行分析，发现经营中具备关联关系的因素，并对业务的发展进行预测。相关性分析并不是简单地把数据罗列，然后找出数据之间的关系，在实际操作时，还会受到很多因素的影响。

在进行相关分析时，主要有简单相关分析、偏相关分析、距离相关分析等方法，其中前两种方法比较常见。简单相关分析，是直接计算两个变量的相关程度。偏相关分析，是在排除某个因素后，测度两个变量相关程度的方法。距离相关分析，是通过两个变量之间的距离来评估其相似性。

判断两个变量有没有相关关系，可以从定性与定量两个维度进行分析。在定量分析之前需要进行定性分析，定性分析主要分析变量相关性之间是否存在业务逻辑基础。只有存在一定业务逻辑基础的相关性分析才是有意义的。例如，产量与单位成本之间，由于规模经济效应，理论上产量越大，成本越低，是有一定业务逻辑基础的，所以可以进一步通过散点图、计算相关系数等方法进行定量分析。

（1）散点图分析。可将要分析的变量分别作为 X 轴与 Y 轴，形成散点图，相关关系的形式可以通过拟合线的方式，判断是否线性相关，而相关程度主要从散点距离直线的远近进行判断。

（2）相关系数。散点图的判断并不精确，根据图形无法直接反应相关程度，因此可以采用分析工具进行相关系数的计算。相关系数是用来反映变量之间相关关系程度的定量统计指标。

相关系数是用来反应变量之间相关关系密切程度的统计量，反映变量线性相关关系的统计量成为线性相关系数，反映变量非线性相关关系的成为非线性相关系数。常用的线性相关系数主要有皮尔逊（Pearson）简单相关系数、斯皮尔曼（Spearman）等级相关系数与肯德尔（Kendall）相关系数。

皮尔逊（Pearson）简单相关系数，用于度量两个间隔尺度变量之间的相关性，公式为：

$$r_{xy}=\frac{\sum_{i=1}^{n}(x_i-\bar{x})(y_i-\bar{y})}{\sqrt{\sum_{i=1}^{n}(x_i-\bar{x})^2\sum_{i=1}^{n}(y_i-\bar{y})^2}}$$

其中：$\bar{x}$、$\bar{y}$分别是变量 x、y 的均值；x_i、y_i分别是 x、y 的第 i 个观测值。

在实际工作中，无须手工计算各类相关系数，在各类软件工具中，已经嵌入了各类相关系数的计算公式，只需要输入相关变量，即可以得出计算结果。

【任务实施】

步骤一：数据采集，采集产量与单位成本数据。

步骤二：产量与单位成本进行建模分析，选择产量（件）作为 X 轴、单位成本（元）作为 Y 轴。

步骤三：可视化分析，绘制散点图，进行相关性分析。将产量作为维度、单位成本作为分析指标，如图 2-34 所示。

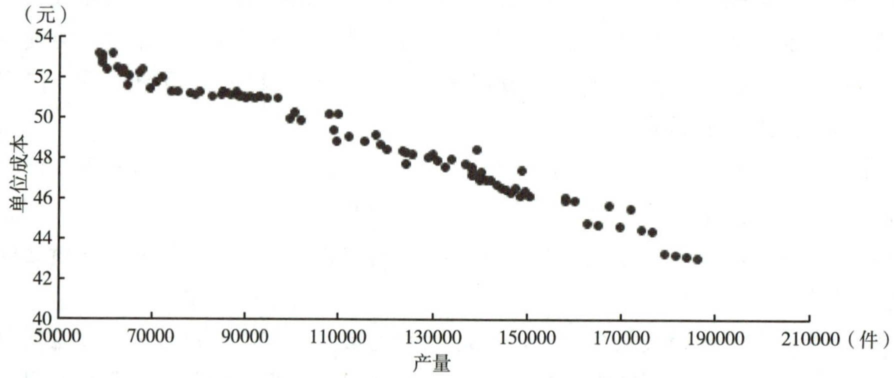

图 2-34　相关性散点图

步骤四：根据可视化观察两者之间的关系，进行相关分析，并给出结论。

通过散点图分布趋势可见，任务中的产量越大，单位成本越低，即产量和单位成本之间呈现负相关关系。相关关系的形式可以通过拟合线的方式，看出是线性相关，而相关程度主要从散点距离直线的远近进行判断。

【任务拓展】

某财务软件公司在全国有许多代理商，为研究它的财务软件产品广告投入与销售额的关系，财务分析人员随机选择 12 家代理商进行分析，采集该公司个代理商年广告投入费和月平均销售额的数据，如表 2－7 所示。

表 2－7　　广告费与月平均销售额相关表

单位：万元	代理商 1	代理商 2	代理商 3	代理商 4	代理商 5	代理商 6	代理商 7	代理商 8	代理商 9	代理商 10	代理商 11	代理商 12
年广告费投入	15.3	16.34	22.12	31.1	35.4	36.4	40.25	50.32	57.89	63.83	65.3	72.3
月均销售额	350.2	370.6	389.45	397.59	413.6	482.37	516.38	568.89	692.27	727.34	813.4	876.65

请你利用相关性分析方法，绘制散点图，计算皮尔逊（Pearson）简单相关系数，并得出代理商年广告费用投入与月均销售额之间的关系。

任务六　周期分析

【任务案例】

请分析以下环节分别属于产品与用户运营的哪个环节：

（1）公司通过发传单、上线小程序等方式增加客户注册数量；

（2）公司统计用户的在线时长，分析活跃用户特征；

（3）公司通过给注册一定时间的客户发放优惠券等方式，增加客户粘性；

（4）老客户每邀请一名新客户注册，即可获得一张优惠券。

【任务处理】

周期分析包括两类：时间周期分析与生命周期分析。所谓时间周期，是指业务指标随着时间自然发生波动，有明显的淡季和旺季，如羽绒服、冰糕等商品的销售。企业在分析时，应考虑销售随时间季节性波动的情形并予以分析。

生命周期分析是指基于用户或产品的全流程进行分析。互联网时代的 AARRR 用户运营模型就是典型的生命周期分析模式，也是常用到的产品运营与用户运营分析方法，如图 2－35 所示。

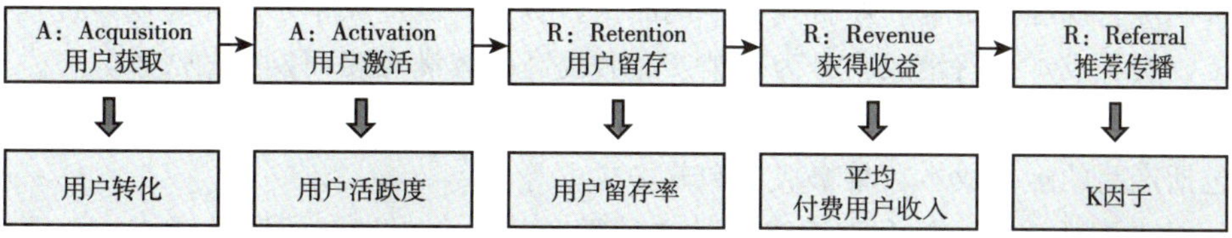

图 2－35　AARRR 用户运营案例

从企业获取客户到客户为企业带来收入及至传播，可以视为用户运营的生命周期，分析每一阶段的关键指标，有助于了解在整个运营生命周期内各个环节可能出现的问题，可以更好地针对有问题的环节采取有效的应对策略。在用户获取阶段，重点是要了解目标用户在哪，最大程度地让目标用户发现产品并转化为产品用户。在用户激活阶段，重点是要让获取到的用户进一步转化为活跃用户，可以分析日活、周活、月活等指标以及每个用户每月平均使用次数及平均使用时长。用户留存环节重点关注用户粘性，分析用户留存率，例如次日留存率、7 日留存率、30 日留存率等。获得收益环节重点是把留存用户转化为付费用户，分析平均每付费用户收入等指标。推荐传播环节重点是让用户把产品自发的推荐给其他人。这个环节主要分析指标为 K 因子。

K = 每个用户向朋友们发出的邀请数量 × 收到邀请的人转化为新用户的转化率

【任务实施】

任务案例对应的用户运营中的要素如表 2 – 8 所示。

表 2 – 8　　AARRR 用户运营分析示例

项目	AARRR 用户运营环节
公司通过发传单、上线小程序等方式增加客户注册数量	A：Acquisition 用户获取
公司统计用户的在线时长，分析活跃用户特征	A：Activation 用户激活
公司通过给注册一定时间的客户发放优惠券等方式，增加客户粘性	R：Retention 用户留存
老客户每邀请一名新客户注册，即可获得一张优惠券	R：Referral 推荐传播

【任务拓展】

产品生命周期会历经三个阶段：生产—使用—报废。从生产者的角度看，一个产品经历研究与开发、设计、试制、小批量生产、大批量生产直到停止生产的整个过程，这个过程可称为产品生命周期过程。从顾客的角度看，自产品购入经过使用直至报废的过程，是产品的使用和报废期，也是生产者售后服务的过程。以产品生命周期跨度为基础，按照成本细分结构模式，产品生命周期成本的结构可以作如下划分。

（1）生产者成本。研究开发成本是企业研究开发新产品、新技术、新工艺所发生的产品设计费、工艺规程制定费、原材料和半成品试验费等。制造成本是产品在制造过程中发生的料、工、费等成本。营销成本是为推销产品和提高顾客满意度而发生的成本。

（2）消费者成本。消费者成本是从顾客的角度来确认产品进入消费领域后发生的各种成本，包括产品的运行成本、维修成本和养护成本等。

（3）社会责任成本。社会责任成本是立足于产品生命周期终了时的成本。企业必须对产品生命周期终了时的废弃处置成本进行确认和分配，以保证产品在使用期满后得到适当的处置。

请思考：为什么要从产品生命周期的角度对成本进行分析？

任务七 用户行为分析

【任务案例】

A 公司以销售消费类电子产品和周边配件为主。2021 年度“双十一”活动结束后，盘点发现整体销售业绩达到目标，同时启动了用户购买行为分析。分析人员认为对用户行为可以进行分群画像分析。

（1）采用用户分群方式进行分析，按记录数和消费金额将用户分群。

（2）用户分群画像分析主要包括以下几个方面：①按照会员消费金额及会员数进行分析；②会员性别比例分析；③分组消费金额及频次分析；④消费周期分布；⑤品牌销售热度分析；⑥分组消费金额及频次对比分析；⑦分组周期消费分布。

【任务处理】

RFM 模型是衡量客户价值和客户创造利益能力的重要工具和手段。在众多的客户关系管理（CRM）的分析模式中，RFM 模型是被广泛应用的一种模型。该模型主要应用于电商零售端客户行为的分析。通过最近一次消费间隔（Recency）、消费频率（Frequency）、消费金额（Monetary）3 项指标来描述该客户的价值状况，如图 2－36 所示。

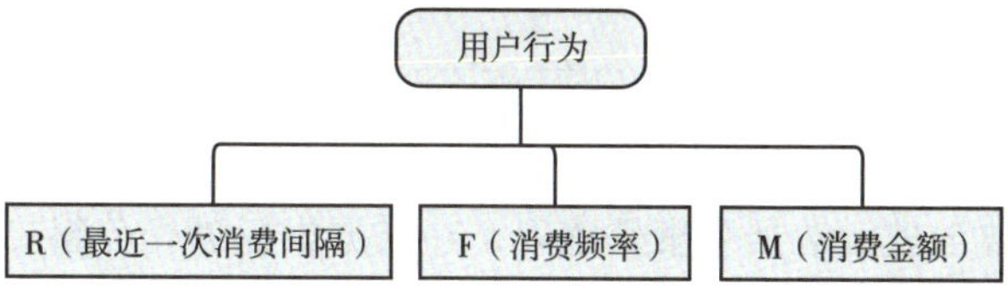

图 2－36　RFM 模型

R（Recency）最近一次消费时间：表示用户最近一次消费距离现在的时间。在其他因素相同的情形下，消费时间越近的客户价值越大。1 年前消费过的用户一般情况下没有 1 周前消费过的用户价值大。

F（Frequency）消费频率：消费频率是指用户在统计周期内购买商品的次数。在其他因素相同的情形下，经常购买的用户价值肯定比偶尔来一次的客户价值大。

M（Monetary）消费金额：消费金额是指用户在统计周期内消费的总金额，体现了消费贡献的多少。一般而言，消费越多的用户价值越大。

除了 RFM 分析外，还应对用户的整体画像及行为进行分析。通过性别比、购买品牌热度值、每周消费金额占比等进行分析。

【任务实施】

在制定促销策略之前，要深度分析用户画像，精准推送相关广告，促进销售。另外，还建议 A 商家能够进一步深度分析销售订单数据，聚焦产品品类之间的指标差异，从而了解不同商品间是否存在差异。

用户行为分析
系统实操

步骤一：采用用户分群方式进行分析，采集消费记录数、消费金额等数据。

步骤二：用户分群画像，按照会员消费金额及会员数进行分析。

步骤三：进行会员性别比例分析。

步骤四：将用户按照销售记录及消费金额进行分群。

步骤五：将用户按照分组消费金额及频次进行对比分析。

步骤六：将用户消费记录按照消费周期分布进行分析。

【任务拓展】

在分析了 A 商家“双十一”的用户及消费金额之后，对于商家整体用户行为还有一个重要指标，即对于用户最近一次消费时间的间隔进行分析。在 RFM 模型中，最近一次消费时间的间隔是对客户粘性的一个体现，时间越短证明粘性越高。

请你利用用户订单数据资源，分析全部用户最近一次消费记录，计算最近一次消费时间间隔，根据以下间隔进行评分分组，如表 2 -9 所示，进行离散性的数据分析。

表 2 -9　　RFM - R 指标分组

分组评分	R
5 分	小于 30 天
4 分	30—90 天
3 分	90—150 天
2 分	150—210 天
1 分	210 天以上

（1）将用户订单数据进行数据采集及整理，并依据指标进行分组。

（2）将分组后的指标进行可视化分析。

任务八　帕累托分析

【任务案例】

华瑞公司战略部门需要整体规划全国市场，通过系统采集全部门店数据，进行汇总分析。部分门店数据如表 2－10 所示。

表 2－10　　部分门店数据

门店	2021 年主营业务收入（万元）	坪效（元/平米/月）
齐鲁商城	21923.2	1232.99
中心店	39179.69	1273.89
九龙城店	19954.25	1194.88
购物广场	15954.56	866.37
体育基地	26363.38	553.89
银河店	14728.29	1211.92
宜家店	64789.2	1232.99
丹山店	867.3	1273.24
南京路店	31278.3	1194.88
北京路店	23182.3	866.37
金山店	4128.302	1232.99
体育中心店	16363.4	1273.89
广昌店	18363.3	1194.88
严选商城店	12363.38	866.37
晶品店	21363.38	866.37
万达店	16363.38	1232.45
铁律店	6363.38	1273.89
张口店	3363.38	1194.88
铁路西店	4362.89	866.37
光长店	2363.41	866.37
前进路店	1239.53	1232.99
西山店	5363.45	553.89
北坊店	1063.38	1232.15
动量店	963.38	553.89
风里店	1263.23	1232.65
李营北里店	1063.47	553.89
东溪店	2363.38	866.37
盘熟店	912.9	866.37
经山西店	1089.23	866.37

续表

门店	2021 年主营业务收入（万元）	坪效（元/平米/月）
紫飒店	2918.2	1211.92
石岩方店	5123.29	1232.99
蜀墨轩店	2293.75	1273.89
李村店	784.23	1194.88
四柯店	3428.1	1273.89
尼珀店	4219.24	553.89
茄子山店	4289.1	553.89
慈溪口店	2391.23	866.37

以综合超市、社区生鲜食品超市、乡村超市、百货店、其他业态等门店形式进行分析，如表 2－11 所示。

表 2－11　门店形式分析

业态	门店数	2021 年主营业务收入（万元）	收入同比增减（%）	坪效（元/平米/月）
综合超市	140	626363.38	－6.59	1232.99
社区生鲜食品超市	307	391796.91	－11.69	1273.89
乡村超市	220	199542.56	－10.1	1194.88
百货店	13	1869.3	－4.86	866.37
其他业态	49	14073.02	－4.48	553.89
总计	729	1233645.17	－8.81	1211.92

请你学习并掌握帕累托的分析方法及框架。根据帕累托分析方法，分析相关图表，对门店进行合理分类，后续则可根据不同分类的门店采取不同的管理策略。

【任务处理】

帕累托分析法实质上是一种分层分析法，通常是指基于一定的标准对公司的业务、客户、资产等进行分层，并对不同的层级分别予以分析，重点关注重要性的层级，并为公司提供决策支持建议。

在应用帕累托分析法时，首先需明确分层对象和分层指标。比如对公司资产管理，则可基于资产对于公司的重要程度及价值进行分层。第二，确定分层层级。在进行分层时，可以基于“二八原则”进行分层。以销售收入分层为例，可以先从高到低排序，然后把累积收入占 80% 的产品选出来，作为“第 1 层级”，其他的归为“第 2 层级”。“二八原则”的依据是 20% 的产品贡献了 80% 的价值。

在营运资金的管理中，也会运用到“二八原则”。例如，在处理应收账款时，可以发现往往 80% 的应收账款集中在少数几个大客户中，其余 20% 的应收账款则分散于 80% 的小客户中，所以在制定信用标准时应区别对待。如果对这几个大客户能加强重视，认真评估信用风险，制定合理的信用政策，那么就可以提高应收账款的利用效率。另外，在存货管理中广泛应用的 ABC 控制法，也是“二八原则”在存货管理中的实际应用。

“二八原则”与“ABC 分类法”核心思想大致相同，都是少数项目贡献了大部分价值。不同之处是 ABC 分类法将对象分三类，而“二八原则”为 A、B 两类，A 类商品占总体的数量比例较小，但却贡献了 80% 的销售额。

帕累托分析法有利于找出主次矛盾，并有针对性地采取相关措施，提高效率降低成本。每个产品的累计频率会存在差异，所以可以创建参数来动态地实现频率的调整。

【任务实施】

步骤一：数据处理。任务案例中，根据表 2－11 中的数据，以销售门店业态与主营业务收入占比作为分层指标，计算主营业务收入占比数据，通过计算得出结果，如表 2－12 所示。

表 2－12　　华瑞公司门店业态销售占比

业态	门店数	门店占比	2021 年主营业务收入（万元）	主营业务收入占比
综合超市	140	19.20%	626363.38	50.77%
社区生鲜食品超市	307	42.11%	391796.91	31.76%
乡村超市	220	30.18%	199542.56	16.18%
百货店	13	1.78%	1869.30	0.15%
其他业态	49	6.72%	14073.02	1.14%
总计	729	100%	1233645.18	100%

步骤二：数据可视化。通过分业态进行主营业务帕累托分析，绘制帕累托图形，如图 2－37 所示。

步骤三：根据帕累托原则，以门店数量占比及主营业务收入作为划分指标，将不同业态门店进行分类，得到以下结果。

①综合超市门店数量占比 19.2%，主营业务收入占比 50.77%，为 A 类。

②社区生鲜食品超市数量占比 42.11%，主营业务收入占比 31.76%，为 B 类。

③乡村超市门店数量占比 30.18%，主营业务收入占比 16.18%，为 C 类。

④百货店门店数量占比 1.78%，主营业务收入占比 0.15%，为 C 类。

⑤其他业态门店数量占比 6.72%，主营业务收入占比 1.14%，为 C 类。

【任务拓展】

ABC 存货管理从本质上讲是帕累托分析原则的延展应用。根据库存的数量和价值这两

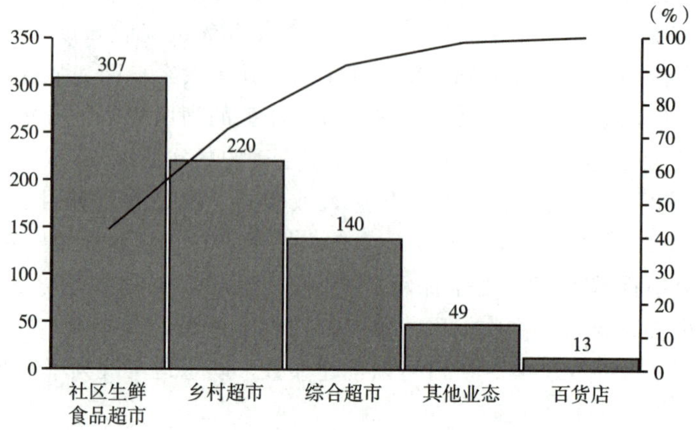

图 2-37　帕累托图形

个维度，将货品分为特别重要的库存（A 类）、次级重要的库存（B 类）和一般的库存（C 类）三个等级，然后针对不同等级分别进行管理、分析与控制。需要注意的是，如果公司的产品不符合这个特征，则有可能“第 1 层级”的产品数量过多，就失去了重点管理与分析的意义。例如，对于生鲜电商而言，如果各类产品贡献度相差不大，就不适用于“帕累托分析原则”。

但是，在存货管理时，如果单纯只依据数量和价值进行分类，判断标准不够全面。例如，有些存货本身价值不高，但是属于战略物资，或者生产周期长，或者市场供需紧张，那么就应该作为重点存货进行管理。所以，在设定管理策略对存货进行管理时，应综合考虑存货的重要性、采购周期等多种因素。

思政拓展：通信大数据行程卡有效助力疫情防控

2020 年 2 月，在工业和信息化部领导下，中国信通院、中国电信、中国移动、中国联通共同推出“通信大数据行程卡”，并在国务院客户端微信小程序上线，为全国 16 亿手机用户免费提供 14 天内所到地市信息的查询服务。

通信大数据行程卡的技术原理是分析手机“信令数据”，获取用户设备所在位置信息。信令数据的采集、传输和处理过程自动化，有严格的安全隐私保护机制，不与其他个人信息进行匹配，查询结果实时可得，且数据全国通用。截至 2020 年 11 月，累计查询量已超过 42 亿次，如图 2-38 所示。

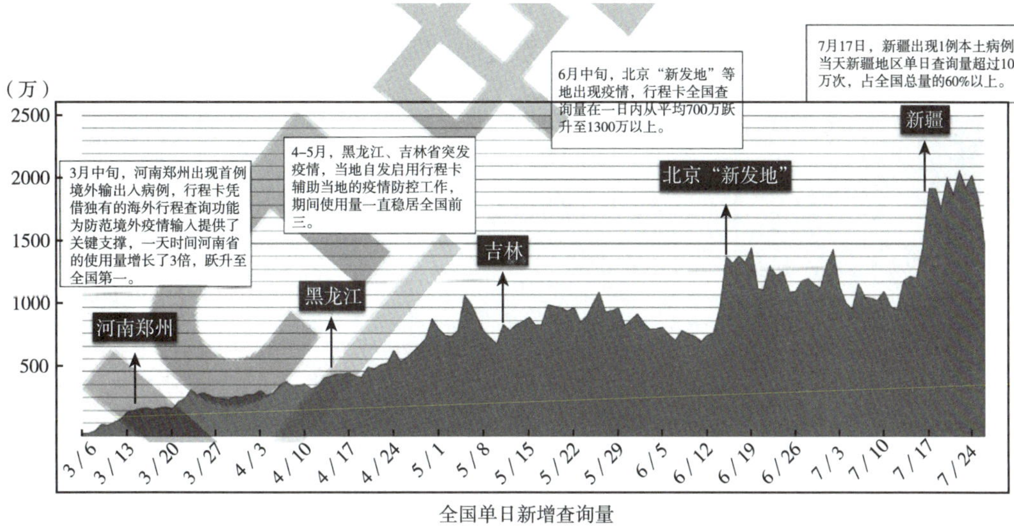

来源：中国信息通信研究院《大数据白皮书（2020年）》

图 2－38　行程卡查询量数据统计

项目三
财务大数据处理及可视化

【学习目标】

- ☐ 具备大数据思维，能够确定数据源，并进行采集
- ☐ 具备敏锐洞察力，能够识别数据类型，并进行数据格式转换
- ☐ 具备管理思维及数据思维，能够根据业务需求，进行数据准备，完成数据处理
- ☐ 具备可视化图表设计能力，能够恰当选择可视化图形
- ☐ 具备美学素养，能够准确适当地表达数据分析可视化报告
- ☐ 具备严谨的职业精神及态度

【知识框架】

数据的处理与分析过程包括数据采集、数据处理与数据分析三个阶段。

数据采集需要确定数据来源。数据来源的确定依托于要分析的问题及分析目标。首先要识别所需分析的问题，根据问题确定分析的数据目标，定位数据采集位置，在保证数据真实性、准确性和完整性的基础上，执行采集任务。

由于大数据多样性的特点以及数据分析来源的广泛性，数据种类和数据结构都非常复杂，需要对这些结构复杂的数据进行处理，以保证数据质量和可靠性。再将整理好的数据进行分类存储，这样可以有效地减少数据查询和访问的时间，提高效率。

基于数据挖掘进行建模分析，并通过可视化设计，直观展示分析结论。数据可视化是将数据思维通过视觉方式进行表达的一种技术。可视化的基本知识结构分为可视化的设计原则、图形选择、整体界面布局以及色彩搭配等。

财务大数据处理及可视化知识架构，如图 3－1 所示。

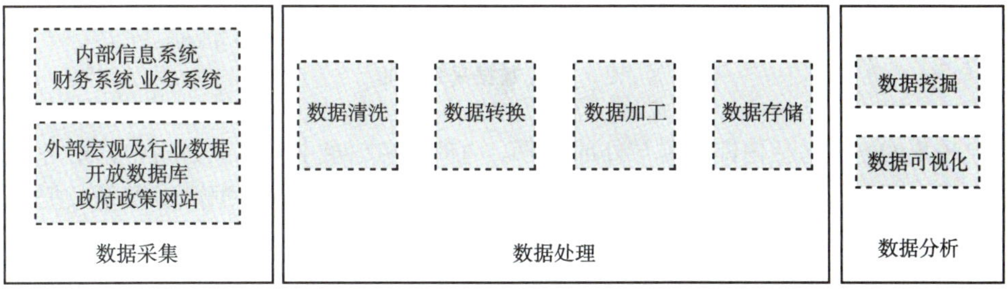

图 3－1 财务大数据处理及可视化知识架构

任务一 数据采集

【任务案例】

李泽华是华瑞公司财务部财务经理，分管相关财务数据预测及分析工作。根据华瑞公司整体运营战略及经营方向，需定期滚动采集行业数据及竞争对手的相关数据，并对数据进行系统性分析。

华瑞公司的主营业务是生鲜及零售，根据市场环境，将对业务相关的上市公司财务数据进行分析。

首先，需要进行同行业比较分析。经过全面调研及分析，确定以下三家上市公司作为目标分析对象：永辉超市（601933）、华联综超（600361）与国联水产（300094）。

该数据采集任务，可以采用多种不同的数据工具。常用的数据采集工具包括：常用办公软件、Python、智能采集工具（如八爪鱼）等，可根据数据来源及数据类型选择适合的数据采集工具，完成相关数据的获取。

【任务处理】

基于大数据分析思维，准确采集和获取相关的企业数据和相关信息。外部数据采集涉及宏观数据、行业数据以及具体对象目标数据的获取工作，在任务执行过程中，需要保证数据来源的权威度。

根据数据采集的核心技术原则，从保证工作严谨性角度出发，采集到的相关数据需要保证数据的真实性、准确性以及完整性，以合理保证后续进行数据分析时的结论的可信度。采集数据过程中，字段名称、字段单位等需要依次对应，并保证数据的正确。数据采集流程如图 3－2 所示。

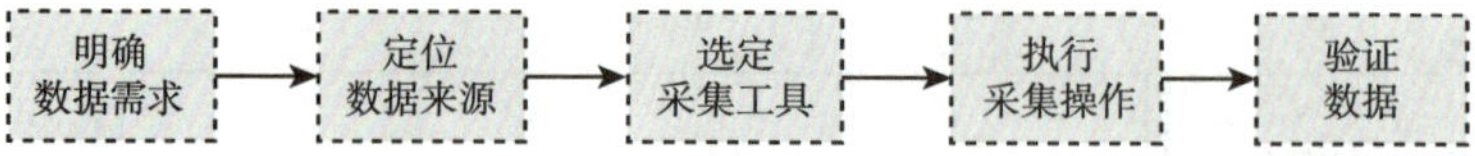

图 3－2　数据采集流程

信息采集的来源包括内部来源与外部来源。内部来源信息主要包括公司内部财务系统与业务系统数据。外部信息来源既可以是已成熟的数据库，例如国泰安数据库、万德数据库等，也可以是网站或其他公开信息。例如，要采集上市公司的信息，可以通过中国证监会指定的上市公司信息披露网站获得，如中国证券报、上海证券报、证券时报、证券日报与巨潮资讯网等网站。此外，有些数据平台会下载相应数据信息并储存在数据平台上。分析人员在采集数据时，可以基于需要选择不同的平台进行数据采集。在数据采集时，首要遵循的是合法合规原则，不能违规采集信息；其次，要基于分析目标采集信息；第三，要合理保证信息来源的可靠性。

【任务实施】

任务案例中，需要采集的信息主要包括公司基本情况信息与财务报表信息。公司基本情况信息包括：公司名称、注册地址、主营业务、经营性质、经营范围、控股股东、上市日期、联系电话、公司网址等信息。其中，对于三家企业的主营业务数据需要进行详细数据采集，需要采集产品类型、产品名称等。公司财务报表信息主要包括资产负债表、利润表及现金流量表，以电子表格形式进行保存。具体工作步骤如下：

步骤一：通过浏览器进入首冠云首页。在浏览器中输入以下网址：http：//shixun. shouguanyun. com：8082/#/Gl，定位所需获取企业的财务数据信息，主要包含内容为公司信息、资产负债表、利润表以及现金流量表，如图 3－3 所示。

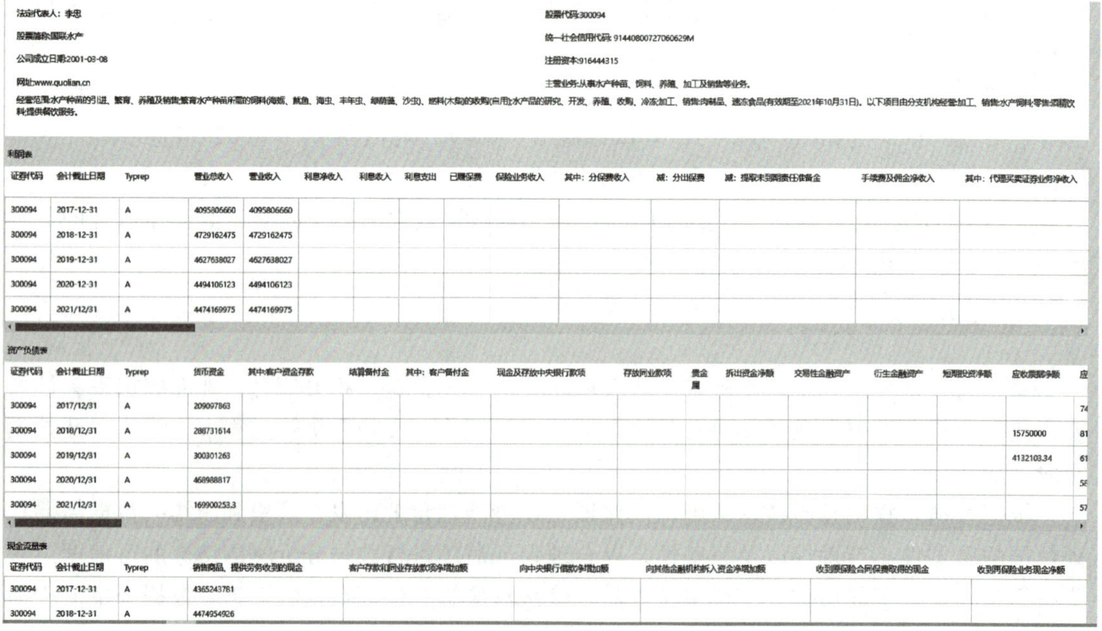

法定代表人：李忠　　股票代码:300094
股票简称:国联水产　　统一社会信用代码: 91440800727060629M
公司成立日期:2001-03-08　　注册资本:916444315
网址:www.guolian.cn　　主营业务:从事水产种苗、饲料、养殖、加工及销售等业务。
经营范围:水产种苗的引进、繁育、养殖及销售;繁育水产种苗所需的饲料(海虾、鱿鱼、海虫、丰年虫、绿藻、沙虫)、燃料(木柴)的收购(自用);水产品的研究、开发、养殖、收购、冷冻加工、销售:肉制品、速冻食品(有效期至2021年10月31日)。以下项目由分支机构经营:加工、销售:水产饲料;零售:酒精饮料;提供餐饮服务。

利润表

证券代码	会计截止日期	Typrep	营业总收入	营业收入	利息净收入	利息收入	利息支出	已赚保费	保险业务收入	其中：分保费收入	减：分出保费	减：提取未到期责任准备金	手续费及佣金净收入	其中：代理买卖证券业务净收入
300094	2017-12-31	A	4095806660	4095806660										
300094	2018-12-31	A	4729162475	4729162475										
300094	2019-12-31	A	4627638027	4627638027										
300094	2020-12-31	A	4494106123	4494106123										
300094	2021/12/31	A	4474169975	4474169975										

资产负债表

证券代码	会计截止日期	Typrep	货币资金	其中:客户资金存款	结算备付金	其中：客户备付金	现金及存放中央银行款项	存放同业款项	贵金属	拆出资金净额	交易性金融资产	衍生金融资产	短期投资净额	应收票据净额	应
300094	2017/12/31	A	209097863												74
300094	2018/12/31	A	288731614											15750000	81
300094	2019/12/31	A	300301263											4132103.34	61
300094	2020/12/31	A	468988817												58
300094	2021/12/31	A	169900253.3												57

现金流量表

证券代码	会计截止日期	Typrep	销售商品、提供劳务收到的现金	客户存款和同业存放款项净增加额	向中央银行借款净增加额	向其他金融机构拆入资金净增加额	收到原保险合同保费取得的现金	收到再保险业务现金净额
300094	2017-12-31	A	4365243781					
300094	2018-12-31	A	4474954926					

图 3－3　定位数据来源

界面右上方，可切换不同公司，如图 3－4 所示。

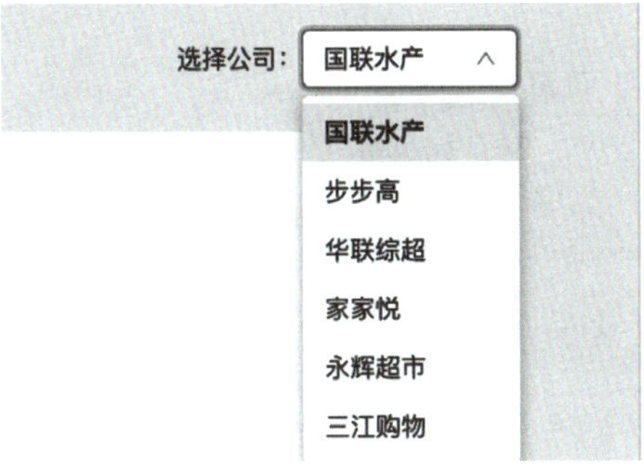

图 3－4　公司切换

步骤二：启动 Excel，切换到“数据”，点击“自网站”。以采集国联水产信息为例，如图 3－5 所示。

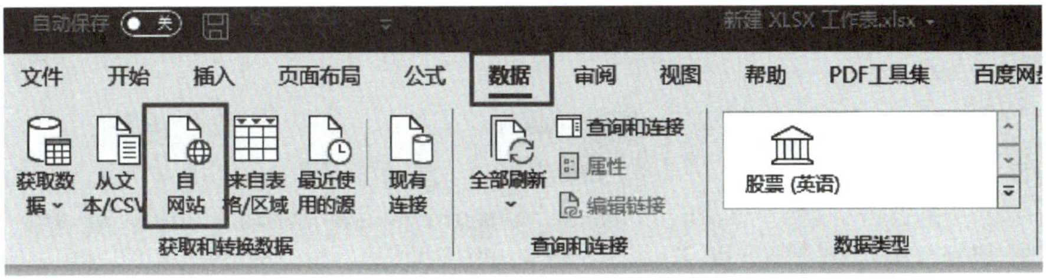

图 3－5　EXCEL 网站数据采集

步骤三：在 URL 输入框中，输入定位的目标网址：http：//shixun. shouguanyun. com：8082/#/Gl。

步骤四：输入目标网址后，点击“确定”按键，进入导航器界面，如图 3－6 所示。

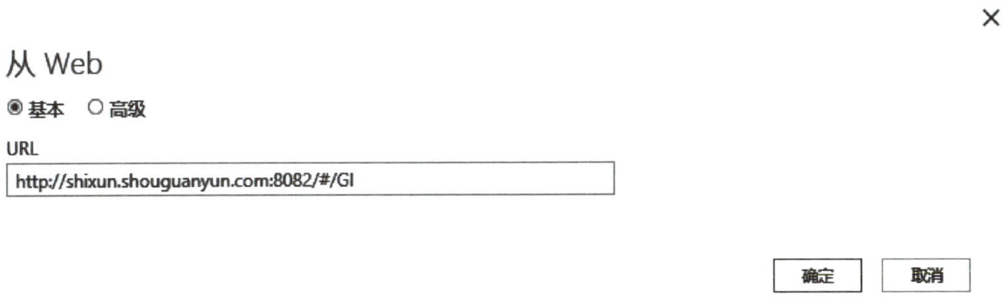

图 3－6　输入目标网址

进入导航器界面后，分别选择利润表、现金流量表、资产负债表，即可查看对应表视图及相应内容，如图 3－7 所示。

图 3－7　利润表－表视图

步骤五：根据任务要求，选择资产负债表并点击下方“加载”按键，如图 3－8 所示。

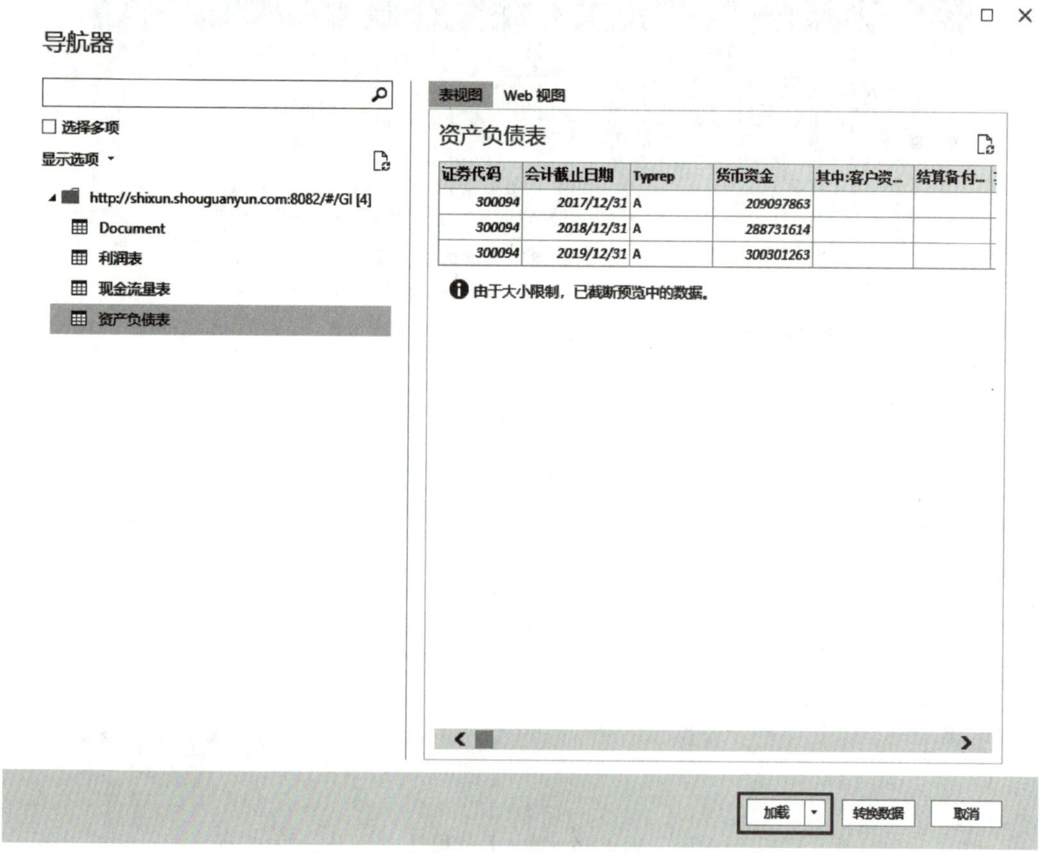

图 3－8　加载数据

步骤六：EXCEL 将执行采集过程，将资产负债表加载到本地并保存，如图 3－9 所示。

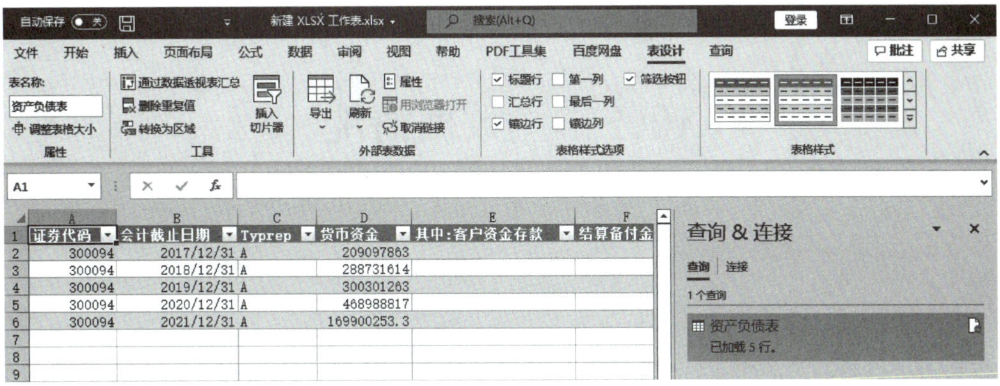

图 3-9 采集负债资产表数据

利用同样的操作方法，可采集利润表和现金流量表数据，如图 3-10 所示。

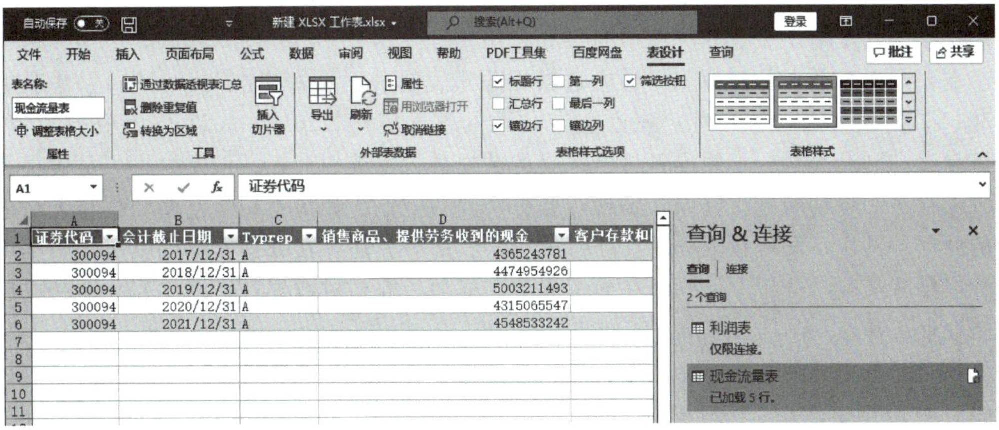

图 3-10 采集利润表、现金流量表数据

接下来，同样的方法，切换到永辉超市、华联综超对应的公司页面，复制网址信息，并通过 EXCEL 数据采集功能完成对应公司的资产负债表、利润表、现金流量表的数据采集。

【任务拓展】

华瑞公司财务部负责人查看了已采集到的三家企业相关数据，考虑到社区团购市场的发展情况，从企业战略角度，希望将社区团购相关的行业竞争企业纳入分析范围，需要将数据采集范围进一步扩大，辐射更全面的市场空间。相关人员又进行了一轮详细调研，计划将扩大数据采集范围，提升后续数据分析的精准度。需要增加采集的公司包括：家家悦（603708）、步步高（002251）与三江购物（601116）。

请你参与到华瑞公司的数据采集工作任务中，完成以上三家社区团购上市企业的公司详细资料获取工作，采集公司名称、注册地址、经营范围、主营业务、经营性质、控股股东、上市日期、联系电话、公司网址等信息。对于三家企业的主营业务数据需要进行详细数据采集，需要采集产品类型、产品名称。

任务二　数据清洗

【任务案例】

数据清洗（Data Cleaning），是对数据进行重新审查和校验的过程，目的在于删除重复信息、纠正数据错误，并提供一致性数据。数据清洗是大数据处理流程中不可或缺的一个重要环节，其结果对于后续数据加工处理及分析具有重要影响。未经处理的“脏数据”会影响数据分析及未来数据挖掘的准确性，从而影响数据质量。数据质量问题及所导致的知识和决策错误将会对大数据分析产生严重后果。例如，会影响企业的相关财务及经营的整体分析及预测结果，甚至对于企业的决策产生误导作用。

华瑞公司财务数据分析师李泽华通过数据采集，获取了永辉超市（601933）、华联综超（600361）、国联水产（300094）三家上市公司的基本资料、2019—2021年的资产负债表、现金流量表和利润表数据，并准备将已采集的数据进行后续的分析，但是分析人员发现获取到的数据存在一系列问题。首先，发现在数据中存在空值，如果不剔除空值数据将无法进行数据的处理；其次，发现在数据中存在格式错误；此外，还存在缺失数据的情况。根据观察到的数据异常情况，分析人员判断在数据采集完成后，需要对数据进行清洗，才能完成后续的数据处理工作。

请你对已采集到的数据进行数据清洗，具体要求包括：

（1）数据排序；

（2）去除数据集中的空值；

（3）进行异常值检测并剔除异常值。

【任务处理】

用于分析的数据源需要保证数据的一致性、精确性、完整性、时效性和统一性，可以从以下方面进行数据检查及清洗。

第一，需要进行格式内容清洗。主要清洗的内容包括：字段格式不一致；包含非法字符；内容与字段不符。

第二，需要进行逻辑错误清洗。一方面要去除重复值，对于已采集到的数据进行去重操作，需要检测是否存在重复数据，然后再将重复数据进行删除操作；另一方面要剔除异常值，异常值是在数据集中那些偏离正常取值区间的数值。

第三，要进行缺失值处理。缺失值是指初始数据中由于缺少信息而造成的数据某些维度信息的缺失。对于所获取数据中存在缺失值的情况，需要进行缺失值检查，然后根据数据分析的要求进行处理。

通常产生缺失值的原因有：有些信息暂时无法获取；有些信息是被遗漏的；获取某些信

息的代价太大；系统实时性能要求较高，即要求得到这些信息前迅速做出判断或决策。针对缺失值数据，可以删除元组、缺值补齐或不处理。缺值补齐可以通过人工填充、平均值等方法进行补充。在实际工作中，可根据实际的大数据分析场景及需求进行方法的选择。

【任务实施】

数据清洗系统实操

步骤一：整理数据格式。

首先，对采集到的3个公司的资产负债表、利润表、现金流量表分别进行汇总，接下来整理数据格式，以资产负债表为例。

选中日期列，设置格式为“短日期”，如图3－11所示。

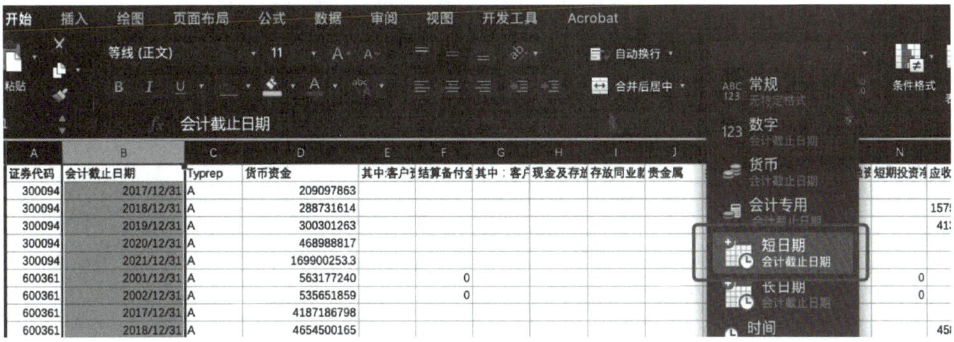

图3－11 日期设置

随后，进行其他数据格式整理，将货币资金列选中，选择“其他数字格式”，如图3－12所示。

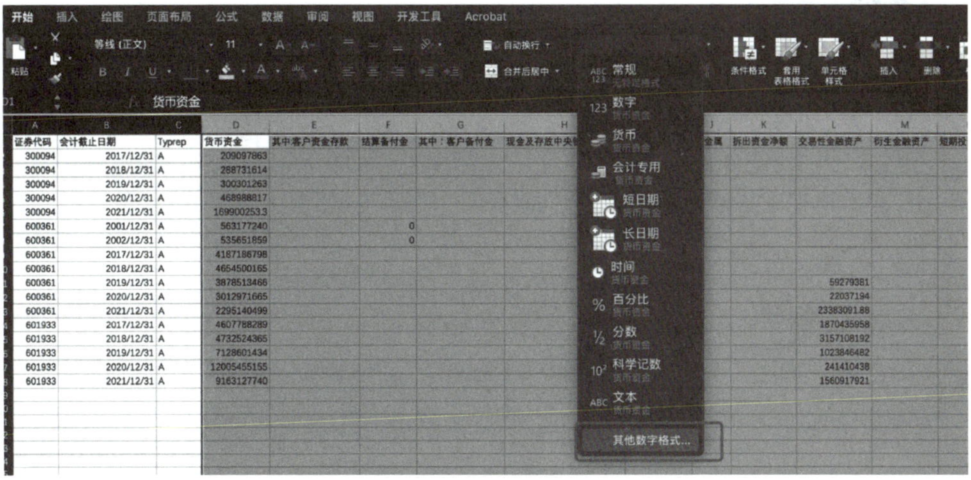

图3－12 选择“其他数字格式”

选择“数值”，选中对应负数格式，如图3－13所示。点击“确定”后得到最终数据表。利用同样的操作方法完成利润表、现金流量表的数据整理。

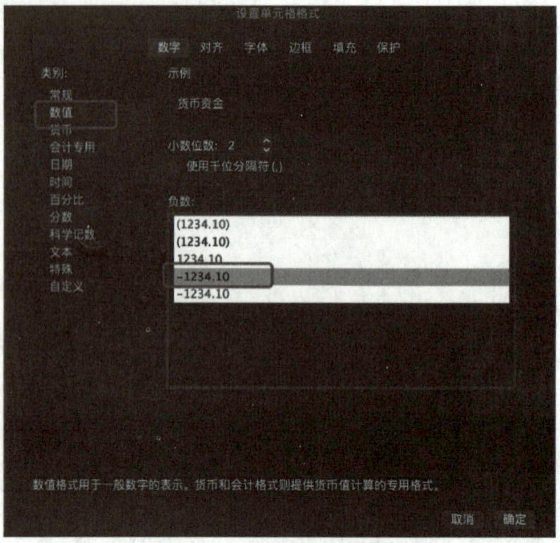

图 3－13　设置数值格式

步骤二：上传数据。

（1）新建项目，进入数据源列表页。点击文本数据中的操作“上传”按钮，如图 3－14 所示。

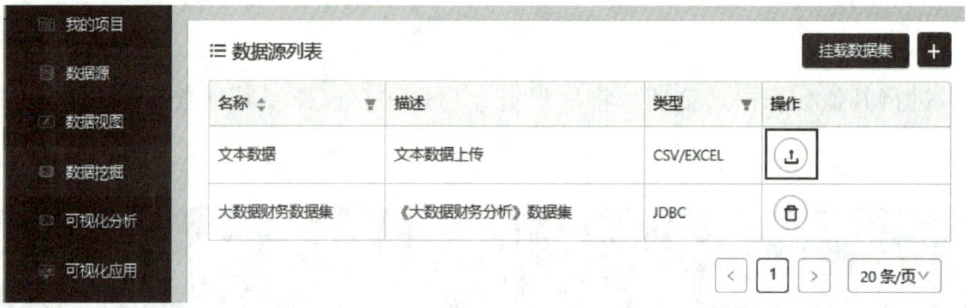

图 3－14　数据源上传

（2）在弹出框中输入表名为“资产负债表”，如图 3－15 所示。

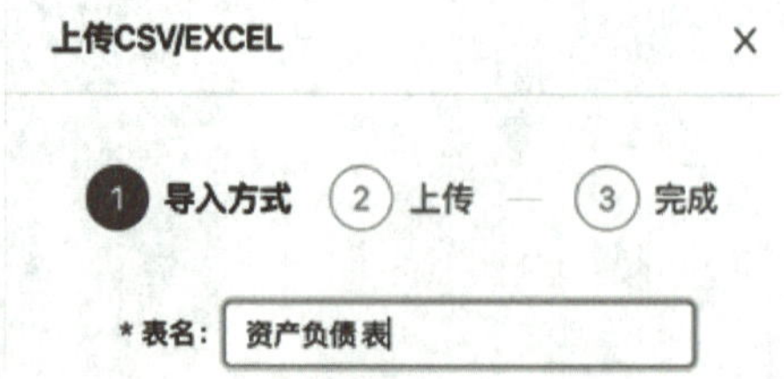

图 3－15　输入表名为“资产负债表”

（3）点击“下一步”按键，点击选择上传的 CSV/EXCEL，选择本地电脑中已经整理并保存的资产负债表数据，如图 3－16 所示。

图 3－16　选择本地数据源文件进行上传

（4）等待上传，上传成功后，可以在界面看到“文件上传成功”提示，点击“保存”按键，如图 3－17 所示。

图 3－17　文件上传成功

（5）在大数据分析平台中，查看已经上传的数据，如图 3－18 所示。

图 3－18　查看已经上传数据

步骤三：清洗数据。

（1）点击左上角“切换到智能模式”按键，进入智能模式清洗数据，如图 3－19 所示。

图 3－19　进入智能模式清洗数据

（2）选择需要清洗的数据字段和信息，如图 3－20 所示。

①点击资产负债表。

②选择点击全部字段数据，点击“执行”按键。

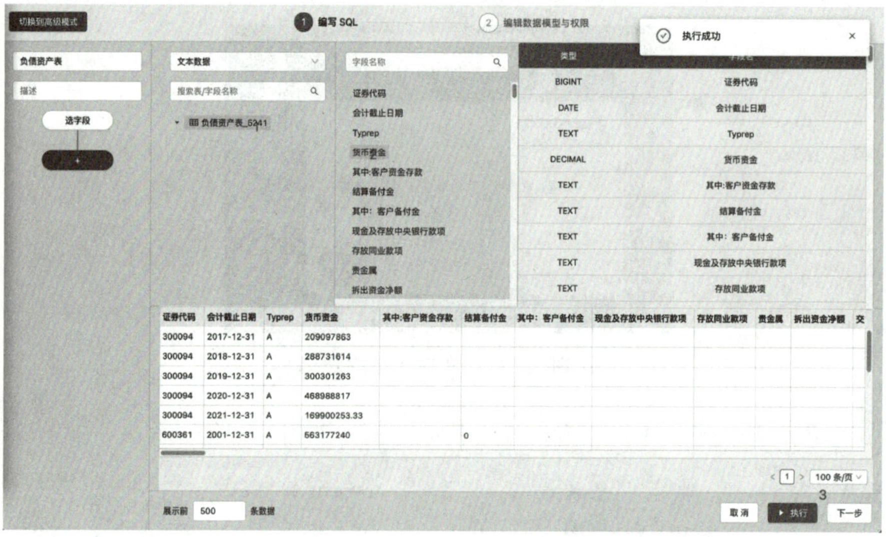

图 3－20　选择需清洗字段信息

③点击左侧“＋”按键，选择清洗步骤，点击“过滤”按键，如图 3－21 所示。

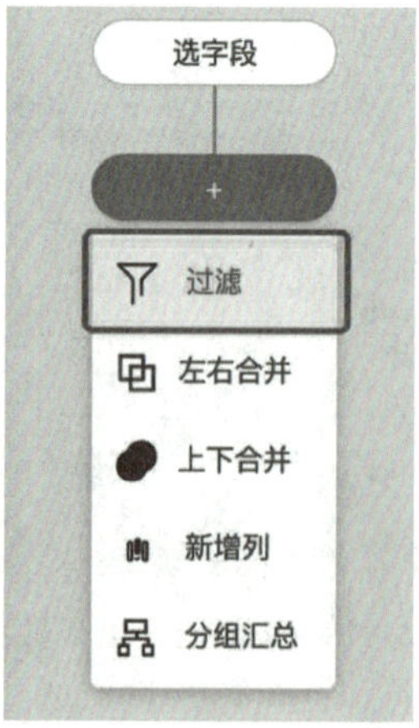

图 3－21　进行数据过滤操作

④去除证券代码中空值字段信息，点击“添加条件”，选择字段“证券代码”，设置为“非空”，清除空值数据，如图 3－22 所示。

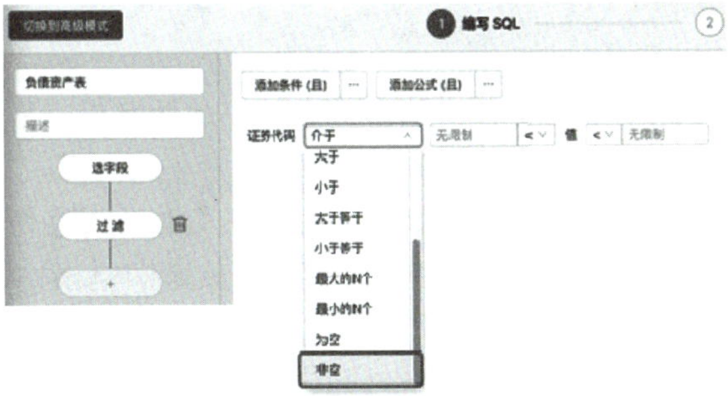

图 3－22　去除空值数据

⑤根据任务需求，需要分析实际财务数据逻辑，货币资金如果为负值即为异常数据，那么请继续添加条件（且），选择字段“货币资金”，设置“小于”，输入数值 0，点击“执行”清除异常值数据，如图 3－23 所示。

图 3－23　清除异常值数据

⑥点击“下一步”按键，随后调整财务数据分析的维度及指标。设置证券代码为维度，设置货币资金以后的字段全部为指标，并设置可视化类型为数字，设置成功后，点击“保存”按键，如图 3－24 所示。

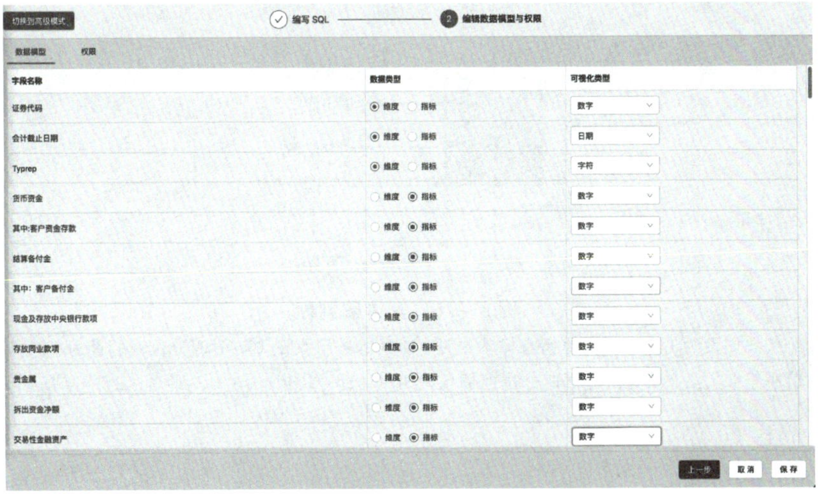

图 3－24　资产负债表维度及指标设置

请利用同样的方式完成利润表、现金流量表的上传，设置数据格式、进行数据清洗并设置分析的维度指标。

【任务拓展】

进行逻辑错误清洗，判断异常值的方法通常有简单统计分析、正态分布判断、箱体线判断等。

简单统计分析是指对属性值进行描述性的统计，从而查看哪些值是不合理的。例如：年龄的正常区间在 0—120 岁，如果样本中的年龄值不在该区间范围内，则表示该样本的年龄属性属于异常值。

正态分布判断通常将在一组测定值中与平均值的偏差超过三倍标准差的测定值，认定为异常值。根据正态分布的定义可知，距离平均值 3δ 之外的概率为 $P(|x-\mu|>3\delta) <= 0.003$，这属于极小概率事件，在默认情况下我们可以认定，距离超过平均值 3δ 的样本存在的可能性极小。因此，当样本距离平均值大于 3δ，则认定该样本为异常值，如图 3 - 25 所示。

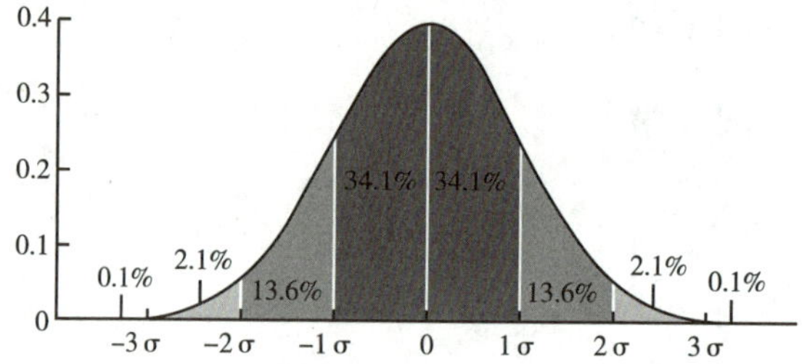

图 3 - 25

箱体图判断异常值判断：箱型图提供了一个识别异常值的标准，即大于或小于箱型图设定的上下界的数值即为异常值，箱型图如图 3 - 26 所示。

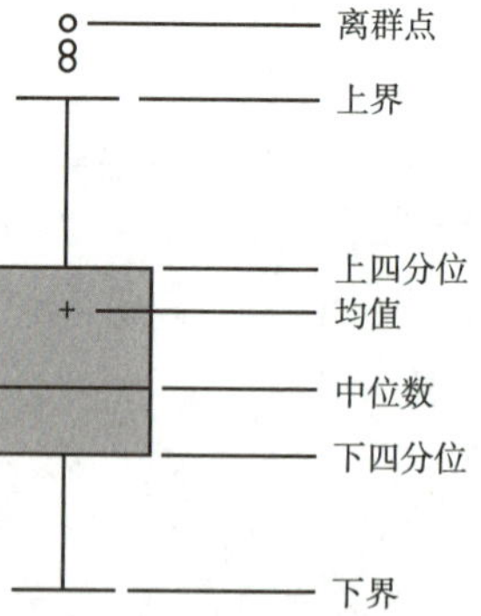

图 3 - 26　箱体图判断

说明：上四分位我们设为 U，表示的是所有样本中只有 1/4 的数值大于 U。下四分位我们设为 L，表示的是所有样本中只有 1/4 的数值小于 L。设上四分位与下四分位的插值为 IQR，即：IQR = U - L，那么，上界为 U + 1.5IQR，下界为：L - 1.5IQR。

任务三 数据建模

【任务案例】

华瑞公司在已经采集并清洗完成相关数据资料后，需要对数据进一步加工处理，确定相关的分析维度及相关的指标。数据清洗过程中，已去除了相关的异常值数据和重复数据。作为数据分析师，请根据所需分析的产品销售数据信息，完成数据转换、数据加工计算等环节工作。共有5张表格，分别是产品表、日期表、门店表、销售表和任务表。其中产品表、日期表和门店表是维度表，销售表和任务表是事实表。5张表的字段内容及含义，如表3-1所示。

表3-1 销售业务相关数据表格

表格名称	字段	连接键	介绍
产品表	产品分类名称		产品的分类，主要包含雪板、辅助用品等分类
	产品分类 ID		产品分类的 ID
	产品名称		产品具体名称
	产品 ID	主键	产品的 ID 编号
	单价		产品的单价
销售表	产品 ID	主键	产品的 ID 编号
	单价		产品的单价
	店铺 ID		分店店铺的 ID 编号
	订单号		每笔订单的编号
	订单日期		订单发生的日期
	金额		单笔订单的金额
门店表	城市名称		店铺所在的城市名称
	地区		店铺所在地区
	店铺名称		店铺的名称
	店铺 ID	主键	分店店铺的 ID 编号
	省份名称		店铺所在的省份名称
任务表	店铺名称	主键	店铺的名称
	年度		制定销售任务的年度
	任务额		制定的销售任务总额度
	日期		制定销售任务的日期
	年度任务额完成率		销售任务在当前日期时完成的额度

续表

表格名称	字段	连接键	介绍
日期表	季度		第几个季度
	年		年份
	日期	主键	日期
	月		月份
	月排序依据		月份排序的依据

【任务处理】

在展开数据分析前，需要先将不同的数据集合并。若要将两张或两张以上数据表进行关联分析，首先需要将相关字段进行数据关联。可以通过相关字段关联的方式进行数据表合并，也可以利用数据仓库，通过 ETL 进行数据源的合并集成。数据仓库是目前较为通用的数据集成模式，经过转换解决数据源之间的异构性和不一致性，在数据表中设定主键，以避免重复数据及重复记录，数据仓库模式如图 3－27 所示。

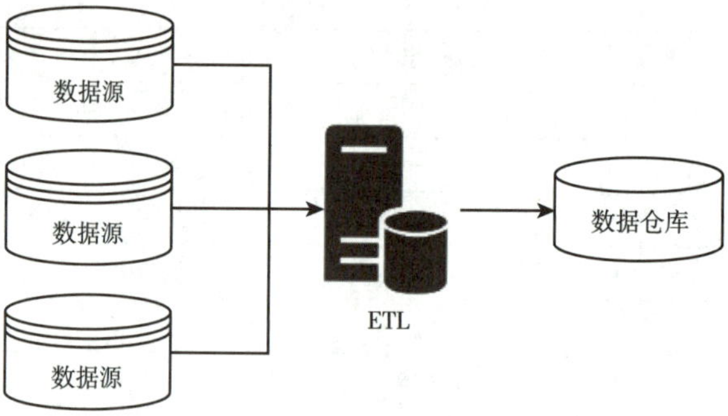

图 3－27　数据仓库模式

本任务需要先考虑表间的业务逻辑关系，再根据数据分析的目标进行表间建模处理。

事实表：即事实数据表，是包含描述业务内事件的数据，是已发生的事件所产生的可度量的数据。通俗的理解为“某人在某时间在什么具体情况下做了什么事情”的事实记录，它拥有最大的数据量，储存了大部分定量数据，是业务内涵的核心体现，好比是记录“记叙文的四要素：时间、地点、人物、事情”，例如，客户基本记录表、商品采购交易记录表、商品销售交易记录表等，如表 3－2 所示。

表 3－2　　销售记录表

产品序号	单价（元）	数量	规格	销售店铺序号	订单号	订单日期	金额（元）
AA001001	49.5	100	个	A001	QI20220305001	2022.3.5	4950
AB002002	199	20	只	A001	QL20220312001	2022.3.12	3980
EZ000003	319	50	个	B002	QI20220329002	2022.3.29	15950
EZ000021	99.5	200	个	B002	QI20220401298	2022.4.1	19900
…	…	…	…	…	…	…	…

维度表：维度表可以看作是用户来分析数据的窗口，包含事实数据表中事实记录的特征，有些特征提供描述性信息，有些特征指定如何汇总事实数据表数据，以便为分析者提供有用的信息，还包含了帮助汇总数据特征的层次结构，如表 3－3 所示。

表 3－3　　　　产品表

产品分类名称	产品分类序号	产品名称	产品序号	售价（元）
电动小家电	AA001	电动牙刷	AA001001	49.5
书包	AB002	太阳能双肩包	AB002002	199
电子周边产品	EZ000	移动硬盘（2T）	EZ000003	319
电子周边产品	EZ000	蓝牙鼠标 A	EZ000021	99.5
…	…	…	…	…

现实工作中，维度表的广度和深度没有固定要求，需要根据具体业务场景和数据规模进行体现。如制造业，生产现场的时间维度可能要精确到秒。销售数据分析中，地区维度除了省市区，可能还要加个大区概念（华北、华东等）。证券行业里，板块、行业、概念等，这些都可以作为维度来拓展。

在数据建模过程中，需要将事实表与维度表建立逻辑关联关系，这种表关系通过主键即外键进行连接。主键和外键是把多个表组织为一个有效的关系数据库的黏合剂。主键，即主关键字，是被挑选出来，作为表中行的唯一标识的候选关键字。一个表只有一个主关键字。主键主要有两个用途：唯一标识行和作为一个可以被外键有效引用的对象。例如，任务中产品表的主键是产品 ID 字段，这个字段信息不会动态变化，每一行都是唯一的。

建立主键基本原则：（1）主键不应包含动态变化的数据，如时间戳、创建时间列、修改时间列等；（2）主键应当由计算机自动生成。如果由人来对主键的创建进行干预，就会使它带有除了唯一标识一行以外的意义。

外键是指如果一个实体的某个字段指向另一个实体的主键，就称为外键。外键及外关键字，在实际操作中，将一个表的值放入第二个表来表示关联，所使用的值是第一个表的主键值（在必要时可包括复合主键值）。此时，在第二个表中保存这些值的属性称为外键。外键的主要作用：保持数据一致性、完整性。主要目的是控制存储在外键表中的数据，使两张表形成关联。例如，任务中产品表的主键是产品 ID 字段，但是他指向销售表中的主键产品 ID 字段，那么产品表中的主键即为销售表的外键。

总结主键与外键的关键要素及区别，如表 3－4 所示。

表 3－4　　　　主键与外键的关键要素及区别

主键	外键
通常由单列构成，必须具有唯一性	一个表格可以包含多个外键
用来标识表格中的某一特定行的属性的列（员工 ID \ 存货 ID \ 货运单 ID）	外键是另一个表格的主键
可以合并两列成为复合主键，以界定某一特定行的属性	用于表与表之间的联结，建立关系
主键不可以为空项	外键可以是空项

【任务实施】

数据建模系统实操

步骤一：新建项目并关联数据。

（1）进入大数据财务分析系统中，新建项目。

（2）整理 5 张表的逻辑关系，通过手绘方式将表间字段进行关联，如图 3－28 所示。

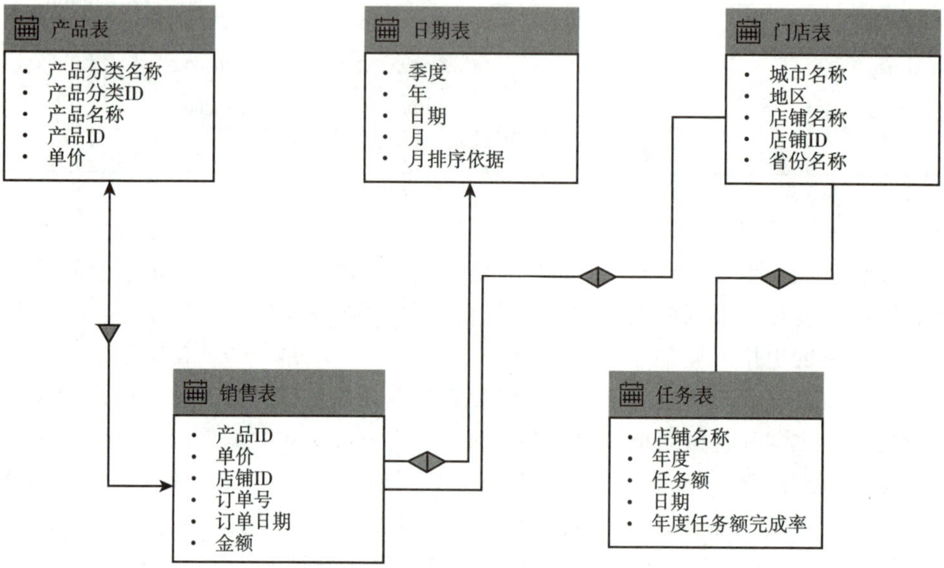

图 3－28　表间逻辑关系

（3）切换到数据源列表页，点击右上角“挂载数据集”，选择“大数据财务数据集”。

（4）挂载成功后，切换到数据视图界面并点击“＋”按键，进入数据视图新增页面，切换到智能模式，如图 3－29 所示。

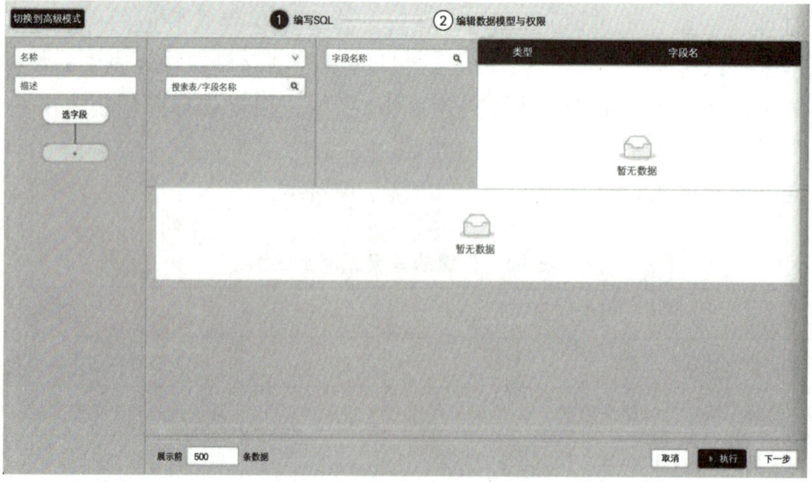

图 3－29　智能模式数据视图

（5）选择“销售表”中的全部字段，点击“执行”按键，如图 3－30 所示。

图 3－30　选择销售表数据字段

步骤二：合并数据表。

（1）点击“左右合并”按键，通过“产品 ID”这个公共维度，选择左合并将产品表和销售表进行表关联，点击“执行”按键进行操作，如图 3－31 所示。

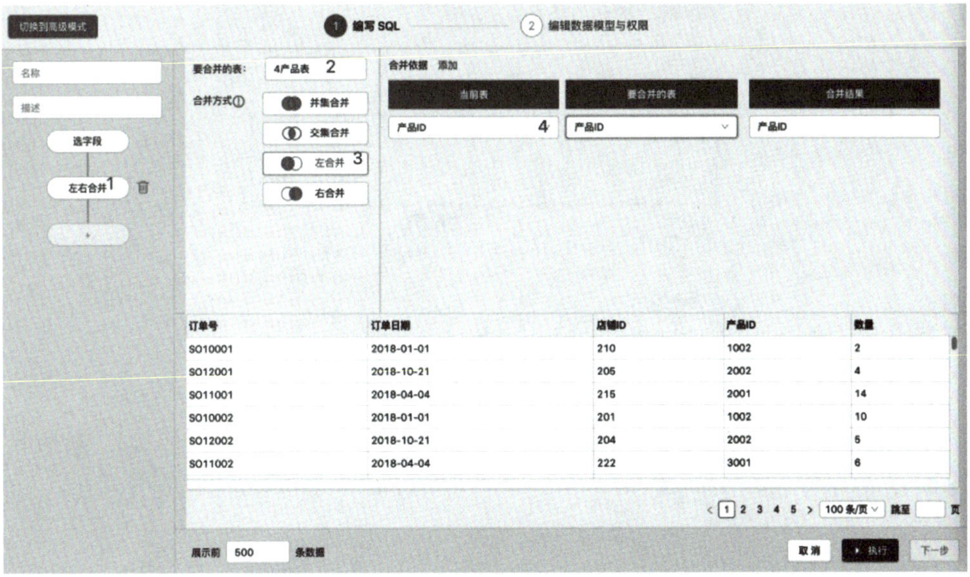

图 3－31　数据表左合并操作

（2）执行成功后，可通过下方数据预览区查看数据字段合并情况，如图 3－32 所示。

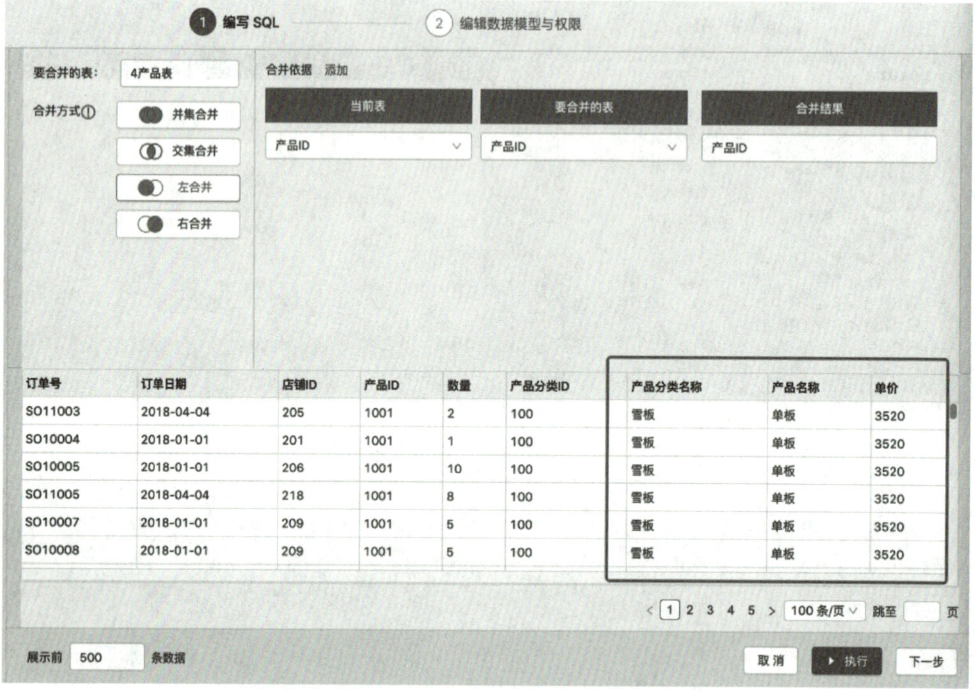

图 3－32　合并执行成功数据字段

步骤三：进行销售金额计算。选择“新增列”按钮，列名输入“金额”，并在下面的公式栏中选择字段输入‘数量’×‘单价’，点击“确定”按键，生成新列，如图 3－33 所示。

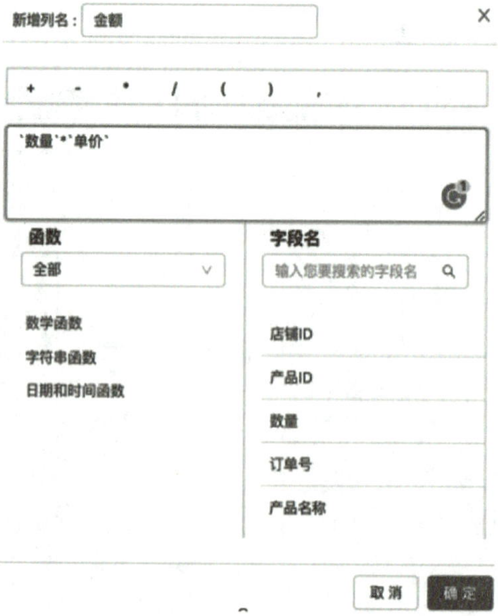

图 3－33　新增列－金额计算函数

步骤四：将上面合并过的表格和门店表进行连接。通过“店铺 ID”公共维度，选择左合并模式，进行表间关联，如图 3－34 所示。

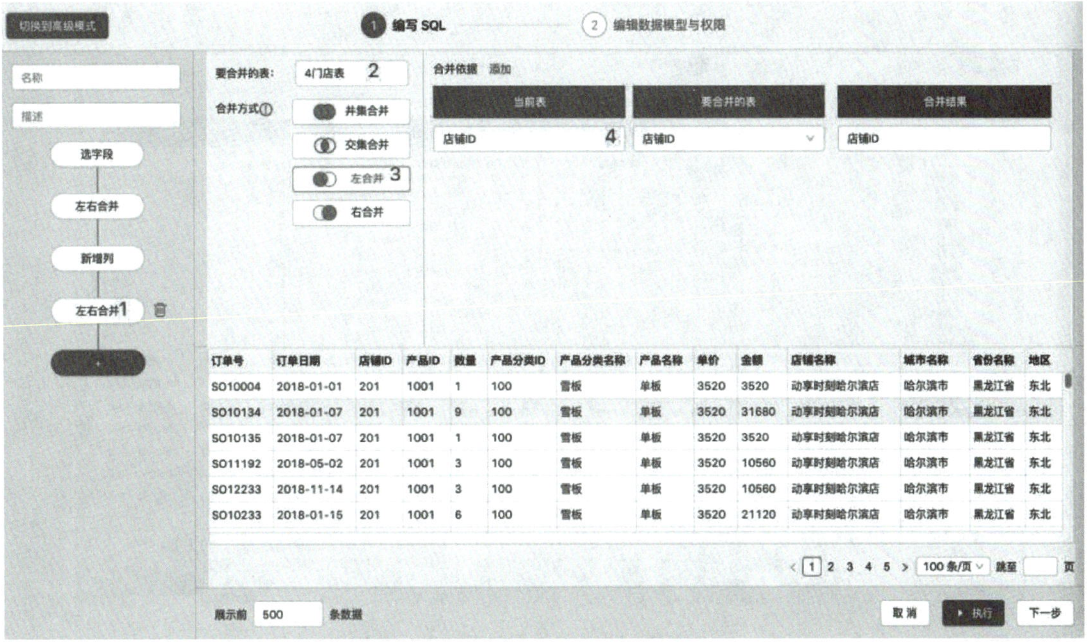

图 3－34 与“门店表”进行表间关联

步骤五：将上面合并过的表格和任务表，通过“店铺名称”作为公共维度，选择左合并模式，进行表间关联，如图 3－35 所示。

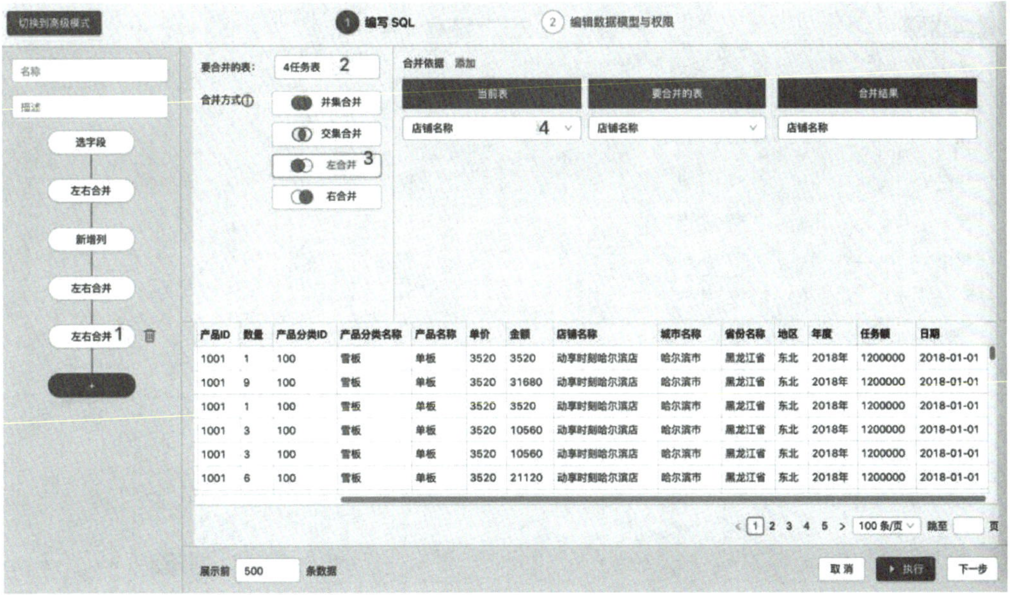

图 3－35 与“任务表”进行表间关联

将这四张表格，通过表合并、新增列数据建模方式进行连接，形成一张总表。为后面的数据分析和可视化奠定了基础，将合并后的总表进行命名，输入表名称为“销售总表”，并点击“下一步”按键，如图 3－36 所示。

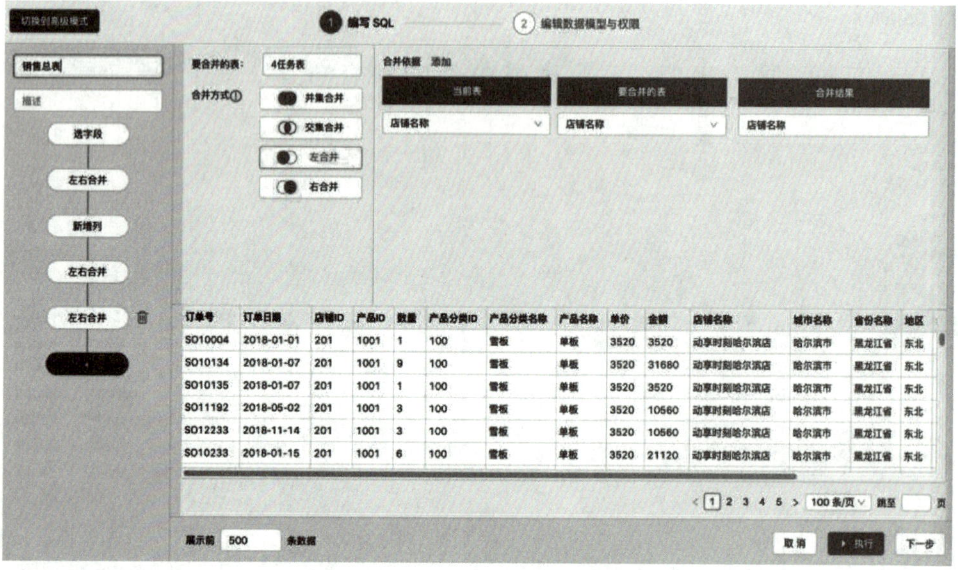

图 3－36　命名合并后表格

步骤六：修改数据类型。调整数据维度及指标项，修改店铺 ID、产品 ID、产品分类 ID 为维度，省份名称、城市名称的可视化类型分别调整为地理省份、地理城市，点击“保存”完成数据建模处理，如图 3－37 所示。

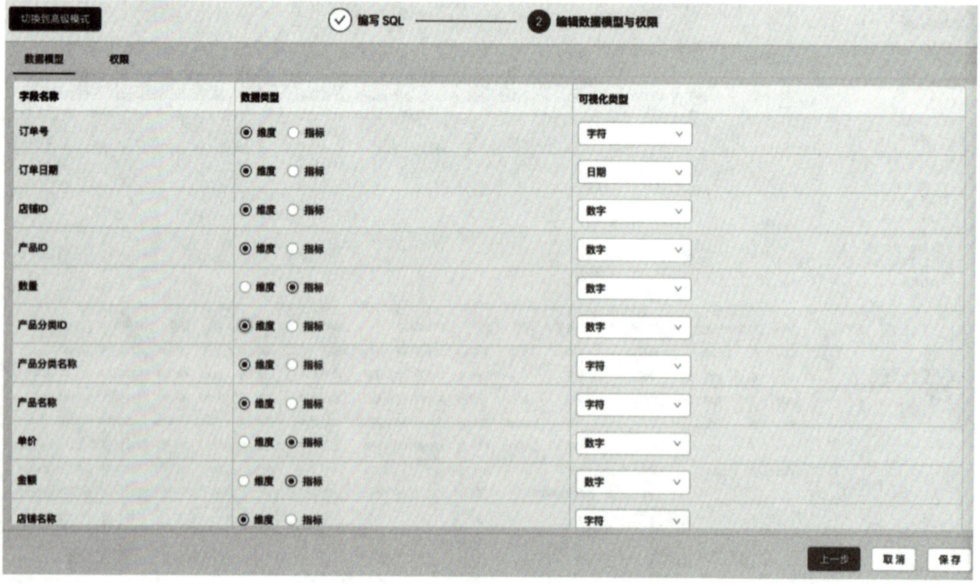

图 3－37　设置销售数据表数据分析维度与指标

【任务拓展】

ETL 是英文 Extract – Transform – Load 的缩写，是将业务系统的数据经过抽取、清洗转换之后加载到数据仓库的过程，目的是将企业中分散、零乱、标准不统一的数据整合到一起，为企业的决策提供分析依据，同时，ETL 是 BI（商业智能）项目的一个重要环节。

通过 ETL 工具，可以将已经采集获取到的数据进一步加工并进行数据处理，方便后续的数据分析工作。作为数据仓库分析与转化的重要组成部分，ETL 往往需要依赖合适的工具来实现。

连接查询是由一个笛卡尔乘积运算构成的查询。首选笛卡尔乘积完成对两个数据集合的乘运算，然后对生成的结果集合进行选取运算，确保只把分别来自两个数据集合且具有重叠部分的行合并在一起。连接的全部意义在于水平方向上合并两个数据集合，并产生一个新的结果集合。

连接可分为内部连接、外部连接和交叉连接 3 种，外部连接可以进一步细分，如表 3 – 5 所示。

表 3 – 5　表连接类型

连接类型	定义	规则	图示
交叉连接 （CROSS JOIN）	基于笛卡尔原则，若 A、B 表分别有 m 和 n 行，则交叉连接生成 m × n 行结果集	1. 笛卡尔积	
内连接 （INNER JION ON）	在交叉连接基础上，加上过滤条件 ON，形成最终结果集，内连接是交叉连接结果集经过 ON 过滤而成	1. 笛卡尔积 2. 过滤	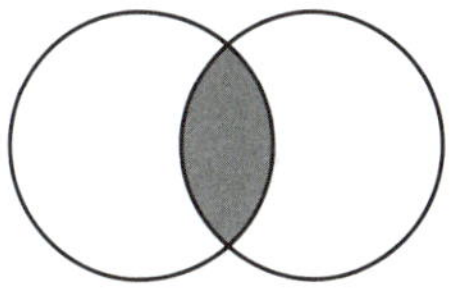
左外部连接 （LEFT OUTER JOIN）	以左表为保留表，在内连接基础上，将右表 ON 连接条件找不到的行以占位符 NULL 添加到内连接的结果集中，即添加外部行		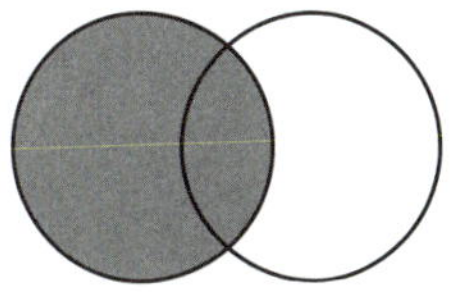
右外部连接 （RIGHT OUTER JOIN）	以右表为保留表，在内连接基础上，将左表 ON 连接条件找不到的行以占位符 NULL 添加到内连接的结果集中，即添加外部行	1. 笛卡尔积 2. 过滤 3. 添加外部行	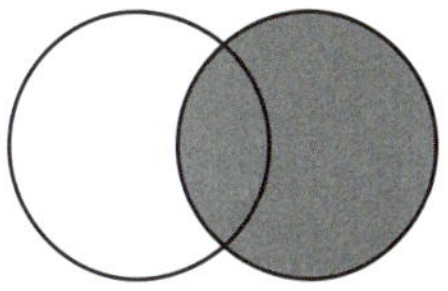
全连接 （FULL JOIN ON）	左右表均为保留表		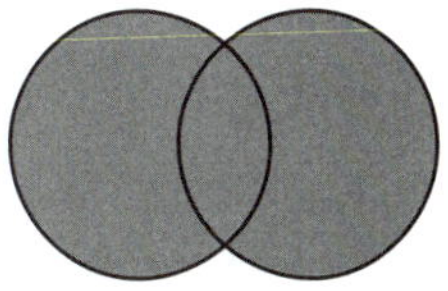
自连接 （SELF – JOIN）	单表取两个别名来连接，在其他连接中均实用，如交叉连接、内连接、外连接等		

下面以学生信息表（表 3 - 6）、学生成绩表（表 3 - 7）为例，说明内部连接、外部连接。

表 3 - 6　　学生信息表

学号	姓名	班级
20200201	张晓峰	1 班
20200202	陆璐	2 班
20200205	王雷	3 班
20200206	李娇娇	3 班
20200207	薛雪莹	2 班
20200208	刘星	3 班

表 3 - 7　　学生成绩表

姓名	性别	成绩
张晓峰	男	95
陆璐	女	80
李天华	男	68
赵毅飞	男	90
李娇娇	女	89

（1）内部连接。SQL 语法中内部关联的关键字是 INNER JOIN。内部连接是使用比较运算符比较要连接列中等值的连接。内部连接也叫内连接，是最早的一种连接，最早被称为普通连接和自然连接。内部连接是从结果中删除其他被连接表中没有匹配行的所有行，所以内部连接可能会丢失信息。

例如，根据学生信息表、学习成绩表中均包含的行内容进行匹配，通过内部连接，得到的结果如表 3 - 8 所示。

表 3 - 8　　内部连接

学号	姓名	性别	班级	成绩
20200201	张晓峰	男	1 班	95
20200202	陆璐	女	2 班	80
20200206	李娇娇	女	3 班	89

（2）外部连接。外部连接则扩充了内部连接的功能，会把内部连接中删除表源中的行保留下来，由于保留下来的行不同，可将外部连接分为左向外部连接、右向外部连接或完整外部连接。

①左向外部连接。SQL 语法中左向外部连接的关键字是 LEFT JOIN。

左向外部连接的结果集包括 LEFT JOIN 子句中指定的左表的所有行，而不仅是连接列所匹配的行。如果左表的某一行在右表中没有匹配行，则在关联的结果集行中，来自右表的所有选择列均为空值。

例如，以学生信息表为左表进行左向连接，保留左表中的全部行，匹配右表的数据，没有的数据信息为空，如王雷、薛雪莹等在右表不存在，则其性别、成绩对应的表格为空白表格，如表 3－9 所示。

表 3－9　左向外部连接

学号	姓名	班级	性别	成绩
20200201	张晓峰	1 班	男	95
20200202	陆璐	2 班	女	80
20200205	王雷	3 班		
20200206	李娇娇	3 班	女	90
20200207	薛雪莹	2 班		
20200208	刘星	3 班		

②右向外部连接。SQL 语法中右向外部连接的关键字是 RIGHT JOIN。

右向外部连接使用 RIGHT JOIN 进行连接，是右向外部连接的方向连接，结果将返回右表的所有行。如果右表的某一行在左表中没有匹配行，则将为左表返回空值。

例如，以学习成绩表为右表，右向连接后，保留右表全部列，将学生信息表中包含的信息连接，没有的数据信息为空，如李天华、赵毅飞在学生信息表中不包含，所以其学号、班级对应的表格为空白表格，如表 3－10 所示。

表 3－10　右向外部连接

姓名	性别	成绩	学号	班级
张晓峰	男	95	20200201	1 班
陆璐	女	80	20200202	2 班
李天华	男	65		
赵毅飞	男	90		
李娇娇	女	89	20200206	3 班

（3）全连接。SQL 语法中全连接的关键字是 FULL JOIN。全连接使用 FULL JOIN 进行连接，将返回左表和右表中的所有行。当某一行在另一个表中没有匹配行时，另一个表的选择列将包含空值。如果表之间有匹配行，则整个结果集行包含基表的数据值。

例如，保留学生信息表、学习成绩表的全部行，学生信息表中的第三行王雷同学在学习成绩表中没有体现，则其性别、成绩对应的表格为空白表格，如表 3－11 所示。

表 3-11　　　　全连接

学号	姓名	班级	性别	成绩
20200201	张晓峰	1 班	男	95
20200202	陆璐	2 班	女	80
20200205	王雷	3 班		
20200206	李娇娇	3 班	女	89
20200207	薛雪莹	2 班		
20200208	刘星	3 班		
	李天华		男	65
	赵毅飞		男	90

任务四　数据存储

【任务案例】

华瑞公司在处理海量企业运营及财务数据的过程中，需要将运营过程中产生的数据及分析后的数据存储至企业的数据仓库中。作为数据分析师，需要掌握大数据存储的技能。请您将已经清洗处理完成的结构化数据存储到华瑞公司数据分析的 SQL 数据库中。

【任务处理】

数据库是按照数据结构来组织、存储和管理数据的仓库，数据库有很多种类型，从简单存储数据的表格到能够进行海量数据存储的大型数据库系统。关系型数据库是由多张能互相连接的二维行列表格组成的数据库，是建立在关系模型基础上的数据库，借助于集合代数等数学概念和方法来处理数据库中的数据。当前主流的关系型数据库有 Oracle、Microsoft SQL Server、MySQL 等。

在传统的数据存储环节，在很多场合会用关系型数据库进行数据存储。

【任务实施】

基于收集到的公司信息数据，进行公司信息表创建，并插入公司相关信息数据，如图 3-38 所示。

公司信息包含以下字段：股票代码、股票简称、统一社会信用代码、中文全称-上市公司基本信息子库、法人代表、公司成立日期、注册资本、公司网址、经营范围、主营业务等。

数据存储系统实操

股票代码	股票简称	统一社会信用代码	中文全称-上市公司基本信息子库	法人代表	公司成立日期	注册资本	公司网址	
2251	步步高	91430300755843372T	步步高商业连锁股份有限公司	王填	2004-12-30	863903951	www.bbg.com.cn	超市、百货、电器等生活消费品的销
300094	国联水产	91440800727060629M	湛江国联水产开发股份有限公司	李忠	2001-03-08	916444315	www.guolian.cn	水产种苗的引进、繁育、养殖及销售
600361	华联综超	911100001011857375	北京华联综合超市股份有限公司	陈琳	1996-06-07	665807918	zc.beijing-hualian.com	商品零售,包括:百货、针纺织品、日
601116	三江购物	91330200704881846L	三江购物俱乐部股份有限公司	陈念慈	1995-09-22	547678400	home.sanjiang.com	许可项目:食品经营;食品互联网销售;
601933	永辉超市	91350000727900106T	永辉超市股份有限公司	张轩松	2001-04-13	9516285608	www.yonghui.com.cn	销售生鲜品、食品用品及服装以及相
603708	家家悦	91371000166697725Y	家家悦集团股份有限公司	王培桓	1981-06-16	608400550	www.jiajiayue.com.cn	食品、饮料、纺织、服装及家庭用品

图 3－38　公司信息收集表

步骤一：进入实训系统并新建项目。进入数据视图高级模式页，点击“＋”按键，新增数据集，如图 3－39 所示。

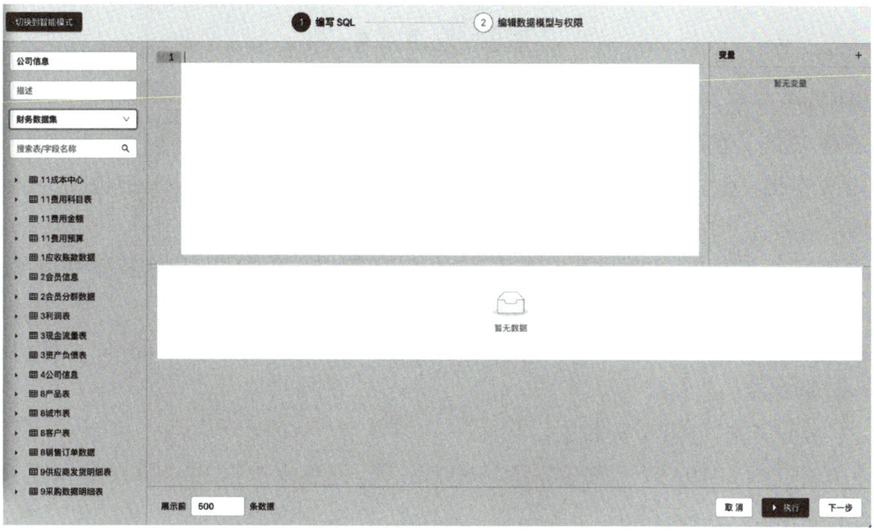

图 3－39　进入高级模式选择财务数据集

步骤二：输入创建表代码。创建“公司信息”表，并在 SQL 编译器中输入以下创建表代码，如图 3－40 所示。

```
Create table 公司信息
(
股票代码 bigint primarykey,
股票简称 varchar (50),
统一社会信用代码 varchar (20),
中文全称 varchar (50),
法人代表 varchar (10),
公司成立日期 datatime,
注册资本 bigint,
公司网址 varchar (50),
经营范围 varchar (255),
主营业务 varchar (255),
)
```

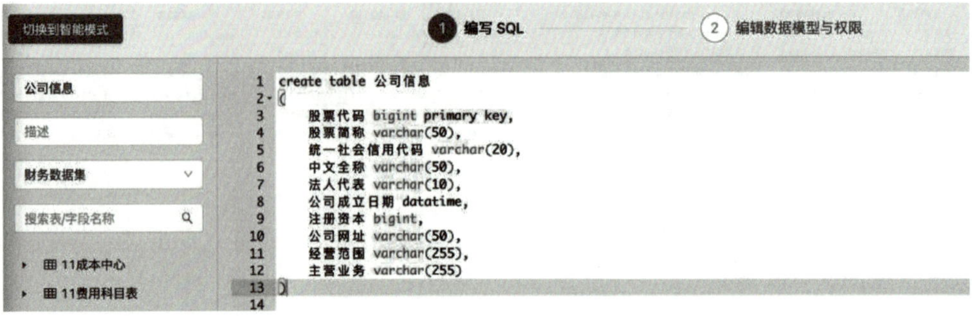

图 3－40　创建表

字段说明：

（1）新建表格。新建表格采用 Create table 语句。

（2）设置主键。股票代码 bigint primarykey，即股票代码为 BIGINT 型数据，并设置股票代码为主键。

（3）设置字符串数据。“Varchar（）”含义为字符串，括号内部为字符串长度。股票简称 varchar（50），即为 50 个字符长度的字符串。

（4）设置日期数据。“datatime”为日期型数据。公司成立日期 datatime，即将公司成立日期设置为日期格式。

步骤三：插入数据信息至数据表。

插入永辉超市（601933）、华联综超（600361）、国联水产（300094）的信息到数据表。输入以下代码：

```
insertinto 公司信息 values
(601933，‘永辉超市’，‘91350000727900106T’，‘永辉超市股份有限公司’，‘张轩松’，‘2001－04－13’，9516285608，‘www.yonghui.com.cn’，‘销售生鲜品、食品用品及服装以及相关的促销服务、物流配送、物业购建及出租等。’，‘超市的连锁经营。’)，
(600361，‘华联综超’，‘911100001011857375’，‘北京华联综合超市股份有限公司’，‘陈琳’，‘1996－06－07’，‘665807918’，‘zc.beijing－hualian.com’，‘商品零售，包括：百货、针纺织品、日用杂品、生鲜蔬果、粮油食品、副食品等的销售；出租商业设施；经营场地出租等。’，‘零售业。’)
(300094，‘国联水产’，‘91440800727060629M’，‘湛江国联水产开发股份有限公司’，‘李忠’，‘2001－03－08’，‘916444315’，‘www.guolian.cn’，‘水产种苗的引进、繁育、养殖及销售；繁育水产种苗所需的饲料（海蛎、鱿鱼、海虫、丰年虫、绿茵藻、沙虫）、燃料（木柴）的收购（自用）；水产品的研究、开发、养殖、收购、冷冻；加工、销售：肉制品、速冻食品（有效期至 2021 年 10 月 31 日）。以下项目由分支机构经营：加工、销售：水产饲料；零售：酒精饮料；提供餐饮服务。’，‘从事水产种苗、饲料、养殖、加工及销售等业务。’)
```

字段说明：

（1）插入公司信息：插入信息采用 insertinto 公司信息 values 语句，后续插入的是具体内容数据。

（2）在大数据财务分析系统中，写入代码，如图 3－41 所示。

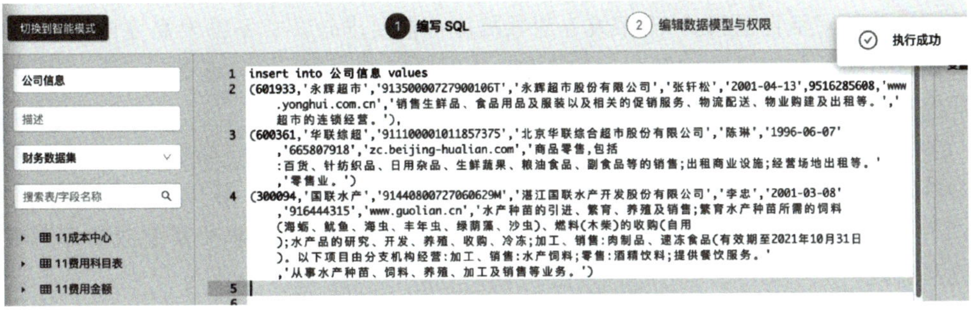

图 3－41　插入数据信息至数据表

步骤四：编辑数据模型与权限。

执行成功后，点击“下一步”按键，将字段设置为响应的数据类型及可视化类型，并进行保存，具体类型如图 3－42 所示。

图 3－42　编辑数据模型与权限

【任务拓展】

除传统的关系型数据库外，还有非关系型数据库。通常 NoSQL 用以泛指非关系型的数据库。随着互联网 web2.0 网站的兴起，传统的关系数据库在处理 web2.0 网站，特别是超大规模和高并发的 SNS 类型的 web2.0 纯动态网站已经显得力不从心，出现了很多难以克服的问题，而非关系型的数据库则由于其本身的特点得到了非常迅速的发展。非关系型数据库的产生解决了大规模数据集合多重数据种类带来的挑战。

非关系型的数据库整体框架分为四层，由下至上分为数据持久层、整体分布层、数据逻辑模型层和接口层，层次之间相辅相成、协调工作。其主要适用于如下五种情形：数据模型比较简单；需要灵活性更强的 IT 系统；对数据库性能要求较高；不需要高度的数据一致性；对于给定键值，比较容易映射复杂值的环境。

非关系型数据库具备以下特征：

（1）易扩展。非关系型数据库种类繁多，但是一个共同的特点都是去掉关系数据库的关系型特性。数据之间无关系，这样就非常容易扩展，在架构的层面上具备可扩展的能力。

（2）大数据量，高性能。在大数据量下，数据库结构简单的非关系型数据库具有非常高的读写性能。

（3）灵活的数据模型。非关系型数据库无须事先为要存储的数据建立字段，随时可以存储自定义的数据格式。

（4）高可用性。非关系型数据库在不太影响性能的情况下，可以方便地实现高可用的架构。高可用性是系统或组件的质量，可确保在给定时间段内实现高水平的操作性能，即一个系统经过设计，从而减少停工时间，而保持其服务的高度可用性。

例如，采用集群系统，将各个主机系统通过网络或其他手段有机地组成一个群体，共同对外提供服务。创建群集系统，通过实现高可用性的软件将冗余的高可用性的硬件组件和软件组件组合起来，消除单点故障。实际工作中，应根据实际的业务场景及项目环境需求，进行数据库的选择与应用。

任务五　数据可视化

数据可视化，是关于数据视觉表现形式的研究，是数据处理和分析的一部分，可以帮助人们更直观地读懂并理解数据。数据可视化的目的，是要对数据进行可视化处理，以使其能够明确地、有效地传递信息。财务数据可视化是指财务数据以可视化形式进行整体不同维度数据分析，直观呈现出分析结论的过程。

【任务案例】

华瑞公司是一家从事生鲜行业的企业，其业务分布在北京、上海、东北、华北、华东等省市，销售的产品有生猪肉、海白虾、扇贝、牛肉、奶类制品等生鲜食品。在年终总结会将进行业务总结，分析人员要通过数据可视化把 26 家门店的销售数据进行整理汇总，形成报表，提供给管理层，为明年的战略计划部署提供决策依据。

作为数据分析师，请你根据销售部门提供的相关数据及考核指标，选择恰当的可视化图形，并基于大数据分析系统工具进行图形设计，主要可视化呈现如下三方面内容。

（1）根据产品名称分类，进行销售金额占比可视化设计；

（2）根据地区/省份分类，进行销售金额占比可视化设计；

（3）基于 2021 年全年销售数据，进行分月销售收入趋势图设计。

【任务处理】

最常用的可视化图表有折线图、柱形图、饼图，可用于时间序列趋势、占比统计等数据展示。

（1）折线图。主要用来反映数据在时序方面的变化趋势，以某公司产品销售额为例，通过时间维度及分产品销售额指标的绘制，展示在一年中 1 月至 12 月分产品的销售额对比情况，通过折线图对比，可以看到 A 产品销售稳定保持在水平区间，而 B 产品的销售额浮动较大，具备较强的增长性，但稳定性不足。对比 A 产品、B 产品销售额图形，B 产品的销售收入贡献更大，如图 3－43 所示。

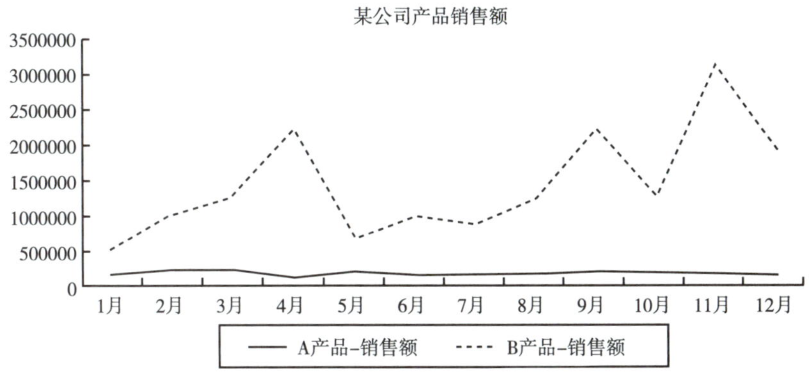

图 3－43　折线图－产品销售额

（2）柱状图。主要用来反映分类数据之间的比较，也可以用来反映时间趋势。以某公司办公费、邮递费及通信费数据为例，以 2020 年 1 月至 2020 年 12 月为时间维度，以各项费用金额作为指标。通过柱状图趋势，可以看到办公费比邮递费及通信费高，全年的办公费用具有一定的波动性，如图 3－44 所示。

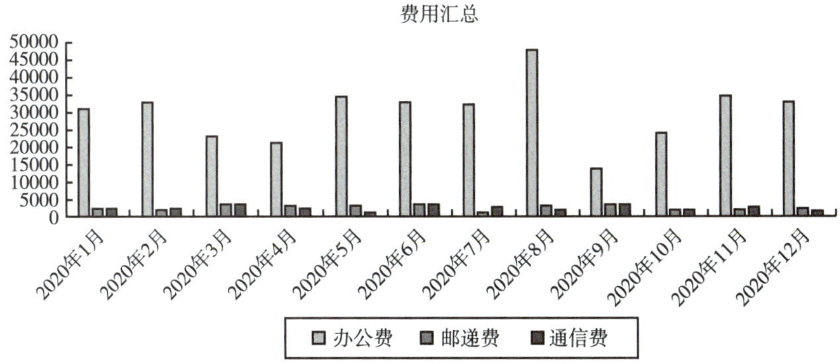

图 3－44　柱状图－费用汇总

（3）饼图。主要用来反映数据构成结构及占比关系，还可以扩展为环形图。例如，学生考试分数占比分布，通过饼图占比可以看到 70—80 分、80—90 分两个区间段分布集中，而60分以下占比最小，学生成绩符合基本正态分布规律，如图3-45所示。

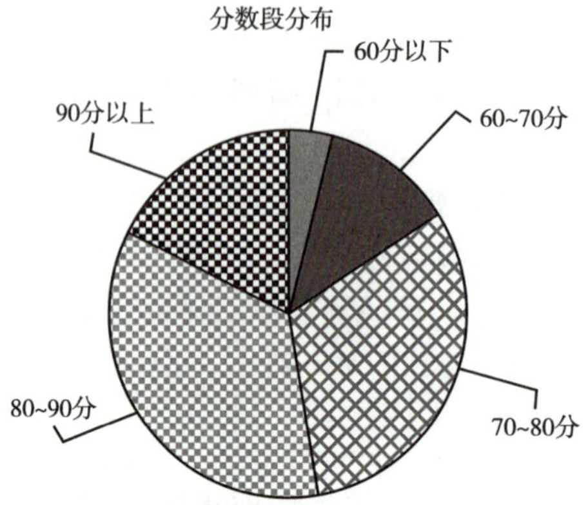

图3-45　饼图-分数占比分布

（4）瀑布图。瀑布图采用绝对值与相对值结合的方式，适用于表达数个特定数值之间的数量变化关系。瀑布图具有自上而下的流畅效果，也可以称为阶梯图或桥图。以某企业利润表部分科目为例，进行瀑布图设计，如图3-46所示。

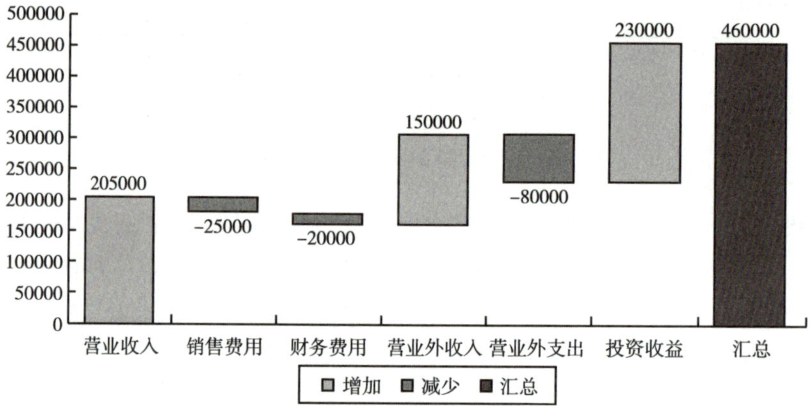

图3-46　瀑布图

（5）桑基图。桑基能量分流图也叫桑基能量平衡图，它是一种特定类型的流程图，右图中延伸的分支的宽度对应数据流量的大小，通常应用于能源、材料成分、金融等数据的可视化分析。桑基图最明显的特征就是，始末端的分支宽度总和相等，即所有主支宽度的总和应与所有分出去的分支宽度的总和相等，保持能量的平衡。例如，某航空公司直飞记录，可以通过统计表进行桑基图设计，体现出流程和数据关系，如表3-12所示。

表3-12　某航空公司直飞记录表

直前地	直后地	人数
香港	北京	2864
北京	广州	3429

续表

直前地	直后地	人数
北京	南宁	34218
北京	厦门	16783
上海	北京	112839
上海	成都	58492
哈尔滨	上海	3428
西安	上海	10894
西安	北京	32819
南京	福州	5384
青岛	三亚	3218
长沙	太原	2381
桂林	北京	6748
昆明	成都	7319
沈阳	上海	4218

利用桑基图可以生成以上海、北京为中转节点的图形，整体数据保持守恒，如图 3－47 所示。

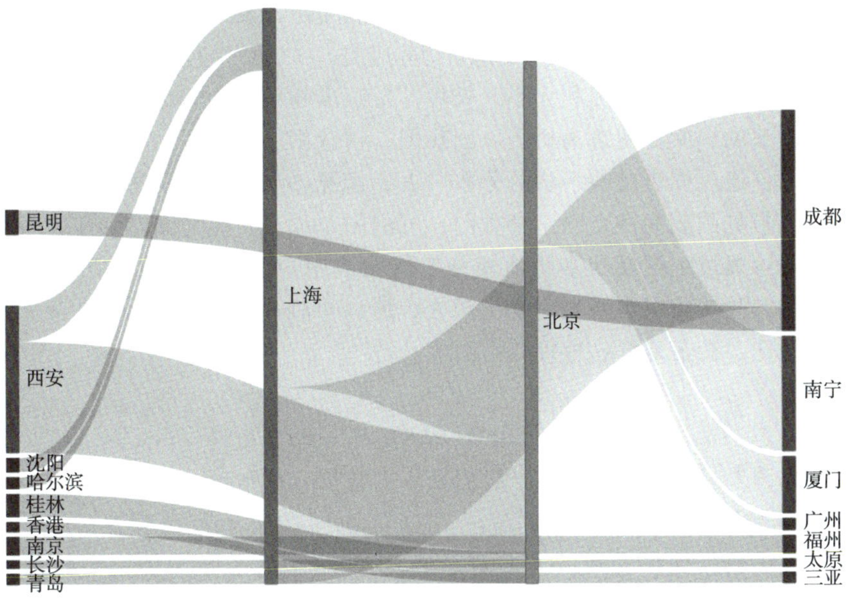

图 3－47　桑基图

可视化将数据通过图表的方式传递出来，让用户能够快速、准确地理解所要表达的信息，从而提高沟通效率。不同的图表适用于不同数据维度的展现，需要根据分析的维度，进行合理的图表选择。数据的分析目标以及分析方法对于所选图形起到重要作用，具体分类如图 3－48 所示。

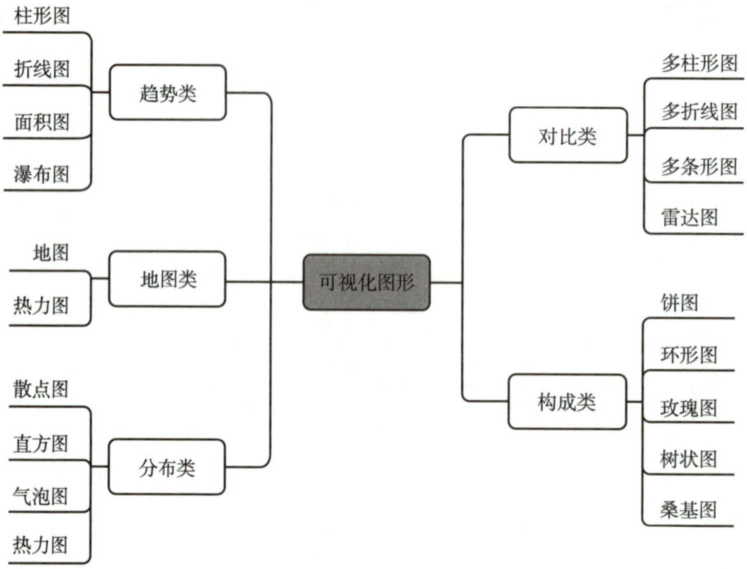

图 3-48　可视化图形设计

趋势类图表：通过图表反映事物发展趋势，能够一眼看清楚走向和大势，常见图表为柱形图、折线图、面积图。

对比类图表：通过对比发现不同事物间的差异和差距，从而总结事物特征，常见图表为双柱形图、双折线图、双条形图、双面积图、雷达图。

构成类图表：通过不同的面积大小、长短等反映事物的结构和组成，从而知道什么是主要的、什么是次要的，常见图表为饼图、圆环图、树状图、旭日图、瀑布图。

分布类图表：通过图表反映事物的分布、占比情况，从而知道事物的分布特征、不同维度间的关系等，常见图表为散点图、直方图、气泡图、词云、热力图。

地图类图表：通过地图反映事物地理分布情况或用户出行轨迹（地图其实可以算是分布的一种，因为其是一类很重要的可视化图表，所以单独列出），常见图表为全球地图、中国地图、省市地图、街道地图、地理热力图等。

【任务实施】

根据可视化图形设计的基本原则，我们进入大数据分析平台，设计相关图形。

1. 产品主题数据可视化图形设计

步骤一：使用数据建模完成的【销售总表】，获得销售总金额和销售数量总量。拖动【金额】和【数量】到指标框中，点击【金额】选择格式设置，在格式设置中将单位设置为百万（M），同样的方法设置销售数量的单位为万。选择字段设置（点击绿色的字段），更改为“销售金额”和“销售数量”，如图 3-49 所示。

根据步骤一，继续创建销售金额（按产品分类）（柱状图）、销售金额（按产品分类名称）（圆环图）、销售金额（按产品分类名称）（瀑布图）、销售金额（按产品名称）（柱状图）、销售金额（按产品分类名称和产品名称）（桑基图）、销售金额（按产品分类名称）

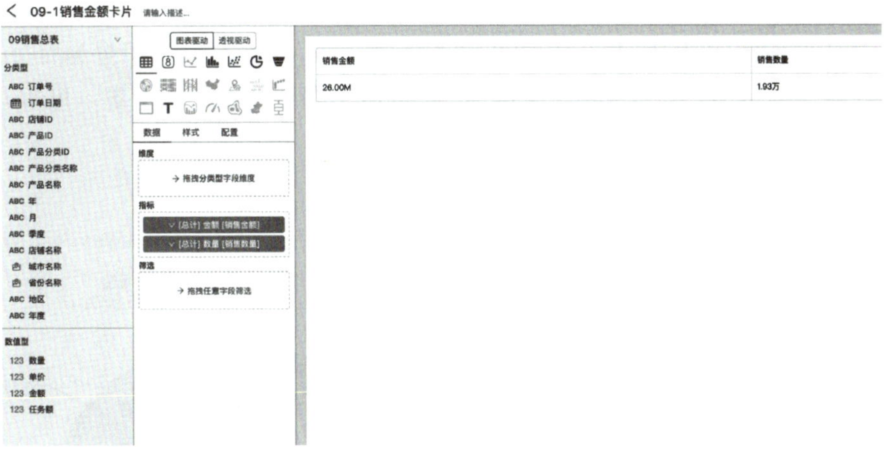

图 3－49 建立销售金额卡片

（比例图）。

步骤二：新建可视化视图。

（1）命名为“销售金额（按产品分类）”拖动【产品分类名称】到维度框，【金额】拖拽至指标框，格式设置中以万为单位保留 2 位小数。

（2）用条形图进行绘制。在样式选择框中勾选“条形图”和“显示标签”，位置选择为“内部”，将“销售渠道”拖动到颜色，根据销售渠道对产品销售金额进行拆分，以颜色进行展示，如图 3－50 所示。

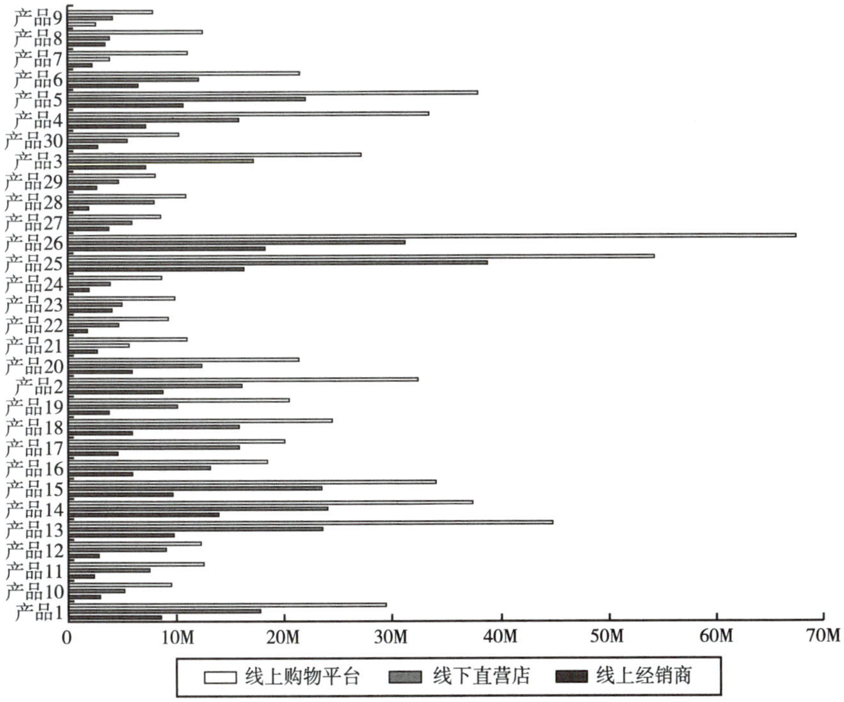

图 3－50 销售金额（按产品分类）

步骤三：新建销售金额百分比图，命名为“销售金额（百分比）”。选择【销售总表】，拖动【产品分类名称】到维度框，【金额】拖拽至指标框，格式设置中设置为百分比，保留两位小数。选择饼状图，在样式中，勾选“环状图”，勾选“显示标签”位置选择“外侧”，如图 3－51 所示。

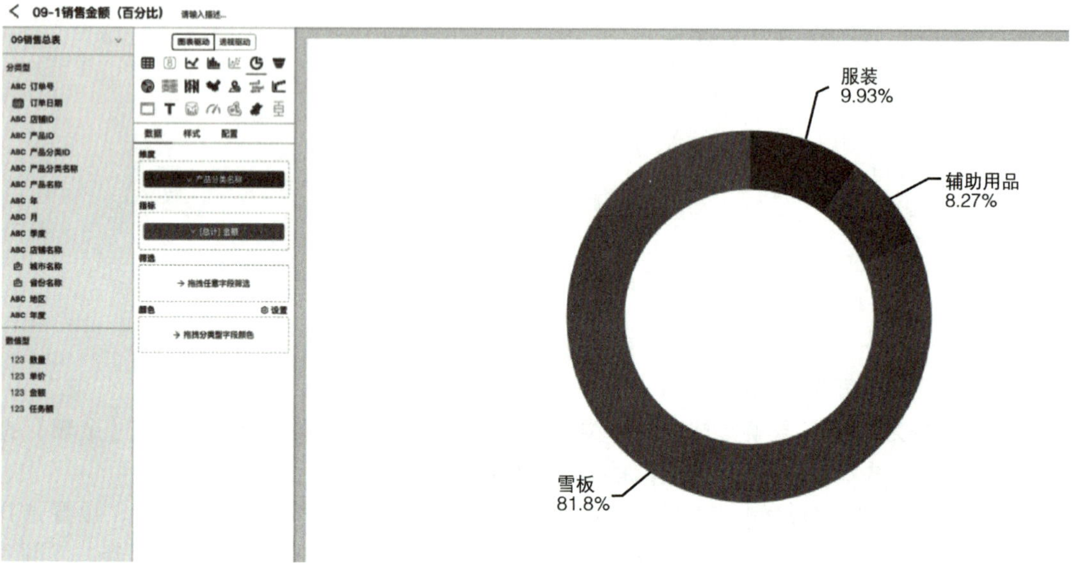

图 3－51 销售金额（百分比）

步骤四：新建可视化视图，命名为“销售金额（瀑布图）”。拖动【产品名称】到维度框，【金额】拖拽至指标框。选择瀑布图，如图 3－52 所示。

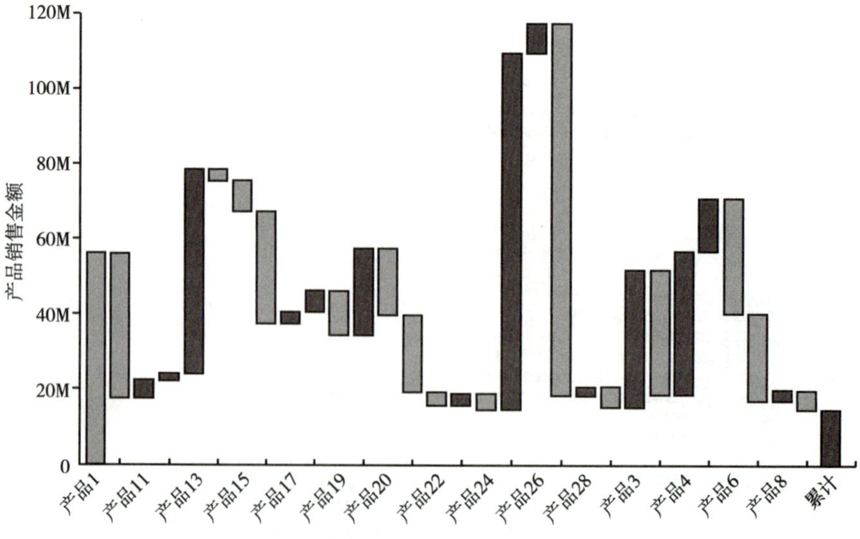

图 3－52 销售金额（瀑布图）

步骤五：新建可视化图表，命名为“销售金额（按产品名称）”。选择【销售总表】，拖动【产品名称】到维度框，【金额】拖拽至指标框。点击“排序”选择“降序”，选择“柱状图”，在指标中选择降序进行排列，如图 3－53 所示。形成可视化图形如图 3－54 所示。

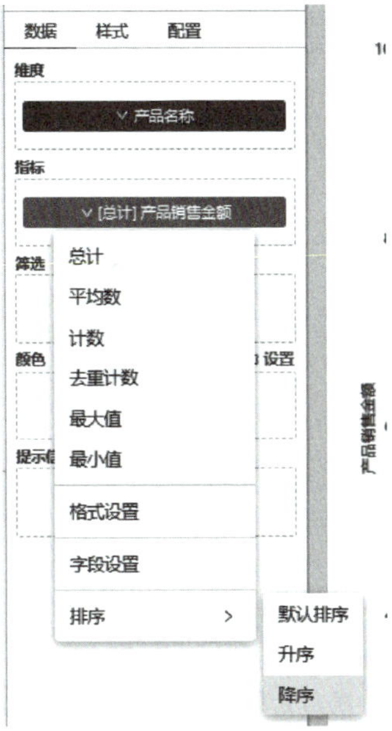

图 3－53　降序排列

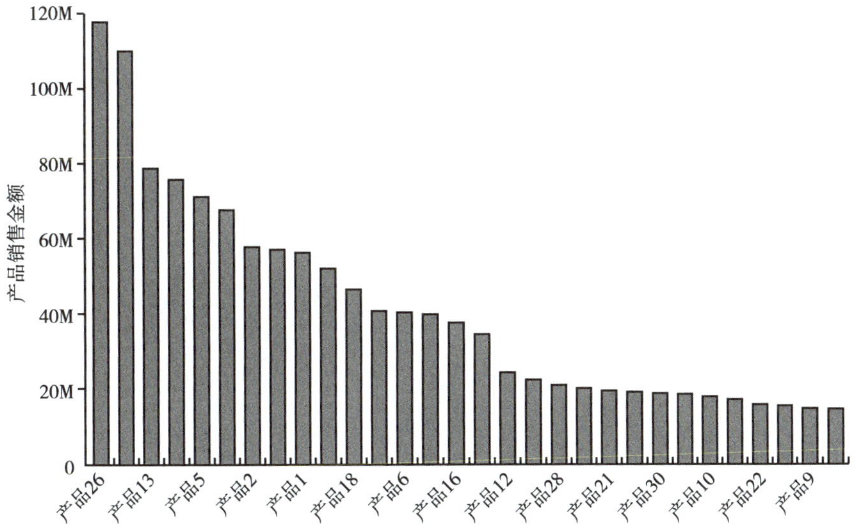

图 3－54　产品销售金额柱形图

步骤六：新建可视化图表，命名为“销售金额（按产品分类名称和产品名称）”。拖动【产品名称】【销售渠道】到维度框，【产品销售金额】拖拽至指标框。选择桑基图，如图 3－55 所示。

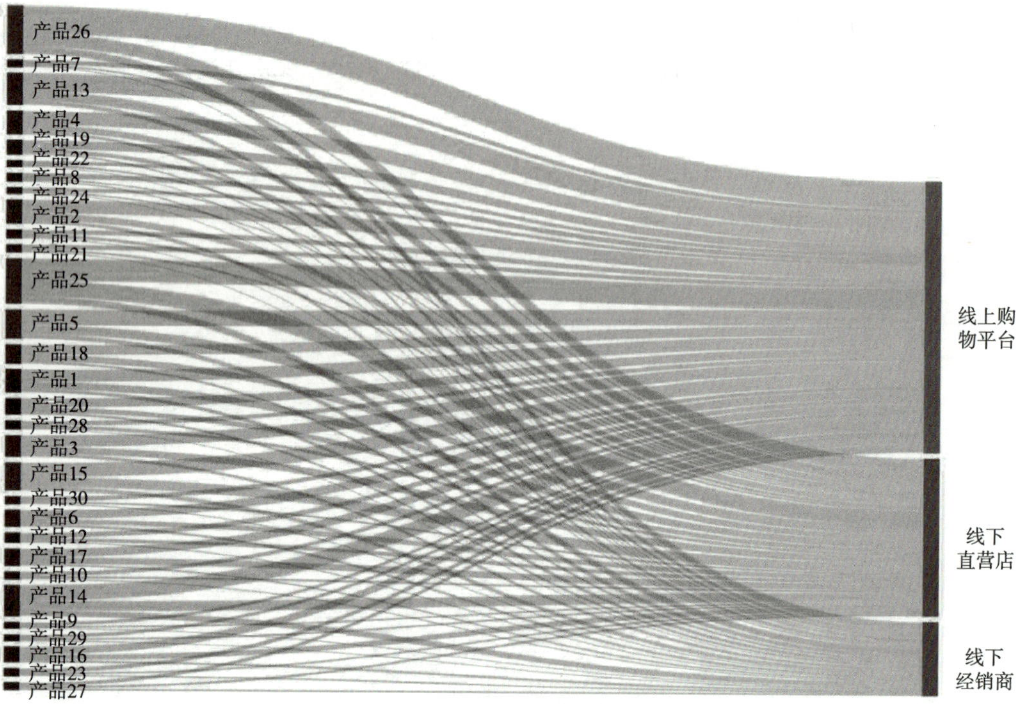

图 3－55　销售金额（按产品名称、销售渠道）

步骤七：新建可视化图表，命名为“销售金额产品分类百分比”。选择【销售总表】，拖动【产品分类名称】到维度框，【金额】拖拽至指标框。选择饼状图。在样式中，选择显示标签，位置选择外侧，如图 3－56 所示。

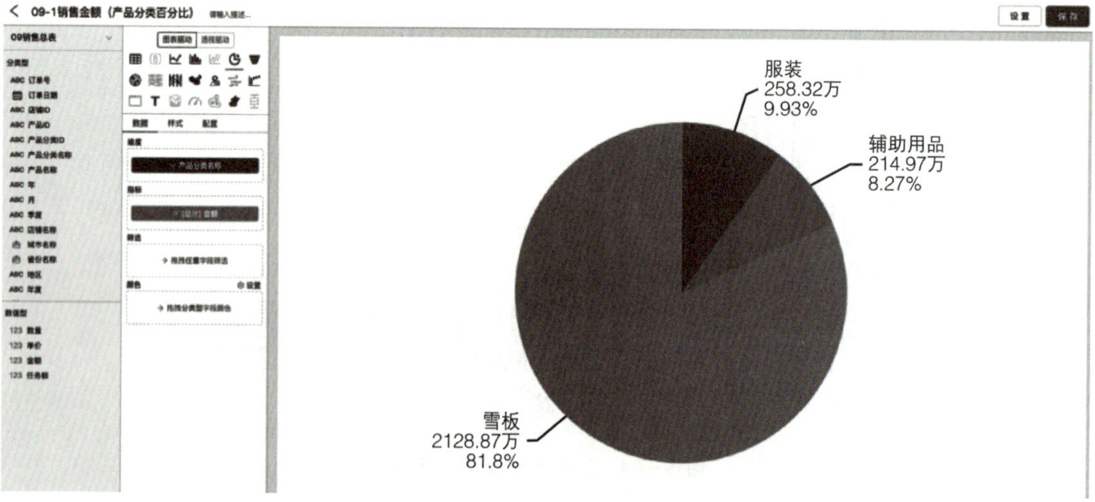

图 3－56　销售金额（产品分类百分比）

2. 区域销售分析可视化图形设计

区域分析主要以地区、省份、店铺名称等多维度分析销售金额数据。通过建立视觉图形，进行可视化分析，同时以月份进行数据的筛选。

步骤一：新建环形图，显示不同区域的销售金额分布状况。命名为“销售金额（按区域)”。拖动【省】到维度框，【产品销售金额】拖拽至指标框。选择饼状图，如图 3－57 所示。

图 3－57　销售金额（按区域）

步骤二：进行样式设置，勾选南丁格尔玫瑰图，并在选择降序排列，如图 3－58 所示。

图 3－58　样式设置

设置完成后，得到以省为地区维度的销售金额玫瑰图，如图 3－59 所示。

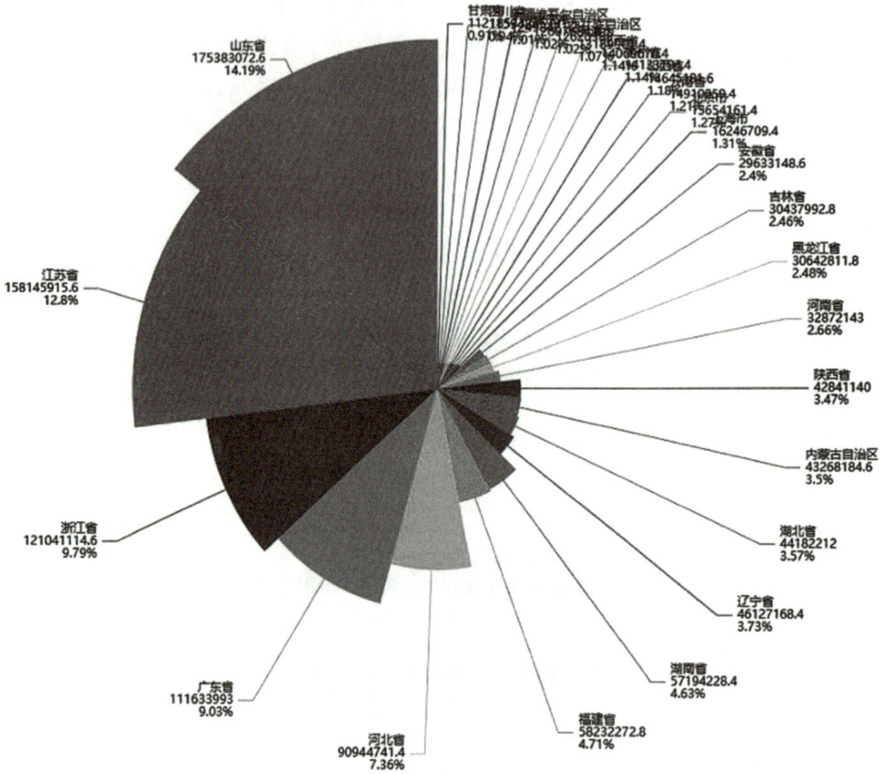

图 3－59　销售金额（按省）

步骤三：根据任务需求，新建条形图，反映不同店铺销售金额变化情况，如图 3－60 所示。

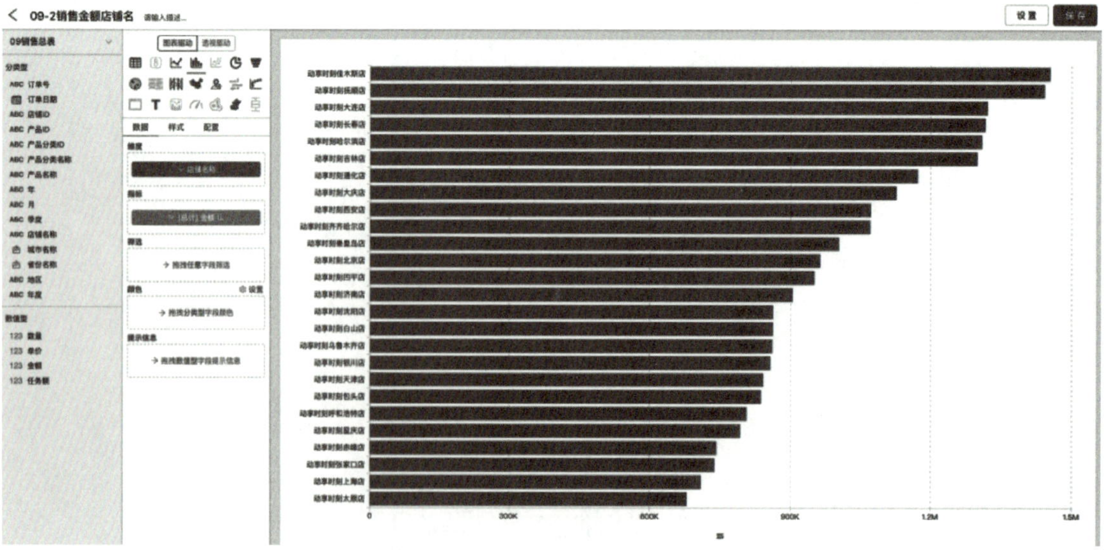

图 3－60　销售金额－按店铺维度

步骤四：根据任务需求，新建柱状图，反应不同省份的销售金额变化情况，如图 3－61 所示。

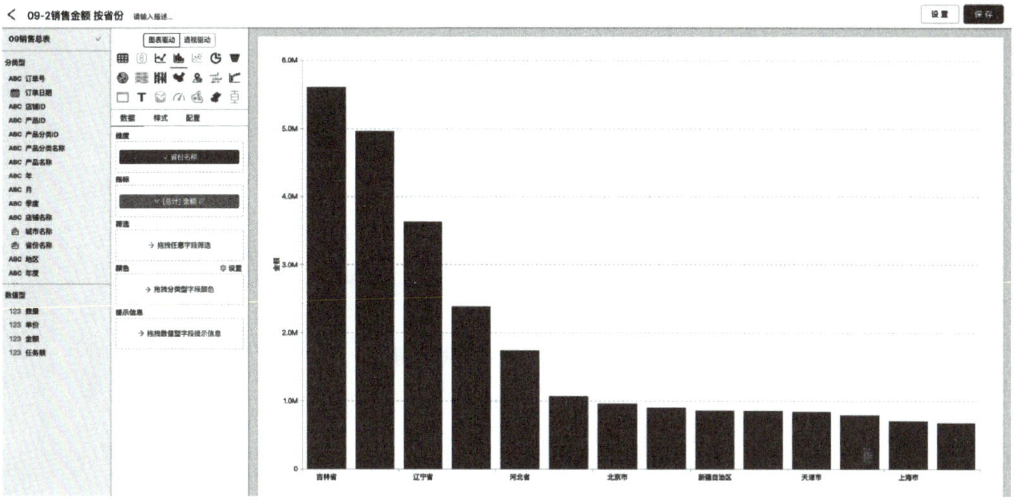

图 3－61　销售金额－按省份维度

步骤五：绘制可视化数据大屏。

（1）在大数据财务分析系统，选择左侧菜单栏中的可视化应用，如图 3－62 所示。

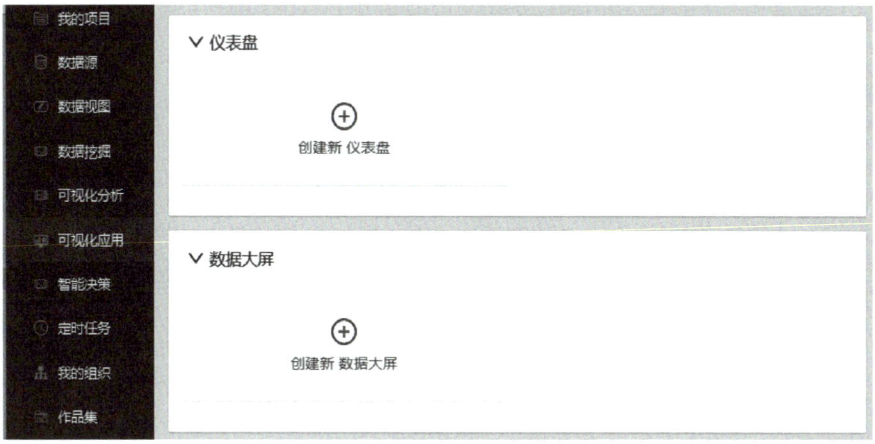

图 3－62　可视化应用

（2）新建可视化大屏。

①选择创建新数据大屏，并进行命名，命名为“产品数据可视化大屏”，点击“保存”按键，如图 3－63 所示。

②点击进入新创建的“产品数据可视化”大屏，进入后，选择“大屏模板”，如图 3－64 所示。

③选择图表，点击“图表”，选择已经绘制好的可视化图形，如图 3－65 所示。

④选择已绘制的可视化图形，点击“下一步”，如图 3－66 所示。

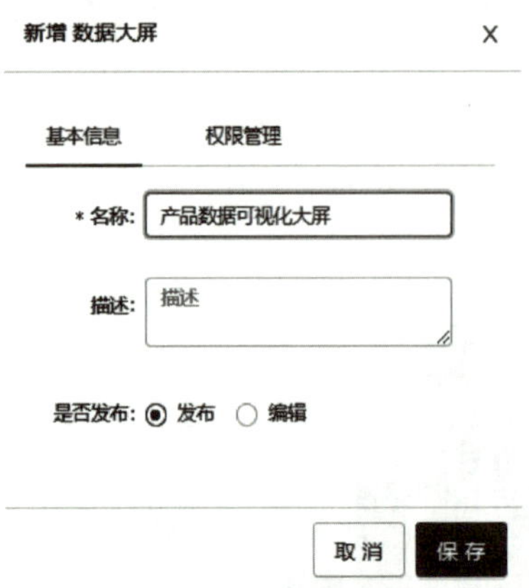

图 3－63　新增数据大屏

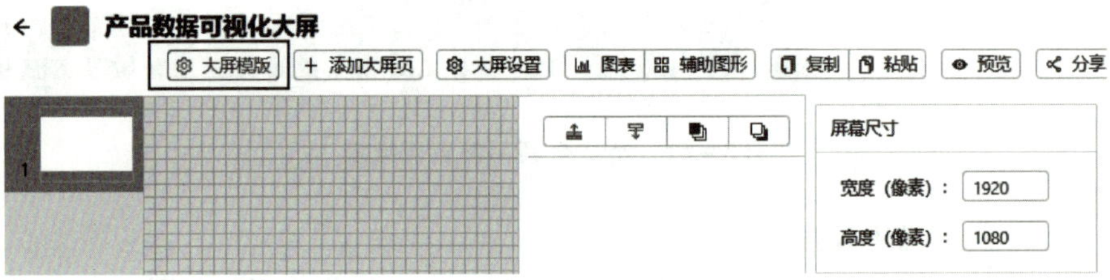

图 3－64　选择大屏模板

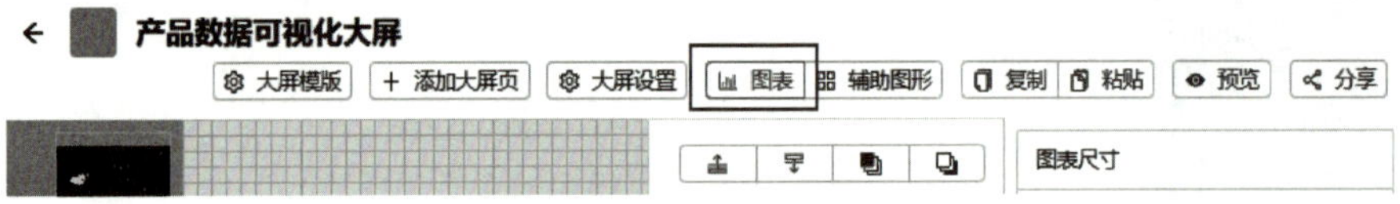

图 3－65　选择图表

图 3－66　选择可视化图形

⑤点击“辅助图形——标签”增加标题框，输入大屏标题，如图 3－67 所示。

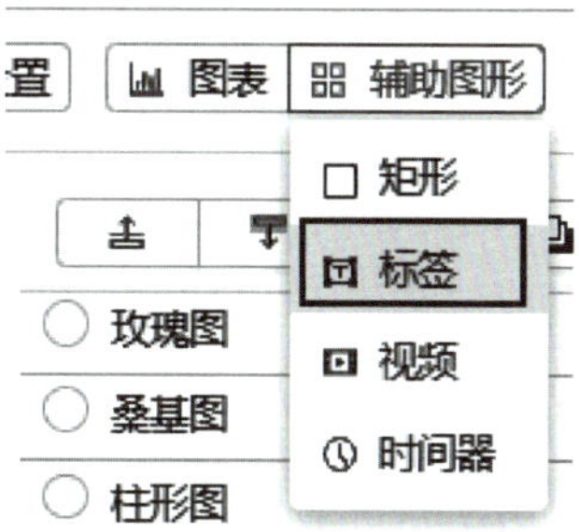

图 3－67 添加标签

设置标签属性内容，将文本内容输入“产品数据可视化大屏”，对字体颜色进行选择，由于背景为深色，建议标题字体选择白色或浅灰色，如图 3－68 所示。

图 3－68 标签设置

⑥整体调整布局。将销售数字卡片放置在中间偏上位置，聚焦体现该企业整体销售状况，再根据重要性及美学原则进行整体布局设计，形成可视化大屏。可以点击“预览”，查看效果，并进行微调设计，整体效果如图 3－69 所示。

可视化设计需要能够直观呈现数据趋势，在设计过程中，需要站在业务角度考虑可视化的设计，请注意在可视化设计过程中保证数据的真实性、准确性和完整性，客观呈现数据内容。

产品数据可视化效果图（图 3－69）

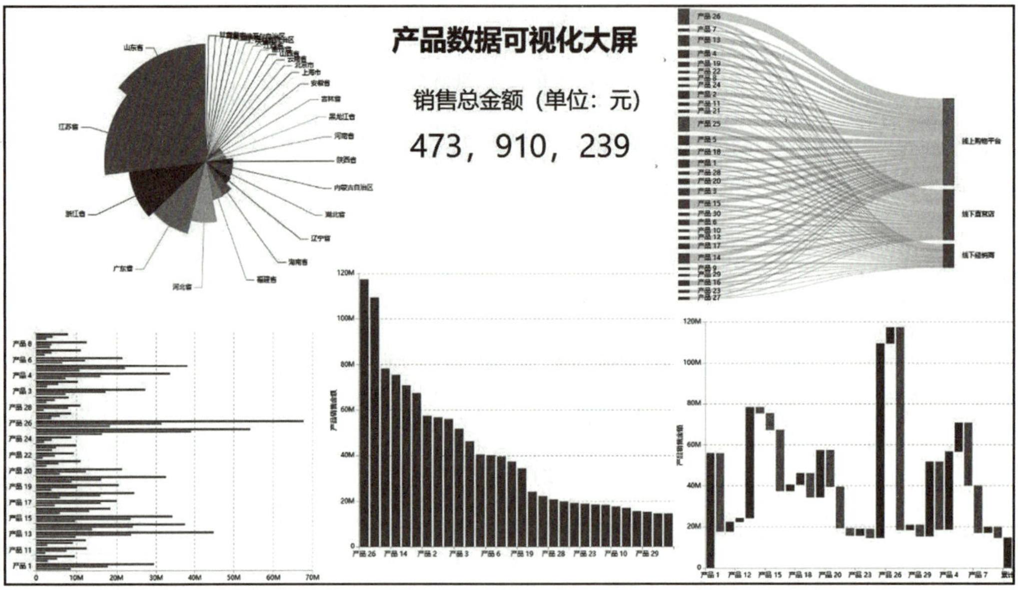

图 3－69　产品数据可视化效果图

【任务拓展】

根据不同的数据源及分析目的可以选用不同的图形作为展示工具，
在可视化的设计过程中，核心要素是人，最终呈现出来的可视化效果是为人服务的。所以，需要建立以人为中心的理念，换角度思考如何让对方通过图形理解图表中的趋势和含义。

除了我们之前介绍的经常使用的图形外，还有一种美丽的可视化图形，叫玫瑰图。玫瑰图是极坐标化的柱形图，随着可视化技术的发展，玫瑰图得到了越来越广泛的应用。人民日报发布的新冠肺炎全球疫情形势图引爆全网，采用的就是玫瑰图，如图 3－70 所示。

人民日报新媒体的新冠疫情数据可视图是通过半径长度体现数量值，进行对比分析，可以一目了然地关注到疫情病例最多国家的相关数据。

玫瑰图美丽起源——南丁格尔玫瑰图。玫瑰图最早是现代护理学之母弗罗伦斯·南丁格尔所发明的。出于对资料统计的结果会不受人重视的忧虑，她发展出一种色彩缤纷的图表形式，让数据能够更加让人印象深刻。南丁格尔不仅是战场上的提灯女神，还是一名出色的统计学家。

玫瑰图还可以扩展维度，扇形面的角度也可以作为一个指标项参与设计，这样从角度和

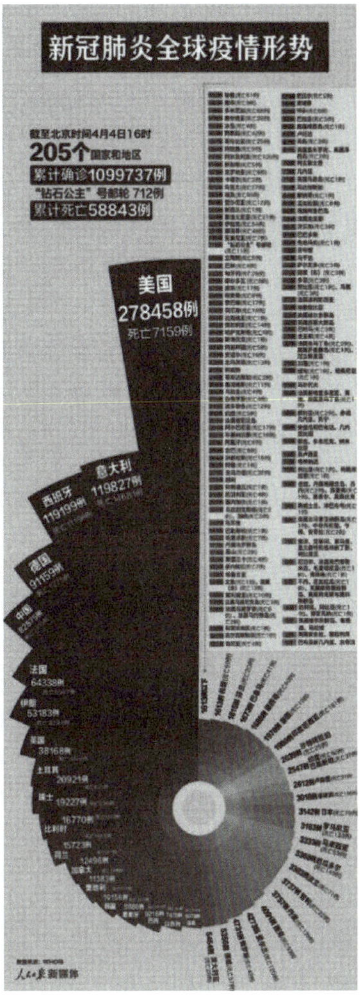

图 3－70 人民日报新媒体－新冠疫情数据可视化

半径两个维度进行设计，可以增加数据分析的宽度。

请根据华瑞公司的销售数据，设计区域销售金额、区域回款率两个指标，利用玫瑰图进行可视化图形设计。

思政拓展：大数据技术赋能，为人民健康保驾护航

随着我国科技水平的大幅提升，在新冠肺炎疫情防控工作中，我们利用大数据、云计算等技术武装自己，也将这些技术变为应对疫情的有力武器。大数据技术赋能，为人民健康保驾护航。

大数据在疫情追踪溯源、路径传播、发展模型预测、资源调配等领域广泛应用。基层排查在初期的运行效率并不高，很多地区采用纸质填报，再录入系统，消耗了大量时间和精力，且效果不佳。这种“表格抗疫”间接反映了疫情防控中的薄弱短板，效率低且缺乏相应的技术手段，数据多头来源不一致的现象一度颇为严重。随着技术的进步，以及政府的指导，大数据思维及技术开始被运用到基层。

通过大数据采集技术，架构了全民防疫系统，通过溯源、归纳、细分等思维方式，建立技术屏障，保证在第一时间控制疫情扩展范围，精准防控。通过大数据实时性特点，做到核酸、时空交集等数据的及时推送。

在防疫过程中，我们看到了数据思维、大数据技术对于社会发展的重要作用，也更加深刻地看到中国共产党践行了为人民谋幸福的初心与使命。

项目四
企业战略分析

【学习目标】

□ 能准确分析产业链，明确公司在产业链的位置

□ 能利用宏观环境分析模型，分析公司发展的宏观经济影响因素

□ 能收集相关数据资料，分析公司及上下游企业竞争状况

□ 能收集相关数据资料，分析行业进入壁垒等情况

□ 具备战略思维、创新意识、社会责任感和担当精神

【知识框架】

战略管理是现代企业管理发展的高级阶段。战略管理活动的重点是平衡企业外部环境、内部条件和企业目标之间的关系。企业战略管理需要分析宏观环境、行业环境以及企业内部资源等，进而动态调整战略，以谋求企业的长期生存与发展。

本章企业战略分析的主要知识框架，如图 4－1 所示。

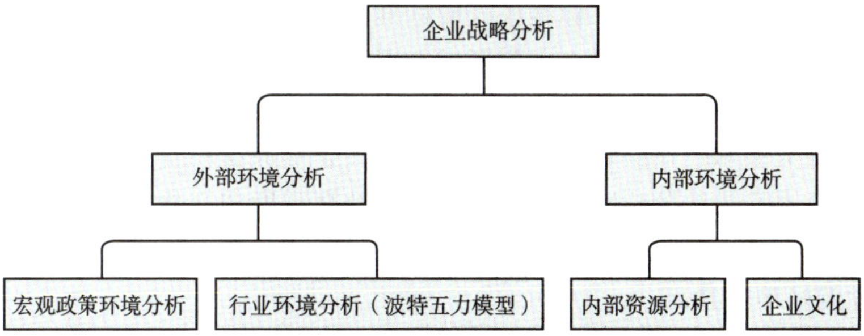

图 4－1　企业战略分析知识框架

任务一　宏观环境分析

【任务案例】

按照《管理会计应用指引第 100 号——战略管理》，企业应关注宏观环境（包括政治、经济、社会、文化、法律及技术等因素）、产业环境、竞争环境等对其影响长远的外部环境因素，尤其是可能发生重大变化的外部环境因素，并进而分析企业所面临的机遇和挑战。

位于长三角的某户外用品有限公司是一家主营户外和露营装备的企业，企业销售总监介绍，明显感觉自从 2020 年 2 月开始，整个行业进入了爆发期。“2010 年企业创立以来，我们的营收常年保持 40% 的年增长，2019 年后进入高速发展阶段，营收增幅超过 100%，2022 年第一季度销售额同比增长更是达到了 160%”，他说，“企业预计 2022 年销售额突破 10 亿元”。

有业内咨询机构预测，2022 年中国露营核心市场规模将首次超过千亿元，到 2025 年，相关数据还有望再创新高。面对突如其来的营业增长，该户外公司拟进行系统性的宏观环境分析，为制定下一步的企业战略奠定基础。

【任务处理】

宏观环境主要由政治环境、经济环境、社会环境和技术环境构成。企业宏观环境是错综复杂的，且难以预测。进行宏观环境分析时，应该有目的、有重点地抓住关键战略环境因素，科学地预测战略因素的发展趋势，发现环境中蕴含的机遇和挑战。

公司在对政治因素进行分析时，主要考虑的因素包括：行业监管政策及制度、所属行业的市场化程度、所属行业的准入资质条件和门槛、政府节能减排生态保护等相关政策的要求对行业的影响、本行业相关的国家标准或行业标准对企业的影响。

公司在对经济因素进行分析时，主要考虑的因素包括：所在国家或地区的中长期发展规划，国家出台的产业扶持政策、财政政策、货币政策以及税收政策、GDP 情况，目标市场所在地主体企业的类型和产业集聚情况，产业链相关企业原材料价格变动情况等。

公司在对社会因素进行分析时，主要考虑居民教育程度和文化水平、宗教信仰、风俗习惯、审美观点、价值观念等因素。具体到某个企业，重点分析用户规模、购物渠道（线上/线下）、消费者偏好等因素。

公司在对技术因素进行分析时，主要考虑企业所处领域直接相关的技术发展、国家对科技开发的投资和支持重点、新技术发展的动态、创新技术在产业场景中的应用、是否存在技术壁垒等因素。

对于宏观环境的分析，可以获取信息的渠道包括：国务院、国家统计局、工业和信息化部、文化与旅游部、商务部、新闻出版总署、国家市场监督管理总局等政府机构的网站，相关研究机构网站等。

【任务处理】

在对企业宏观环境影响因素进行分析时，首先需要分析行业特点。任务案例中，露营是指在一片未开发的、有一定自然风光的土地上，通过帐篷、房车、简易木屋等方式开展的短时户外居住休闲活动。露营地一般配有完整的生活、清洁、游乐设施，有一定服务与安全保障。露营一般具备建立临时生活根据地、需要购买户外产品、进行野餐行为等特点。露营旅游依托短途、轻奢、亲近自然、社交等属性，成为更多游客的选择。

1. 政治环境

从宏观环境分析，在常态化疫情防控背景下，露营成为大众旅游的重要选择，露营可以满足人们短途旅游出行和贴近体验大自然的需求，成了消费者周末、小长假首选。露营经济，作为一种新型的旅游产业模式，既不破坏生态环境，又能带动当地就业与经济发展。因此，国家和地方相继出台针对露营行业发展的各项支持鼓励政策，露营产业迎来了黄金发展期，并成为新的消费增长点。

综合政府网站、官方新闻平台等渠道获取到相关的宏观政策等相关信息，我们可以分析对于露营经济行业的利好政策。

近年来，国家有关部门出台了关于露营产业的相关政策，整理汇总如表 4 – 1 所示。我们可以看到这些政策是有利于行业发展的。特别是《中华人民共和国国民经济和社会发展第十四个五年规划和 2035 年远景目标纲要》发布以来，对于旅游业以及露营产品的鼓励政策也在不断推出。随着露营经济的关注度不断提升以及规模不断扩大，政府将持续推进露营产业的相关政策以进一步规范市场。

表 4 – 1　　近年露营产业相关政策

印发日期	政策	发文机关	相关简要内容
2015 年 10 月 13 日	《休闲露营地建设与服务规范》（GB/T31710 – 2015）	全国休闲标准化技术委员会	提出了休闲露营地通用的基础性规范要求，突出了安全、环保和自助服务等方面；对驾车营地的选址、规划、功能区、服务设施和质量提出了具体要求；对帐篷露营地的分类、选址与布局、服务及质量提出了要求；对青少年营地、结合青少年的身心特点，全面细致的对相关指标进行规定
2017 年 1 月 3 日	《全国国土规划纲要（2016—2030）》	国务院 国发〔2017〕3 号	法令对涉及国土空间开发、保护、整治的各类活动具有指导和管控作用，对相关国土空间专项规划具有引领和协调作用
2017 年 2 月 3 日	《“十三五”现代综合交通运输体系发展规划》	国务院 国发〔2017〕11 号	规划明确提出拓展交通运输新领域、新业态，积极引导交通运输新消费，大力发展自驾车、房车营地，鼓励规划建设一批航空飞行营地、汽车综合营地、山地户外营地和徒步骑行服务站

续表

印发日期	政策	发文机关	相关简要内容
2017 年 7 月 6 日	《汽车自驾运动营地发展规划》	国家体育总局、国家发展改革委、工业和信息化部、财政部、国土资源部、住房和城乡建设部、交通运输部、国家旅游局联合研究制定	推出一批主题鲜明的汽车自驾线路，壮大一批具有影响力的汽车自驾运动营地连锁品牌企业，建成 1000 家专业性强、基础设施完善的汽车自驾运动营地，初步形成“三圈三线”自驾线路和汽车自驾运动营地网络体系
2019 年 10 月 30 日	《产业机构调整指导目录（2019 年本）》	国家发展改革委	鼓励类中包括：三十四、旅游业 1. 旅游装备设备，以及休闲、登山、滑雪、潜水、探险等各类户外用品开发与营销服务
2021 年 4 月 26 日	《“十四五”文化和旅游科技创新规划》	文化和旅游部 文旅科教发〔2021〕39 号	研发基础设施类、休闲体验类、游艺游乐类高端旅游系统装备和专用材料。开展邮轮游艇、自驾车（旅居车）、低空飞行、游乐游艺装置等装备和设施研制。推进夜间文化和旅游产品装备关键技术研发。研发面向冰雪旅游、海岛旅游、山地旅游专用装备及高海拔地区特殊旅游装备。推动低能耗、高安全、智能化的旅游交通装备研制和非接触式服务智能装备和系统研发。推动文化和旅游创意产品开发与现代科技融合发展
2021 月 4 月 29 日	《“十四五”文化和旅游发展规划》	文化和旅游部 文旅政法发〔2021〕40 号	完善自驾有服务体系，推动自驾车旅居车营地和线路建设。认定一批高等级自驾车旅居车营地，推广自驾游精品线路，支持营地合理设置与自驾车旅居车相配套的服务设施。依托铁路、邮轮、房车营地及自驾游等产品和线路，推动形成多程联运的一体化格局
2021 月 12 月 22 日	《“十四五”旅游业发展规划》	国务院 国发〔2021〕32 号	推进自驾车旅居车旅游，实施自驾游推进计划，形成网络化的营地服务体系和比较完整的自驾军旅居车旅游产业链，推进一批自驾车旅居车营地和旅游驿站，合理确定营地和驿站疫情防控责任。加强管理服务，指导游客及时了解并自觉遵守出发地、途径地和目的地疫情防控最新政策

2. 经济环境

在众多衡量宏观经济的指标中，国内生产总值是最常用的指标之一，它是衡量一个国家或地区经济实力的重要指标。

近年来，我国经济飞速发展，GDP 总量也从 2017 年的 8.3 万亿元增长到 2020 年的 10 万亿元，在 2021 年更是达到 11.4 万亿元，五年来我国的 GDP 名义增长率达到 37.3%；与此同时，人均 GDP 也从 2017 年的 6 万元增长到 2021 年的 8 万元，五年来名义增速达到35.9%[①]，我国人均GDP已经超过世界人均GDP水平。

调研分析宏观经济数据，可以通过国家统计局官方网站进行采集，国家统计局是GDP的权威数据来源。

步骤一：确定数据来源。选择国家统计局官方网站（http：//www.stats.gov.cn/）中GDP的数据来源，如图4-2所示。

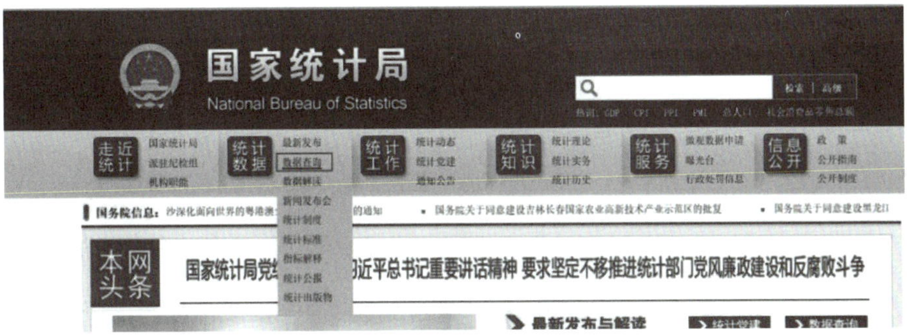

图4-2　国家统计局官网首页

步骤二：界面跳转进入https：//data.stats.gov.cn/index.htm，采集国家统计局—国家数据中的相关数据。

（1）通过导航栏点击“年度数据”。

（2）在搜索框输入GDP，点击“搜索”按键，如图4-3所示。

图4-3　国家统计局—GDP数据来源

步骤三：采集相关数据。

（1）通过左侧菜单进入“国民经济核算”，点击“国内生产总值”。

（2）选择时间区间，对近五年数据进行比对并采集。在右侧时间选择器中选择“最近5年”，如图4-4所示。

步骤四：分析数据。将对下载的数据进行分析，得到可视化图形，如图4-5所示。通过趋势可见，2017—2021年国民总收入、国内生产总值和其他指标项数值持续增长。

通过对宏观环境数据的基本分析，我们可以看到，宏观政策的鼓励以及社会经济层面的

① 数据来源：国家统计局公布的人均GDP数据。

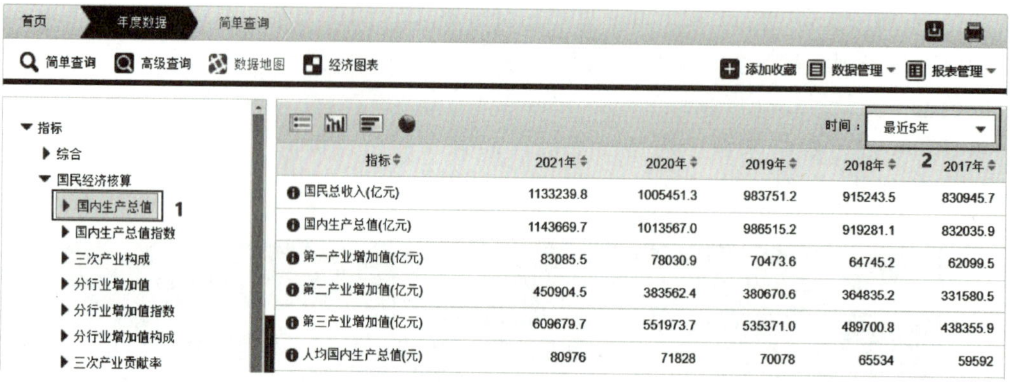

指标	2021年	2020年	2019年	2018年	2017年
国民总收入(亿元)	1133239.8	1005451.3	983751.2	915243.5	830945.7
国内生产总值(亿元)	1143669.7	1013567.0	986515.2	919281.1	832035.9
第一产业增加值(亿元)	83085.5	78030.9	70473.6	64745.2	62099.5
第二产业增加值(亿元)	450904.5	383562.4	380670.6	364835.2	331580.5
第三产业增加值(亿元)	609679.7	551973.7	535371.0	489700.8	438355.9
人均国内生产总值(元)	80976	71828	70078	65534	59592

图 4－4　国家统计局—最近 5 年 GDP 数据

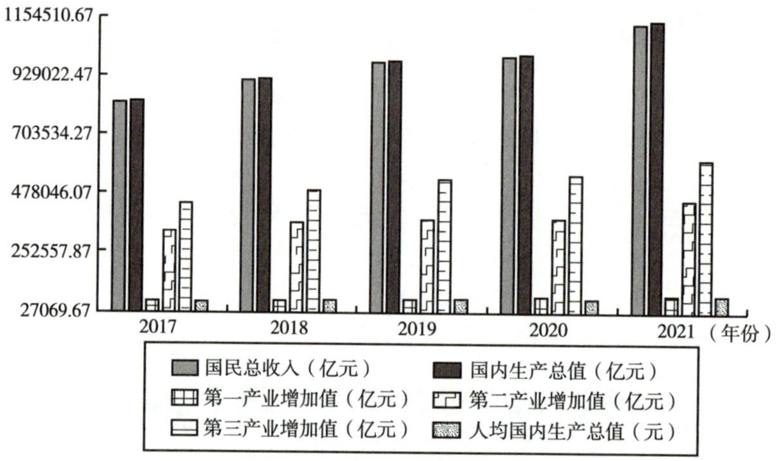

图 4－5　宏观经济数据统计分析

发展，对于露营产业是有利的。国民总收入、第三产业增加值等水平的提升，有利于文化、体育、教育等行业的发展。从政策及社会经济发展角度，催生了近年来露营经济的火爆趋势。除了分析 GDP 数据外，还可以对居民可支配收入等社会因素进行分析，可支配收入越多，人们就越有意愿进行消费。

【任务拓展】

在我国全面建成小康社会后，人民群众旅游消费需求将从低层次向高品质和多样化转变，由注重观光向兼顾观光与休闲度假转变。大众旅游出行和消费偏好发生深刻变化，线上线下旅游产品和服务加速融合。大众旅游时代，旅游业发展成果要为百姓共享，旅游业要充分发挥为民、富民、利民、乐民的积极作用，成为具有显著时代特征的幸福产业。而由于疫情等因素影响，一些室内的娱乐休闲消费又受到一定影响。请思考，这些因素属于宏观环境分析中的哪类因素？

此外，请进入国家统计局网站，采集全国人口普查数据并分析人口发展趋势。基于上述分析结论，进一步分析人口结构对于露营产业的影响。

任务二　行业环境分析

【任务案例】

根据机构的统计数据分析，中国露营经济核心市场规模和带动市场规模均呈现逐年上升的趋势。2021 年，中国露营经济核心市场规模达到 747.5 亿元，同比增长 62.5%；带动市场规模为 3812.3 亿元，同比增长率为 58.5%。预计 2025 年中国露营经济核心市场规模将上升至 2483.2 亿元，带动市场规模将达到 14402.8 亿元。通过数据，我们观察到整体市场规模性增长，根据数据预测，还可以看到未来至 2025 年整体产业规模的不断升级。

请基于露营行业的发展态势，挖掘相关的行业数据信息，并进行产业链的调查研究，绘制露营产业链图谱，厘清相关的产业链布局，进一步分析行业的竞争水平以及上下游企业的市场议价能力。

【任务处理】

行业环境分析的目的在于分析行业的盈利能力与发展能力。影响行业盈利能力与发展能力的因素有许多。从战略管理的层面来看，可采用波特“五力”模型进行分析。

波特“五力”模型是迈克尔·波特于 20 世纪 80 年代初提出的，他认为行业中存在着决定竞争程度的五种力量，分别为：同行业内现有竞争者的竞争能力、潜在竞争者进入的能力、替代品的替代能力、供应商的讨价还价能力与购买者的议价能力，如图 4－6 所示。波特“五力”模型用于竞争战略的分析，可以有效地分析竞争环境。

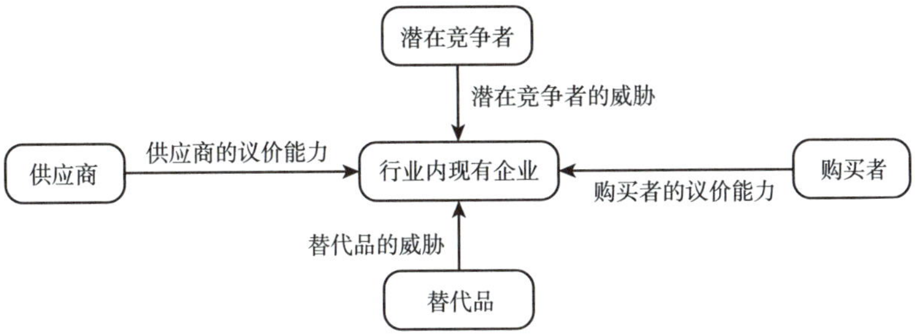

图 4－6　波特“五力”模型

本任务主要对行业内现有竞争者的竞争能力、供应商的讨价还价能力与购买者的议价能力三种力量进行分析。

1. 行业内现有竞争者的竞争能力

可能表明行业中现有企业之间竞争加剧的因素包括：

①行业进入障碍较低，势均力敌的竞争对手较多，竞争参与者范围广泛；

②市场趋于成熟，产品需求增长缓慢；

③竞争者倾向于采用降价等手段促销；

④产品标准化程度高，竞争者提供几乎相同的产品或服务，用户转换成本很低。

2. 供应商的讨价还价能力

供应商讨价还价能力的强弱主要取决于他们所提供的要素在买方产品价值中所占比重及对产品质量的影响程度。当供应商所提供的投入要素构成了买方产品总成本的较大比例、对买方产品生产过程非常重要、或者对买方产品的质量非常重要时，供应商对于买方的潜在讨价还价能力就大大增强。一般而言，供应商讨价还价能力影响因素如下：

①供应商行业的竞争程度。供应商行业为一些企业所控制，竞争水平越低，则供应商讨价还价能力越强。

②产品标准化程度。供应商企业的产品具有一定特色，买方越难转换或转换成本越高，则供应商讨价还价能力越强。

③前向联合或一体化程度。供应商企业越容易通过投资控制买方企业实行前向联合或一体化，而买方企业越难通过投资等方式进行后向联合或一体化，则供应方讨价还价能力越强。

3. 购买者的议价能力

购买者议价能力的强弱主要取决于他们购买的产品在公司产品销售收入中所占比重及对所提供产品质量水平的要求程度。购买者主要通过降低价格与要求提供较高的产品或服务质量的能力，来影响行业中现有企业的盈利能力。购买者议价能力影响因素如下：

①购买者购买产品占卖方销售量的比例。比例越高，则购买者议价能力越强。

②卖方行业的竞争程度。若卖方行业越多地由相对规模较小的企业组成，则购买者议价能力越强。

③产品的差异化程度。如购买者所购买的是标准化产品，且同时向多个卖方购买产品在经济上是完全可行的，则购买者议价能力较强。

④后向联合或一体化程度。购买者企业可能越容易通过投资控制卖方企业实行后向联合或一体化，而卖方企业越难通过投资等方式进行前向联合或一体化，则购买者议价能力越强。

如前所述，影响产业链上下游（供应商、行业本身、购买者）议价能力及竞争能力的因素很多。行业集中度是用以测度行业竞争能力的重要指标之一。行业集中度是决定市场结构最基本、最重要的因素，集中体现了市场竞争和垄断程度。行业集中度有很多测度指标，其中行业集中率是常用的集中度计量指标。CRn 指数（Concentration Ratio）是指某行业相关市场内前 n 家最大的企业所占市场份额（产值、产量、销售额、销售量、职工人数、资产总额等）的总和，是对整个行业市场结构集中程度的测量指标。当行业内少数几家企业拥有绝大多数市场份额时，这几家企业就可以凭借垄断地位获得较高毛利水平，而其他企业的经营状况则处于劣势地位。但如果行业内企业集中度水平不高，则行业在与上下游企业谈判中会处于相对劣势地位，因而行业毛利率水平整体会相对偏低。行业集中度指数一般以某一行业排名前 4 位企业的销售额（或销售量等数值）占行业总销售额（或销售量等数值）的比例来度量，即 CR_4 指数。CR_4 越大，说明这一行业的集中度越高，市场竞争越趋向于垄断；反之，集中度越低，市场竞争越激烈。

在实际分析时，可以根据不同年度的行业集中率变化情况，推断行业市场竞争趋势变化情况。如果某一行业近五年 CR_4 分别为 30%、35%、40%、43%、50%，呈现持续上涨趋势，则表明优势企业通过渠道和价格等手段在扩大市场占有率，竞争能力越来越强，而其他企业的竞争优势在逐渐丧失；如果某一行业 2017—2021 年度 CR_4 分别为 60%、62%、60%、59%、60.5%，呈现相对稳定趋势，则表明市场竞争结构相对稳定，行业领先者的优势地位已经建立。

当然，在具体分析时，也可以基于具体情况用 CR_2 指数①、$CR_6$②指数等进行分析。

【任务实施】

任务案例中，需要绘制露营产业链图谱，并分析上游行业讨价还价能力及露营行业竞争能力。

行业环境分析系统实操

1. 绘制露营产业链图谱

步骤一：收集露营模式信息。

通过获取网络数据资源，我们可以对露营产业进行细分，主要的露营模式可以分为帐篷露营、营地露营、精致露营以及房车露营，如表 4－2 所示。

表 4－2　　露营模式主要分类

露营模式主要分类	
帐篷露营 帐篷露营是指带着帐篷徒步或驾驶车辆到达露营地点，通常在山谷、湖畔、海边、露营者可以烧烤、野炊，这也是较为平常的露营活动	营地露营 露营地往往建设在远离城市的、贴近大自然的区域，提供给人们自由、随意、放松的娱乐休闲体验。露营地通常会有几大区域：生活区、娱乐区、商务区等
精致露营 精致露营又称豪华露营、轻奢露营，相对于传统露营，精致露营更注重仪式感，同时对营地环境、装备风格、饮食、露营美学、娱乐设施有较高要求	房车露营 房车露营是指驾驶房车进行的露营活动。房车本身就具备床铺、厨房、卫生间等生活必备的空间设施，具备电力及相关供暖等资源。相对而言，舒适度较高

步骤二：收集上下游信息，绘制产业链图谱。

露营行为主要特点有建立临时生活根据地、需要过夜和购买户外产品、野餐、贴近大自然、新型生活方式等。通过了解露营产业必备资源，分析产业链上下游，绘制出产业链图谱，如图 4－7 所示。

露营产业链所涉及的上下游企业较多。产业链中，包括上游的露营装备、露营场地、建设方，中游包括硬件设施、服饰、装备等，下游包括露营视频、服务、相关衍生品等。

2. 供应商讨价还价能力分析

通过广泛调研，对于行业竞争程度可以从行业集中度进行分析测算。聚焦产业链上游，主要由户外用品供应商组成，包括户外用品品牌商与代工厂，其主要研发生产包括露营帐篷、睡袋、户外服饰等在内的一系列户外用品。本部分主要以上游的露营装备模块为例进行分析。

① 以某一行业排名前 2 位企业的销售额（或销售量等数值）占行业总销售额（或销售量等数值）的比例来度量。

② 以某一行业排名前 6 位企业的销售额（或销售量等数值）占行业总销售额（或销售量等数值）的比例来度量。

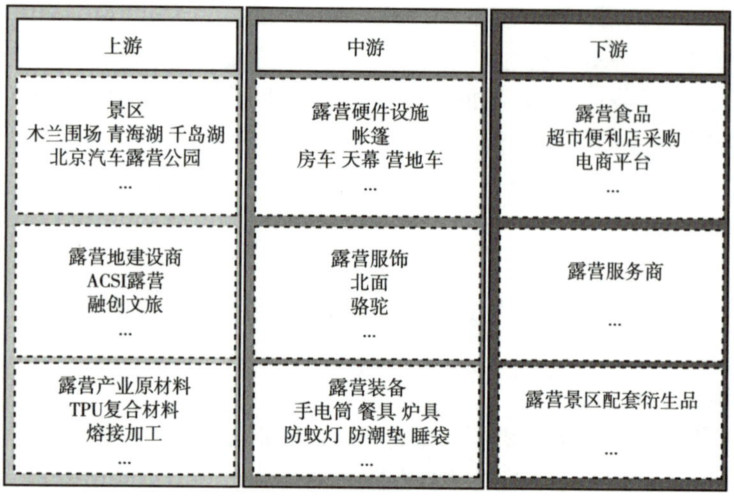

图 4－7　露营产业链图谱

步骤一：采集信息。

通过大数据软件工具，指定上游的露营装备模块进行分析，采集相关企业包括浙江永强、浙江自然、牧高笛、开润股份、先锋新材、玉马遮阳等公司的 2017—2021 年财务报表数据，并对利润表中的营业收入进行数据处理，如表 4－3 所示。

表 4－3　　上游露营装备企业 2017—2021 年营业收入　　金额单位：元

年份 / 供应商	2021 年	2020 年	2019 年	2018 年	2017 年
浙江永强	8150809678.56	4954634738.81	4685206318.47	4386103508.27	4536324566.44
浙江自然	842441991.88	581336299.27	544949443.90	508517746.30	424553793.32
牧高笛	923257489.11	642737354.97	529393579.51	551290394.01	515957414.65
开润股份	2288965219.73	1943814261.07	2694818584.84	2048070223.36	1162436610.54
先锋新材	306256010.49	275721490.77	450181969.11	586967179.08	688800571.33
玉马遮阳	520378482.16	385011656.29	383586995.89	321846114.39	256165348.36

步骤二：处理并汇总统计前六名企业市场份额占比。

在露营装备模块中，采集市场占有率较高公司的营业收入数据，统计分析市场占比情况，如表 4－4 所示。

表 4－4　　露营产业上游装备企业市场份额

年份 / 供应商	2021 年	2020 年	2019 年	2018 年	2017 年
浙江永强	62.54%	56.41%	50.44%	52.20%	59.81%
浙江自然	6.46%	6.62%	5.87%	6.05%	5.60%
牧高笛	7.08%	7.32%	5.70%	6.56%	6.80%
开润股份	17.56%	22.13%	29.01%	24.37%	15.33%

续表

供应商＼年份	2021 年	2020 年	2019 年	2018 年	2017 年
先锋新材	2.35%	3.14%	4.85%	6.99%	9.08%
玉马遮阳	3.99%	4.38%	4.13%	3.83%	3.38%

上游露营装备生产行业公司数量较少，市场集中度高。

计算浙江永强与开润股份的整体市场占比合计，近 5 年都占到 75% 以上，且呈现行业集中度越来越高态势。其中，浙江永强行业市场份额最高，并逐年上升，所以其议价能力最高，如表 4－5 所示。

表 4－5　　浙江永强与开润股份市场份额合计

供应商＼年份	2021 年	2020 年	2019 年	2018 年	2017 年
浙江永强	62.54%	56.41%	50.44%	52.20%	59.81%
开润股份	17.56%	22.13%	29.01%	24.37%	15.33%
合计	80.11%	78.54%	79.46%	76.57%	75.14%

步骤三：进行可视化分析。

通过大数据软件工具进行数据处理，得到相关的可视化图形。按时间维度进行分析，选择组合图进行可视化图形设计。

（1）以堆积柱形图体现上游露营装备企业的收入情况。要求：①能够分不同颜色看到各企业的收入情况；②能够根据柱形高度看到整体行业收入随时间变化的趋势。

（2）以组合图体现行业内不同企业的营业收入及市场占比情况，如图 4－8 所示。

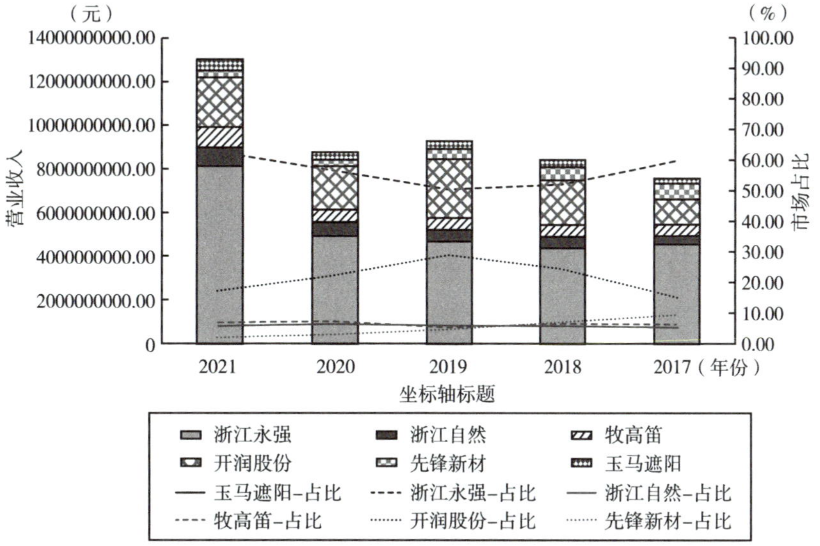

图 4－8　行业内不同企业的市场占比

通过可视化图形，可以清楚看出 2021 年行业销售情况增长明显。浙江永强、开润股份的行业占比较高，整体上游露营装备行业的市场集中度较高。收入占比较高的企业具有较强的讨价还价能力。

3. 行业竞争能力分析

步聚一：市场规模与发展前景分析。

市场规模越大，行业内企业发展越好，也会在一定程度上缓解行业内企业竞争程度。通过研究报告等信息来源可以收集露营市场规模及市场前景等相关信息。

在人均收入稳步增长的大环境下，人们对生活质量与户外活动的需求逐年上涨，由于疫情对于室内旅游休闲市场的影响，国内露营产业从 2020 年开始起步。之后，在露营产业政策的支持下，各大纺织品、户外运动厂商纷纷披露露营产业的发展计划，提升露营装备销量或销量占比，市场热度得以持续。

通过收集机构研究报告信息，预计 2025 年中国露营经济核心市场规模将上升至 2483.2 亿元，带动市场规模将达到 14402.8 亿元。露营市场规模呈现上升趋势。

同时，可收集社区及各类销售渠道信息。携程社区的数据中，2021 年以来包含“露营、野炊、野营”相关内容的发布量同比上涨逾 400%，阅读量增长超 11 倍。携程发布的《2021 年中秋假期旅游数据报告》显示，在中秋期间露营产品订单量相较今年端午假期增长近 50%。2021 年国庆期间，马蜂窝平台上“露营”的搜索热度上涨了 200%，小红书上的露营笔记同比增长了 1116%，双 11 度假野营类目成交金额同比增长 98.6%。天猫数据显示，2021 年上半年国货露营装备的销售额同比增长超 100%。

经过各渠道信息收集与分析，可以认为国内露营行业市场规模呈现扩大趋势，发展前景良好。

步骤二：收集 2017—2021 年的行业内企业市场份额信息，如表 4－6 所示。

表 4－6　　行业内企业营业收入　　单位：元

	2017 年	2018 年	2019 年	2020 年	2021 年
天涯户外	351395708.08	420334022.60	452286877.79	567487848.35	885537570.12
绿营者	2033531402.98	1691684418.94	1511223113.12	912175256.51	1242687502.74
自然佳	124672792.34	174637298.17	164589011.10	298283740.31	334901233.29
万翼股份	254789119.52	312389210.75	284729302.42	302019284.20	419308405.31
新阳体育	234758291.80	273849182.38	263829182.72	283182923.64	391273892.12

步骤三：计算并汇总行业内竞争企业市场份额占比，如表 4－7 所示。

表 4－7　　行业内企业市场份额占比

	2017 年	2018 年	2019 年	2020 年	2021 年
天涯户外	11.72%	14.63%	16.90%	24.01%	27.05%
绿营者	67.80%	58.88%	56.46%	38.60%	37.96%
自然佳	4.16%	6.08%	6.15%	12.62%	10.23%
万翼股份	8.50%	10.87%	10.64%	12.78%	12.81%
新阳体育	7.83%	9.53%	9.86%	11.98%	11.95%

步骤四：对行业内企业2017—2021年市场份额占比情况，选择组合图，进行可视化图形设计，如图4-9所示。

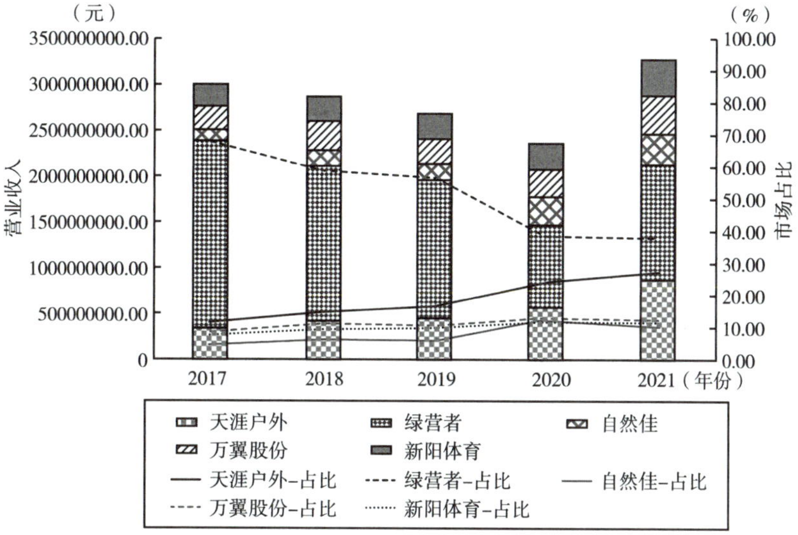

图4-9 行业内企业市场份额占比可视化图形

通过可视化图形可以看到，整体行业在2021年呈现快速上升趋势。2017年，绿营者公司整体市场占比最高，为67.8%，之后呈现明显下降趋势。2017—2021年，天涯户外公司的市场占比却逐年上升。2021年，天涯户外与绿营者公司在市场占比方面逐步接近，合计的市场份额占比65.01%。通过图4-9可以看出，露营产业行业集中度水平越高，公司排名越靠前，与上下游企业的议价能力就越高，在露营装备成本上升时，就越有可能转移成本压力。

【任务拓展】

对于产业集中度分析，除了前文提到的CRn指数外，还可采用赫芬达尔—赫希曼指数（简称赫芬达尔指数）。它是指一个行业中各市场竞争主体所占行业总收入或总资产百分比的平方和，用来计量市场份额的变化，即市场中厂商规模的离散度。具体公式如下：

$$HHI = \sum_{I=1}^{N} \left(\frac{X_i}{X}\right)^2$$

X：市场总规模。

X_i：i 企业的规模。

N：该行业内的企业数。

例如，当某行业有四家企业，市场份额分别为0.4，0.2，0.3，0.1，则HHI指数为0.3。计算得出，HHI = 0.4×0.4 + 0.2×0.2 + 0.3×0.3 + 0.1×0.1 = 0.3。

当行业里面只有一家企业，该指数为1；但如果行业中的企业无限多，也就是每一家企业的占比都非常小，则该指数接近于0。该指数越大，表明市场集中程度越高，垄断程度越高。在实际计算的时候，一般会把这个指数乘以10000，以方便计算。

请讨论并分析，如需计算露营行业的赫芬达尔—赫希曼指数，需要收集哪些信息？

任务三　潜在竞争者进入能力分析

【任务案例】

露营产业的迅速发展，吸引了诸多资本的投入。新探索户外运动公司是致力于户外运动、相关配套装备、露营帐篷、充气垫等产品的企业，虽然近两年行业发展较好，但分析潜在的竞争者对于公司战略分析意义重大。

露营装备相关企业之前以出口代加工为主，但随着产业升级，露营装备的科技含量也在不断升级。新探索公司已经加大研发投入，不仅加大研发相关的工艺，还在开发自有品牌产品。

请你通过对现有帐篷生产企业研发费用投入的分析，预测行业新进入者可能存在的技术壁垒。

分析帐篷主要生产企业近年来研发费用情况：

（1）计算 2017—2021 年度帐篷主要生产企业研发投入比率。

（2）绘制 2017—2021 年度市场占有率前两名企业研发费用折线图。

（3）分析新企业进入是否存在技术壁垒。

【任务处理】

潜在竞争者进入的能力主要取决于行业进入壁垒。行业进入壁垒越高，则潜在竞争者进入的能力越弱。进入壁垒是企业要进入新的行业时必须承担的额外成本。进入壁垒的高低，既反映了市场内已有企业优势的大小，也反映了新进入企业所遇障碍的大小。进入壁垒的高低是影响该行业市场竞争关系的一个重要因素，同时也是对市场结构的直接反映。常见的壁垒因素主要包括品牌、资本、技术与渠道等方面。

品牌壁垒是指客户对于某一企业的产品具有较高忠诚度或消费偏好，新企业进入时很难获得客户资源，形成进入壁垒。

当行业需要大规模投资才能获得收益时，资本就会成为新进入者的重要壁垒因素。

技术壁垒是指行业内现有企业拥有知识产权、专利技术、创新生产工艺、特殊技术人才，从而形成新进入企业的壁垒。

渠道壁垒是指行业内现有企业可能控制了高质量或低成本的供应商渠道，或者相对重要的销售渠道，或者二者兼而有之，从而阻碍了新企业的进入。

就露营帐篷行业而言，低端产品的工艺和技术要求不高，高端产品的技术门槛较高，在材料、工艺和技术方面都要求较高，无形中为新进入企业构建了进入壁垒。任务案例中，可以用研发费用的投入来测度行业进入壁垒。

【任务实施】

潜在竞争者分析系统实操

任务案例中，露营帐篷生产行业进入壁垒分析步骤如下。

步骤一：采集研发费用数据信息。

通过上市公司年报，获取露营帐篷主要生产企业浙江永强、浙江自然及牧高笛三家公司2012—2021年的研发费用数据。

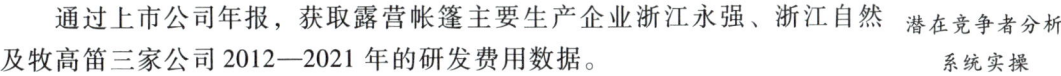

步骤二：整理分析相关数据信息。

对浙江永强、浙江自然、牧高笛2012—2021研发费用和营业收入数据进行整理。通过数据清洗、数据整理形成较为清晰完整的数据格式，如表4－8所示。

表4－8　浙江自然、浙江永强、牧高笛（2012－2021）收入与费用数据　（单位：万元）

公司	科目	2021	2020	2019	2018	2017	2016	2015	2014	2013	2012
浙江自然	营业总收入	84240	58130	54490	50850	42460	33880	0	0	0	0
	营业总成本	60640	41930	39950	39150	37500	26600	0	0	0	0
	研发费用	2962	2080	1962	1842	1519	1383	0	0	0	0
浙江永强	营业总收入	815100	495500	468500	438600	453600	379200	354100	33	302200	275900
	营业总成本	781000	436400	436100	432700	448700	355600	337900	318500	274000	249400
	研发费用	22260	19170	18090	10440	8119	0	0	0	0	0
牧高笛	营业总收入	92326	64274	52940	55130	51600	43070	45500	43200	39770	31590
	营业总成本	83940	59160	48490	49660	46130	36510	38540	38340	34190	26980
	研发费用	2540	2139	771	925	632	0	0	0	0	0

步骤三：计算研发费用率。

研发费用率也被称为研发投入强度，反映了企业为了发展而投入的研发成本。

研发费用率计算公式如下：

研发费用率＝研发费用÷营业收入

以浙江自然2021年研发费用率为例：

研发费用率（浙江自然2021）＝2962÷84240＝35.16%

汇总计算研发费用率，如表4－9所示。

表4－9　2017—2021研发费用率

	2021年	2020年	2019年	2018年	2017年
浙江永强	2.73%	3.87%	3.86%	2.38%	1.79%
浙江自然	3.52%	3.58%	3.60%	3.62%	3.58%
牧高笛	2.75%	3.33%	1.46%	1.68%	1.22%

步骤四：进行可视化设计。

（1）将研发费用率通过折线图进行展示，基于时间趋势完成相关行业竞争对手公司比较分析。

（2）形成可视化图形，时间作为维度，研发费用率作为指标进行设计，如图 4 - 10 所示。

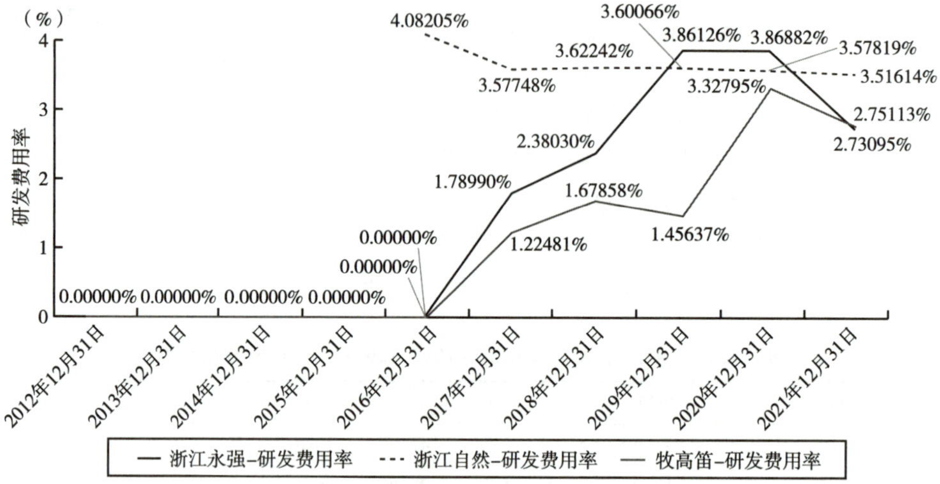

图 4 - 10　露营帐篷研发费用率可视化图形

我们可以直观地看到该行业本身的研发费用率占比并不高，在 2017 年之前基本没有研发费用，后续 2017—2020 年研发投入相对增长，但 2021 年又有所下降。从资本投入和技术投入的视角来看，国内露营帐篷行业还未形成有效的行业壁垒。

除研发费用占比分析外，还可以基于知识产权的专业数量进行技术壁垒分析。以牧高笛为例，通过国家知识产权局专利信息①或天眼查等公开信息平台，采集并分析相关的专利情况，如图 4 - 11 所示。

序号	申请日	专利名称	专利类型	专利状态	申请号	公开（公布）号	公开（公告）日
7	2021-12-10	百叶篷（屏风式GFA30744A）	外观专利	授权	CN202130817382.8	CN307330322S	2022-05-10
8	2021-12-10	泳池篷（GFS20229A）	外观专利	授权	CN202130817463.8	CN307328759S	2022-05-10
9	2021-12-10	泳池篷（GFS20316A）	外观专利	授权	CN202130817457.2	CN307328758S	2022-05-10
10	2021-12-10	泳池篷（GFM20413A）	外观专利	授权	CN202130817456.8	CN307328757S	2022-05-10
13	2021-12-10	百叶篷（玻璃移门GFA30790B）	外观专利	授权	CN202130817430.3	CN307330324S	2022-05-10
25	2021-10-14	帐篷架快速组装结构	实用新型	授权	CN202122475885.9	CN216476646U	2022-05-10
29	2021-05-11	一种秋千椅及采用帐篷架结构的秋千	实用新型	授权	CN202121000788.8	CN216454159U	2022-05-10
35	2020-06-22	一种遮阳帐篷	发明专利	授权	CN202010575117.8	CN111764695B	2022-03-25
44	2021-07-26	一种遮阳篷百叶开合结构用传动装置	实用新型	授权	CN202121705699.3	CN216110041U	2022-03-22
46	2021-07-26	一种遮阳篷用快装式侧边百叶隔断机构	实用新型	授权	CN202121707557.0	CN216110476U	2022-03-22
47	2021-07-26	一种顶部可折叠收合的遮阳篷	实用新型	授权	CN202121707550.9	CN216110042U	2022-03-22
48	2021-07-23	一种具有遮阳篷布轨道快速调节机构的帐篷	实用新型	授权	CN202121688931.7	CN216110039U	2022-03-22
49	2021-07-23	一种可延伸顶篷结构的汽车篷	实用新型	授权	CN202121688930.2	CN216109967U	2022-03-22
50	2021-07-23	百叶篷快速安装结构	实用新型	授权	CN202121689747.4	CN216110040U	2022-03-22
61	2021-07-26	一种采用悬浮百叶固定结构的遮阳篷	实用新型	授权	CN202121707560.2	CN215802762U	2022-02-11
74	2020-12-10	一种折叠帐篷的篷檐结构	实用新型	授权	CN202022937803.3	CN215803658U	2022-02-11
75	2021-07-01	一种具有可收合遮阳篷结构的沙发	实用新型	授权	CN202121495755.5	CN215456764U	2022-01-11
81	2021-03-31	一种帐篷管连接结构	实用新型	授权	CN202120657055.5	CN215487044U	2022-01-11

图 4 - 11　专利数据

牧高笛公司专利数据，除 2015 年外，整体专利数量较少，且以实用新型专利为主，说明本行业技术壁垒水平较低，如图 4 - 12 所示。

以浙江永强为例，浙江永强公司自 2002 年起，共拥有专利 1037 项，其中与帐篷相关的专利有 139 个，进一步分析其专利分类，实用新型 85 个，外观专利 49 个，发明专利 5 个，通过可视化饼图体现占比趋势，如图 4 - 13 所示。

浙江永强的授权专利中，实用新型和外观专利占比较高，约占 95%，发明专利较少，说明整体技术壁垒不强。综上，国内露营帐篷行业进入壁垒偏弱，可以通过增强品牌壁垒或加大研发投资进行壁垒构建。

---

① https：//pss - system. cponline. cnipa. gov. cn/conventionalSearch。

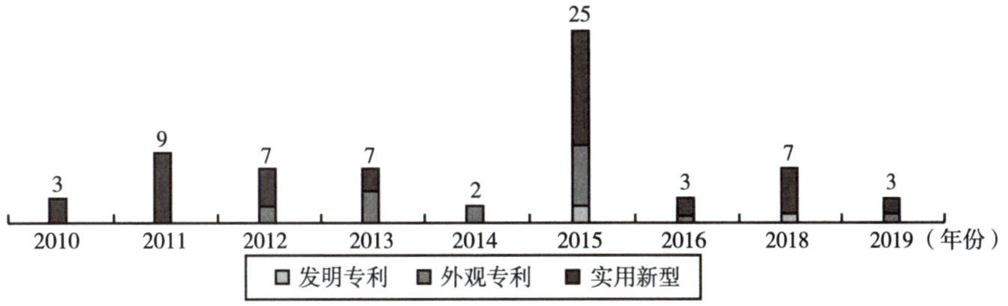

图 4－12　牧高笛专利申请趋势

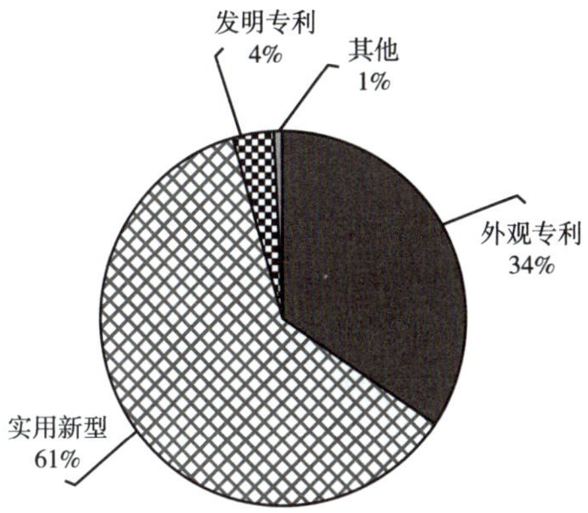

图 4－13　浙江永强专利类型占比

【任务拓展】

销售渠道也是新进入企业通常会面临的重要壁垒。国内露营帐篷企业之前一般以销定产，与品牌客户有着稳定的联系，近年来才逐渐建立自有品牌。因而建立销售渠道，构建与知名户外品牌公司的合作关系，是新进入企业必须解决的重要问题。户外运动对于安全性能、质量等要求较高，防水、防晒、抗冲击能力等质量要素是影响帐篷销量的关键因素，大量的研发投入是新进入企业面临的重要问题。

请你收集相关露营行业企业销售渠道的信息，整理并总结销售主要渠道，并将不同渠道销售壁垒进行比较，系统分析销售渠道的壁垒情况。

任务四　企业内部环境分析

【任务案例】

天涯户外公司主营户外用品，目前产品线主要包含运动服装、帐篷、餐桌、露营拉车、箱包、户外用品等。

在经营过程中运动服装的整体销量较高，但利润率相对比较低，近两年来户外露营产品销量上升，盈利状况有较大改善。公司管理层计划进行全面的企业战略规划，调整产品线和销售方向，以创造更大的盈利空间。

请你结合企业实际的内部环境数据，在宏观环境和行业数据分析的基础上，综合分析企业的现状，并形成企业战略分析策略。

【任务处理】

企业内部资源对于企业战略规划意义重大。

企业内部资源可分为三类。

（1）有形资源，主要指企业内部各类有实物形态的资产，主要包括企业的存货、厂房、设备、金融资产等。

（2）无形资源，主要指企业的商誉、品牌形象、专利权和企业文化等。

（3）人力资源，主要指企业内部人员的素质、能力等。

上述企业资源，有的已列入企业财务报表中，但有的并未在财务报表中予以核算。例如企业文化、品牌、人力资源等资源，都未能在财务报表中予以体现。但是这些资源在企业战略规划与实施中都是非常有效的支撑资源。

在分析企业内部资源过程中，分析人员可以从企业各类业务发展情况进行分析。各类产品的营业收入规模及增长体现了业务的增长潜力。在财务指标中，毛利率被定义为单位产品的利润。毛利率高，可以在一定程度表明某类产品有较好的盈利能力。

企业内部环境分析系统实操

【任务实施】

步骤一：采集公司2021年内部主营产品的数据，并进行整理，如表4-10所示。

表4-10　　天涯户外公司2021年年报主营产品经营数据

2021/12/31	主营构成	销售收入（元）	收入比例	销售成本（元）	成本占比	销售利润（元）	利润比例	销售毛利率
按产品分类	服装类	321100000	57.80%	140500000	50.89%	180600000	64.62%	56.24%
	鞋袜类	97770000	17.60%	48330000	17.51%	49440000	17.69%	50.56%
	户外服务	64320000	11.58%	40940000	14.83%	23380000	8.37%	36.35%
	装备类	62460000	11.24%	38700000	14.02%	23760000	8.50%	38.04%
	口罩类	9900000	1.78%	7610000	2.76%	2290000	0.82%	23.13%

步骤二：进行可视化设计与分析。

将表格数据进行数据可视化处理，建议采用组合图方式进行设计，可直观比对金额与比例趋势，如图4-14所示。通过可视化图形，发现服装类为主要经营业务，而装备类的整体销售收入较低。

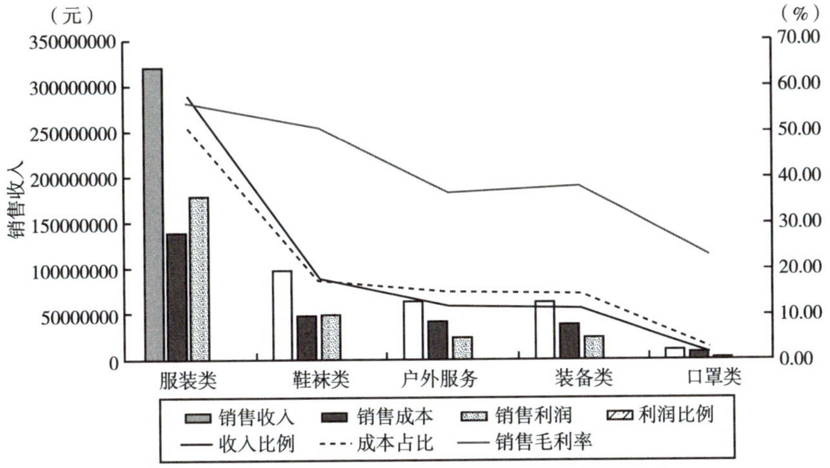

图 4－14　2021 年天涯户外产品分类经营数据

除分析当年数据外，需要对前几年数据进行对比分析。基于以上产品分类，通过2019—2021 年销售收入、销售成本和销售利润的图形，分析该企业按时间发展的趋势，如图 4－15 所示。针对天涯户外的产品经营情况，我们可以通过产品品类看到，为应对疫情，公司在 2020 年增加了口罩类产品销售，且当年的销售收入与毛利率都较高。但口罩类产品的销量随着疫情平稳，在 2021 年有所下降。通过可视化图形还可以看到，主营业务中服装类收入占比最高，但装备类产品的销售收入贡献率相对较低。

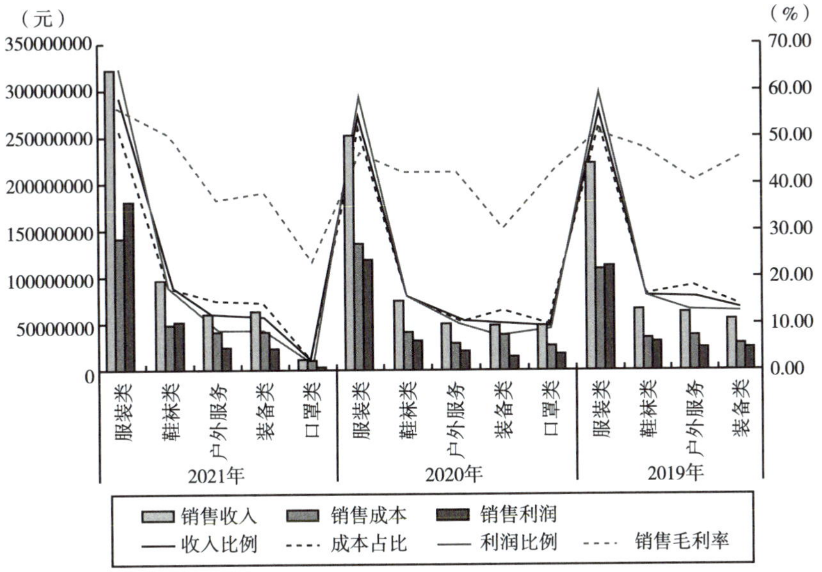

图 4－15　2019—2021 年天涯户外产品分类经营数据对比分析

可以看出，天涯户外公司在经营过程中，不断调整产品战略。企业披露的年报中，该公司不断延伸销售渠道，成立品牌商品运营团队，覆盖零售等一体化的精细化运营管理体系，提升消费者购物体验。聚焦优势领域，研发销售专业优质户外运动用品，收购其他运动品牌核心商标及34个相关商标和25项专利、4项专有技术等IP中国区所有权项目。针对研发相关情况，采集2019—2021年数据进行分析，得到数据表，如表4－11所示。

表4－11　研发状况统计表

	2019年	2020年	2021年
研发人员数量（人）	43	39	49
研发人员数量占比	5.57%	3.47%	5.70%
研发费用（元）	10872775.54	9721678.50	10917092.01
研发投入占营业收入比例	2.70%	2.08%	1.97%

选择条形图，建立可视化图形，进行对比分析，通过趋势图可以看出，2019—2021年整体研发投入占营业收入比例小幅降低，整体研发人员数量在2020年降幅较大，在2021年有所回升。如需扩大自有品牌产品研发，需要增大研发投入及人员配比，如图4－16所示。

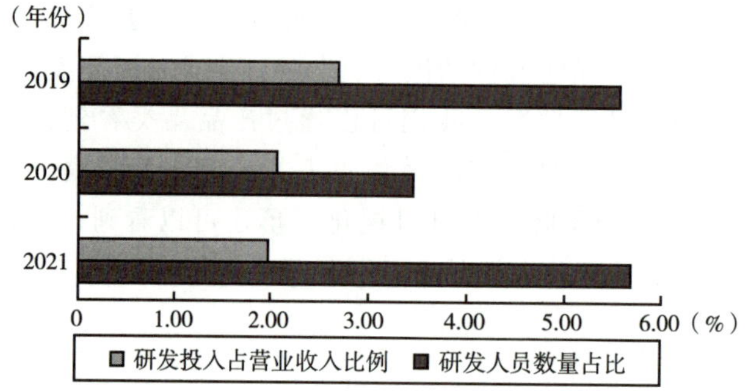

图4－16　2019—2021天涯户外研发投入比与研发人员数量占比图

如图4－17所示，研发人员的学历结构以大专以上学历为主，但研发人员高中学历占比24%相对较高，需要逐步提升研发人员的学历水平。

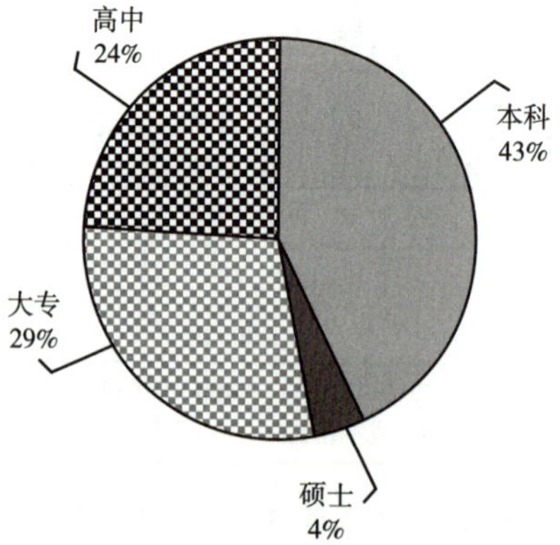

图4－17　2021年天涯户外研发人员学历结构

分析研发人员年龄趋势，可以看到研发人员以30—40岁为主，在2021年的招聘中，增加了30岁以下年轻研发人员的占比，人力资源有所优化提升，如图4－18所示。

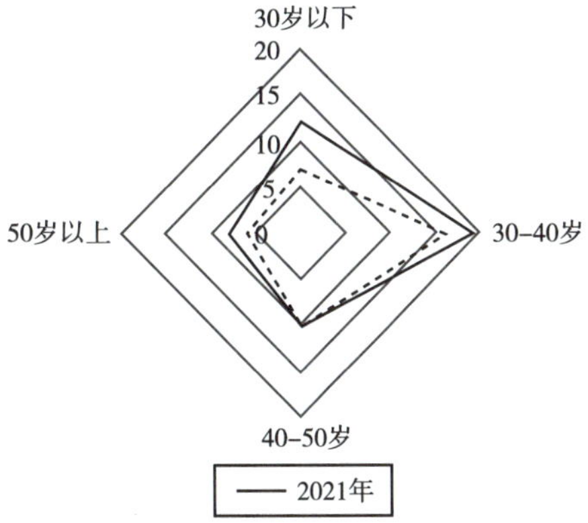

图 4－18　2020—2021 研发人员年龄结构

内部环境数据分析可视化大屏（图 4－19）

步骤三：形成可视化大屏。

将企业内部环境数据进行进一步可视化综合处理，形成可视化大屏，可以直观观察企业内部环境动态情况，如图 4－19 所示。

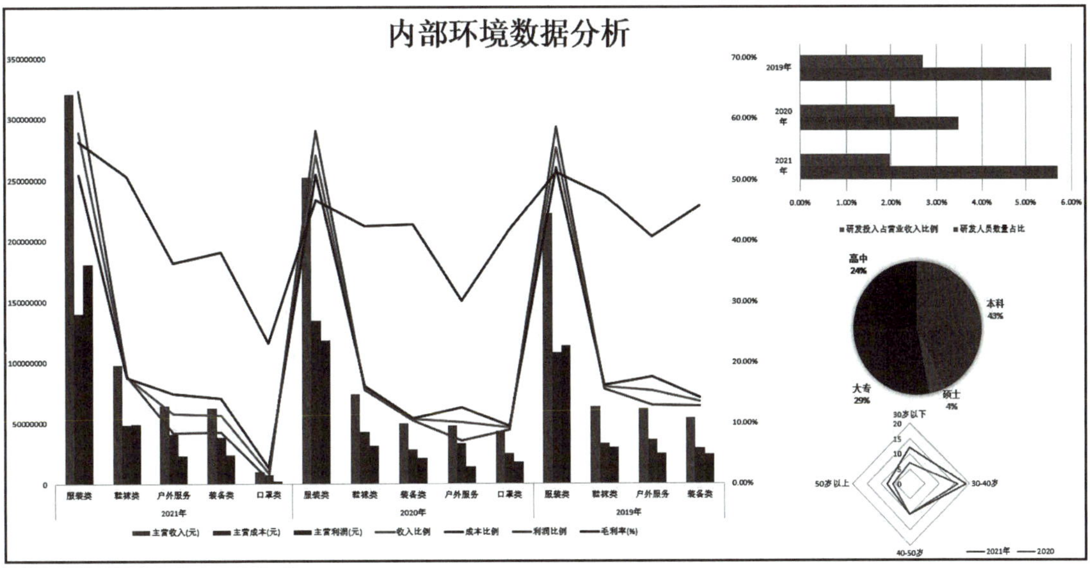

图 4－19　内部环境数据分析可视化大屏

企业文化也是公司内部环境分析的重要因素，通过数据采集，了解到该企业秉承“诚信经营，保证售后”的经营理念，以及“运动、快乐、梦想”的公司宗旨，持续健康快速发展，构建线下线上零售＋体验综合店、户外活动赛事组织、户外运动营地设计建设运营和青少年户外体验教育培训等户外产品和服务一体化的整合商业模式，全力打造户外产业生态圈，推动中国户外产业发展，促进全民运动健康。积极的企业文化对公司的持续健康发展起到基础性推动作用。

对企业战略进行分析，需要综合考虑宏观环境、行业市场环境以及整体行业进入壁垒等因素，结合企业自身内部环境进行系统性战略分析及判断。需要进行整体的数据资源整合，建立数据间的关联关系，分析外部、内部环境的影响，给出更合理的建议。以天涯户外为例，需要从宏观环境分析出发，洞察行业整体发展趋势，分析企业内部资源，进而调整主营产品类别、研发投入比例以及扩展销售渠道和规模形式，不断应对发展过程中的挑战。

【任务拓展】

在制定公司战略过程中，需要结合自身环境与竞争对手企业进行综合对比分析。请你以天涯户外与牧高笛、浙江永强三家公司的有形资源、无形资源以及人力资源情况进行对比分析，形成数据可视化大屏。并结合整体宏观环境和行业环境，提出相关政策建议。

思政拓展：企业社会责任报告①

企业社会责任报告是指企业将其履行社会责任的理念、战略、方式方法，其经营活动对经济、环境、社会等领域造成的直接和间接影响、取得的成绩及不足等信息，进行系统的梳理和总结，并向利益相关方进行披露的方式。

传统的以股东利润最大化为目标的运营方式所带来的雇员福利问题、环境污染问题、产品质量问题等越来越引起社会各方面的关注，由此带来的压力要求企业对除股东之外的更广大利益相关方负责，以实现可持续发展。在日趋复杂的经营环境中，以货币的方式对企业的历史经营活动进行计量的财务信息无法将企业面临的机会和风险充分反映出来，也不能将企业的价值充分体现出来。企业社会责任报告所披露的非财务信息弥补了这一不足，两者的结合可以更好地反映企业未来的财务状况。

企业编制社会责任报告实际上就是一个建立预警机制的过程，促使企业发现顾客、供应链、社区等管理过程中存在的风险和问题，有助于管理层防患于未然，在可能产生危害的事件成为负面突发事件之前就对其进行控制。

同时，企业应以更具战略意义的方式将财务、生产、营销和研发等职能部门联系起来，改善管理。如从人力资源的角度来看，通过关爱员工、培训员工、组织员工进行志愿服务等企业社会责任行动，能够增强员工凝聚力、储备公司人才、培养员工责任感，最终提升公司的人力价值；从市场的角度考虑，通过培育新兴市场和公益营销等行动，企业可以扩大市场规模；从技术进步的角度讲，采用新技术、开发环境友好型产品等是保持产品和技术不断创新的动力。

以下为《腾讯社会责任报告（2020）》的部分内容节选。

---

① 资料来源：企业社会责任报告_百度百科（baidu. com）。

向外连接，推动“人人扶贫”①

2002 年，还是 100 多人初创团队的腾讯为广东清远一所山区小学捐献了十几台电脑，正式开启腾讯推动乡村发展的探索。2007 年，腾讯公益慈善基金会成立。这是腾讯扶贫工作的第一轮蜕变：从组织为贫困山区捐钱捐物的员工志愿行动，进化为更加组织化、多样化和持续性的扶贫行动。截至 2020 年 12 月 31 日，腾讯基金会累计接受腾讯捐赠 63.75 亿元，捐赠支出 46.23 亿元。其中，针对乡村减贫发展的慈善资助自基金会成立以来就持续开展，涵盖立体救灾、精准扶贫、教育和文化扶贫、健康扶贫、生态扶贫、乡村治理六大领域。在帮扶乡村的过程中，腾讯基金会坚持以人的发展为本，如持续多年帮扶“三区三州”等深度贫困地区乡村孤儿、自闭儿、脑瘫儿等弱势儿童；在乡村教育领域的投入也更加具有系统性思考，如累计为云南、贵州、广东和重庆等省份贫困乡村地区捐赠 3 亿余元，支持当地提升基础教育质量等。腾讯基金会发起的“筑梦新乡村”计划也是这种人本理念的体现。2009 年至 2014 年，腾讯基金会通过该计划在云贵两县一州（贵州黎平县、雷山县和云南迪庆州）投入不少于 5000 万元，探索结合互联网平台的能力，推动西部地区乡村的教育、文化和产业发展。这种“以人为本”的减贫助农理念突出体现于依托腾讯公益平台的网络慈善扶贫模式。自 2008 年成立以来，腾讯公益平台致力于为公益组织筹款和社会捐赠提供数字化解决方案，积极推动公益组织、责任企业、爱心用户与乡村需求的连接，在资源扶持上加大对乡村公益筹款项目的倾斜。2018 年至 2020 年连续三年“99 公益日”，腾讯公益平台与全国数百家公募基金会密切合作，动员广大社会力量通过互联网慈善生态为乡村减贫和发展出钱出力。截至 2020 年 12 月底，腾讯公益平台累计支持 1 万余家公益慈善组织的超过 9 万个公益项目开展网络募捐。

请思考，承担社会责任对于企业价值最大化有哪些作用和意义？

① 资料来源：《腾讯社会责任报告（2020）》。

项目五
财务报表分析

【学习目标】

- ☐ 能够理解企业业务背景，评估分析需求，确定财务报表分析维度
- ☐ 具备敏锐洞察力，能够识别问题，基于公司具体情况搭建财务分析指标体系
- ☐ 具备大数据思维，能够利用技术工具收集财务分析指标信息并进行计算
- ☐ 具备大数据思维，能够利用技术工具进行财务指标的分析，并绘制可视化图形
- ☐ 具备职业判断力，能够初步分析财务指标变化动因
- ☐ 具备责任意识，能初步确定财务报表分析的决策建议

【知识框架】

如图 5－1 所示，企业财务报表分析可以分为盈利能力、财务风险控制能力与增长能力三个维度，并在此基础上构建分析指标体系。

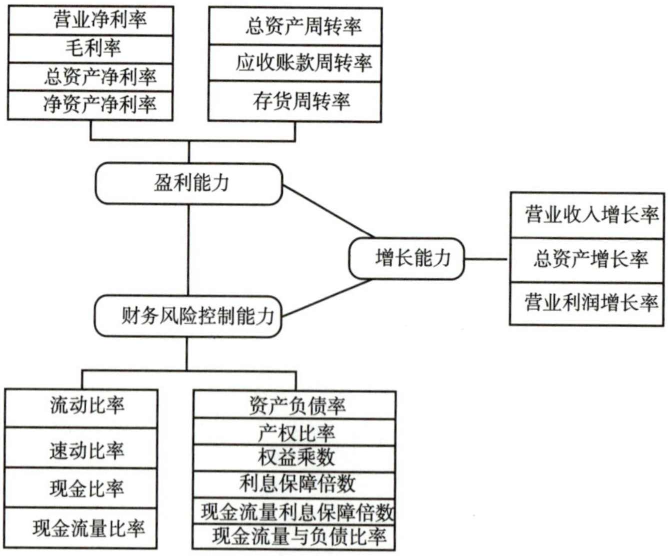

图 5－1　财务报表分析知识框架

任务一　盈利能力分析

【任务案例】

华瑞公司管理层要求分析人员对公司盈利能力进行分析。

【任务处理】

盈利能力是一个企业生存发展中最基本的能力，理论界和实务界就如何对其进行评价均有深入的研究和探讨，各类指标也层出不穷。常见的指标如表 5－1 所示。

表 5－1　　盈利能力分析指标

指标	计算公式
营业净利率	净利润 ÷ 营业收入
毛利率	(营业收入 － 营业成本) ÷ 营业收入
总资产净利率	净利润 ÷ 平均总资产 = 净利润 ÷ [(期初总资产余额 + 期末总资产余额) ÷ 2]
净资产净利率	净利润 ÷ 平均股东权益 = 净利润 ÷ [(期初股东权益余额 + 期末股东权益余额) ÷ 2]
总资产周转率	营业收入 ÷ 平均总资产
总资产周转天数	365 ÷ (营业收入 ÷ 平均总资产)(年周转天数)
应收账款周转率	赊销收入 ÷ 平均应收账款 = 营业收入 ÷ [(期初应收账款余额 + 期末应收账款余额) ÷ 2]
应收账款周转天数	365 ÷ (营业收入 ÷ 平均应收账款)(年周转天数)
存货周转率	营业成本 ÷ 平均存货 = 营业成本 ÷ [(期初存货余额 + 期末存货余额) ÷ 2]
存货周转天数	365 ÷ (营业成本 ÷ 平均存货)(年周转天数)

(1) 营业净利率等相关指标。营业净利率是指净利润与营业收入的比率，通常用百分数表示。营业净利率的变动，是由利润表各个项目变动引起的。进一步分析应重点关注金额变动和结构变动较大的项目。

毛利率是指营业利润与营业收入的比率，通常用百分数表示。在一个成熟的行业，毛利率通常是相对稳定的，但不同行业的毛利率差异率还是很大的，这主要取决于各行业的竞争程度以及与上下游企业议价能力的大小。行业竞争越激烈，则毛利率相应越低，与上游议价能力越高，则毛利率相对就会越高。

总资产净利率是指净利润与平均总资产的比率，表明每 1 元总资产创造的净利润，通常用百分数表示。平均总资产一般用期初与期末总资产余额的平均数表示。

净资产净利率是净利润与股东权益的比率，反映每 1 元股东权益赚取的净利润，通常也被称为净资产收益率。

A 公司与 B 公司是空调行业的两家企业，相关指标如表 5－2 所示。

表 5－2　　A 公司与 B 公司营业净利率等相关指标

指标	年度	A 公司（%）	B 公司（%）
营业净利率	2019 年	12.53	9.09
	2020 年	13.25	9.68
	2021 年	12.15	8.5
毛利率	2019 年	27.58	28.86
	2020 年	26.14	25.11
	2021 年	24.28	22.4
总资产净利率	2019 年	10.2	9.5
	2020 年	8.59	8.8
	2021 年	8.12	7.99
净资产净利率	2019 年	24.5	26.2
	2020 年	19.68	24.8
	2021 年	21.08	23.5

财务指标分析时，可以通过时间趋势分析、同行业对比分析等方法判断指标的变动情况，并进一步分析原因。从表 5－2 可以看出，A 公司与 B 公司的各项盈利能力指标均呈现下降趋势，表明空调行业整体处于利润空间压缩状态，可以进一步分析是公司价格下降还是产品成本上涨原因导致的。就空调而言，近年来原材料成本的上涨可能是毛利率下降的重要原因之一。空调行业由于市场竞争相对激烈，原材料上涨的压力很难转移至消费者，因而导致了毛利率水平的下降。就 A 公司与 B 公司比较而言，除个别年度外，A 公司营业净利率、毛利率、总资产净利率等指标整体好于 B 公司。但是，在 2021 年度总资产净利率高于 B 公司的前提下，净资产净利率却低于 B 公司，这表明 B 公司净资产在资产总额中所占比重高于 B 公司。

（2）总资产周转率、应收账款周转率与存货周转率。

总资产周转率是指营业收入与平均总资产的比率，表明 1 年中总资产周转的次数，或者说明每 1 元总资产投资支持的营业收入。总资产周转天数表明总资产周转一次需要的时间，也就是总资产转换成现金平均需要的时间。但需要注意的是，在表 5－1 中，总资产周转天数是用 365 除以年度总资产周转率而得，据此计算的是当年总资产周转天数。计算月总资产周转天数时，则需以 30 除以月度总资产周转率。应收账款与存货的月度周转天数指标也是类似的计算方法。

应收账款周转率，表明 1 年中应收账款周转的次数，或者说每 1 元应收账款投资支持的营业收入。从理论上讲，应收账款是赊销引起的，其对应的是营业收入中的赊销部分，而非全部。因此，计算时应使用赊销额而非营业收入。在计算应收账款周转率时，可以使用年初和年末的平均数。财务报表上列示的应收账款是已经计提坏账准备后的净额，而计提的坏账准备越多，计算的应收账款周转次数越多、天数越少。这种周转次数增加、天数减少不是业绩改善的结果，反而说明应收账款管理欠佳。如果坏账准备的金额较大，就应进行调整，或者使用未计提坏账准备的应收账款进行计算。任务案例中，为简化起见，未考虑非赊销额及坏账准备对应收账款周转率的影响。

存货周转率，表明一年中存货周转的次数。尽管一般认为存货周转速度越快越好，但是存货并非在所有情况下都是越低越好，在实际分析时应考虑经济活动的实质。例如，预期存货会涨价，则可能会事先囤积一定规模存货，这样必然会减慢存货周转速度，但对企业整体利润水平的提升却是有益的。

表 5－3　　A 公司与 B 公司周转率类相关指标

指标	年度	A 公司	B 公司
总资产周转率	2019 年	0.75	0.99
	2020 年	0.61	0.86
	2021 年	0.63	0.92
应收账款周转率	2019 年	24.44	14.62
	2020 年	19.5	13.65
	2021 年	16.64	14.33
存货周转率	2019 年	6.51	6.38
	2020 年	4.78	6.7
	2021 年	4.03	6.87

从表 5－3 中可以看出，周转率类指标整体呈现下降趋势。应收账款周转率下降，可能表明卖场等销售渠道付款速度变慢，这也在一定程度上表明企业的议价能力降低。存货周转率也呈现了下降的趋势，这表明收款周期的变长也并没有加速存货的流转。结合表 5－2 的分析，可以初步判断空调行业和具体公司的盈利能力都呈现了下降趋势，并可以初步认定尽管公司内部经营能力可能存在差异，但盈利能力下降更多是行业景气程度下降所引致的。

【任务实施】

在大数据分析系统中完成如下工作任务：

步骤一：通过财务报表，采集盈利能力指标的数据信息。

（1）进入大数据财务分析系统，新建项目，命名为“盈利能力分析”。

（2）通过挂载数据集，采集华瑞公司 2019—2021 年的资产负债表、利润表数据。

步骤二：数据表关联；

（1）切换至数据视图，点击“＋”按键，进入数据视图新增页面，切换到智能模式。

（2）选择字段。

①选择已挂载数据集。

②选择已添加的数据“华瑞公司利润表”。

③选择该数据表中的 11 个字段："报表日期""单位""营业收入""营业成本""利润总额""净利润""每股收益""其他综合收益""综合收益总额"等字段，点击"确定"按键并执行，如图 5－2 所示。

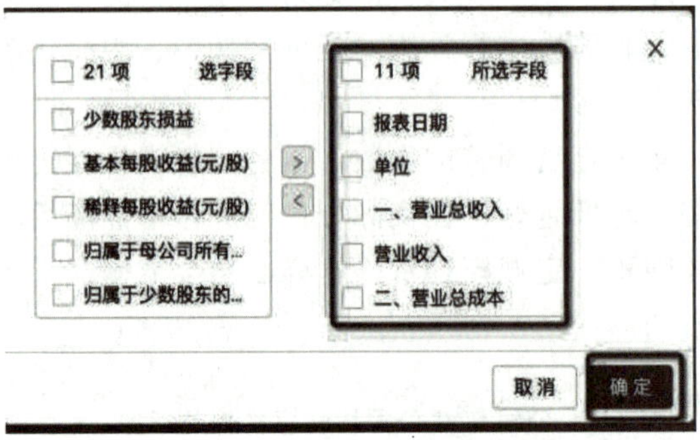

图 5－2　选择字段

（3）关联资产负债表。

①点击左方"＋"按键，选择左右合并，进入到关联表页面，如图 5－3 所示。

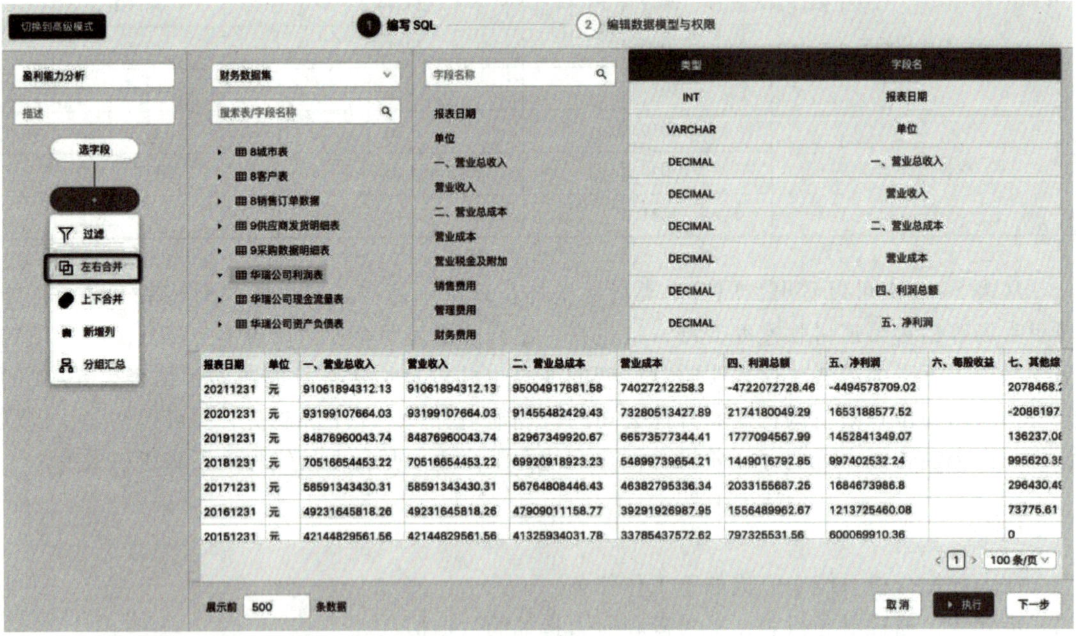

图 5－3　关联资产负债表

②选择资产负债表字段。选择要关联的表"华瑞公司资产负债表"，选择其中的 15 个字段"报表日期""流动资产""应收账款""应收账款期初余额""收账款期末余额""预付款项""存货""流动资产合计""非流动资产""非流动资产合计""资产总计""流动负债合计""负债合计""所有者权益""所有者权益（或股东权益）合计"，选择完成后点击"确定"按键，如图 5－4 所示。

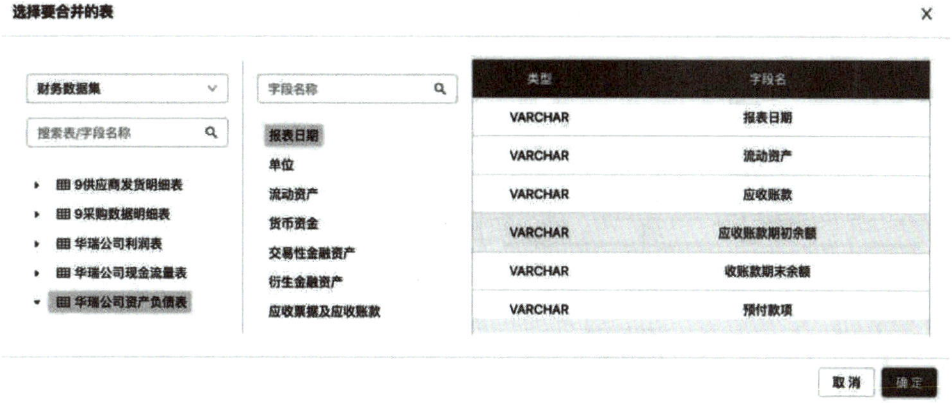

图 5-4 关联资产负债表字段

③当前表、要合并的表的关联字段选择："报表日期"，作为合并条件合并方式：选择左合并，执行，如图 5-5 所示。

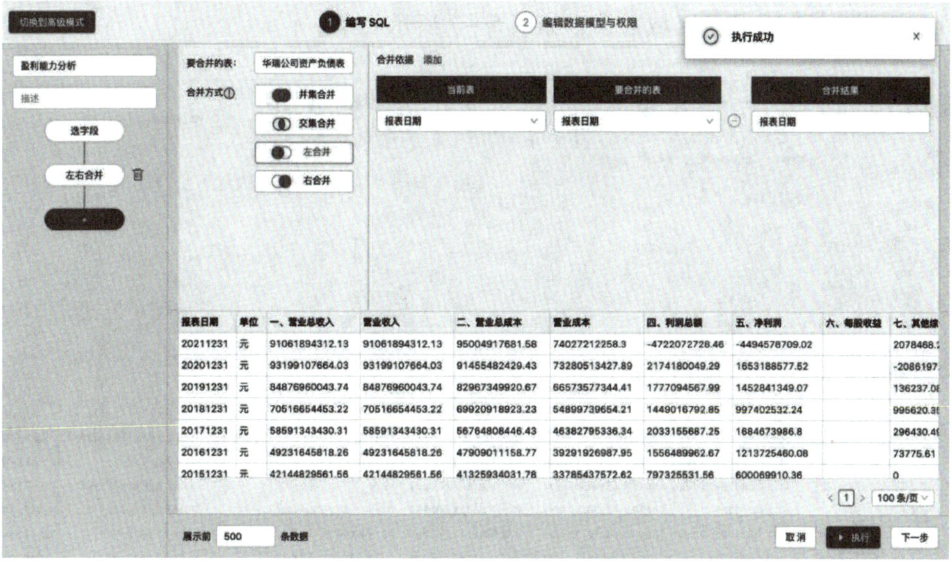

图 5-5 表间合并

步骤三：计算盈利能力指标。

通过新建列方式，利用表 5-1 计算营业净利率、毛利率、总资产净利率、净资产净利率、总资产周转率、总资产周转天数、应收账款周转率、应收账款周转天数、存货周转率、存货周转天数等指标。

（1）新增列——营业净利率。

①点击左侧"+"按键，选择新增列，进入到新增列页面。

②点击新增列，输入新增列名"营业净利率"。

③写入函数："净利润" ÷ "营业收入"，点击"确定"按键并执行，如图 5-6 所示。

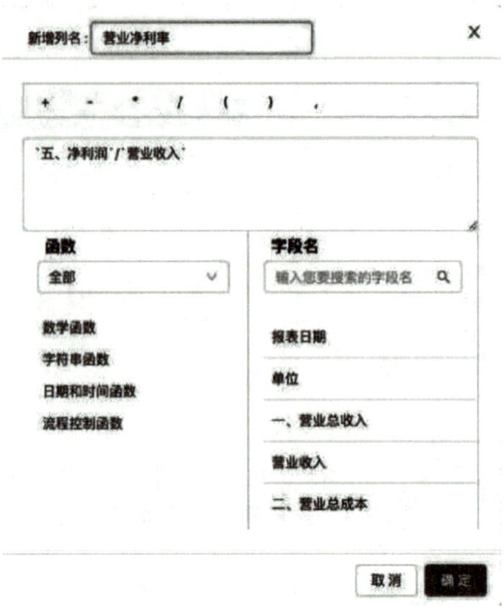

图 5－6　计算营业净利率

④执行成功，查看预览区域数据，如图 5－7 所示。

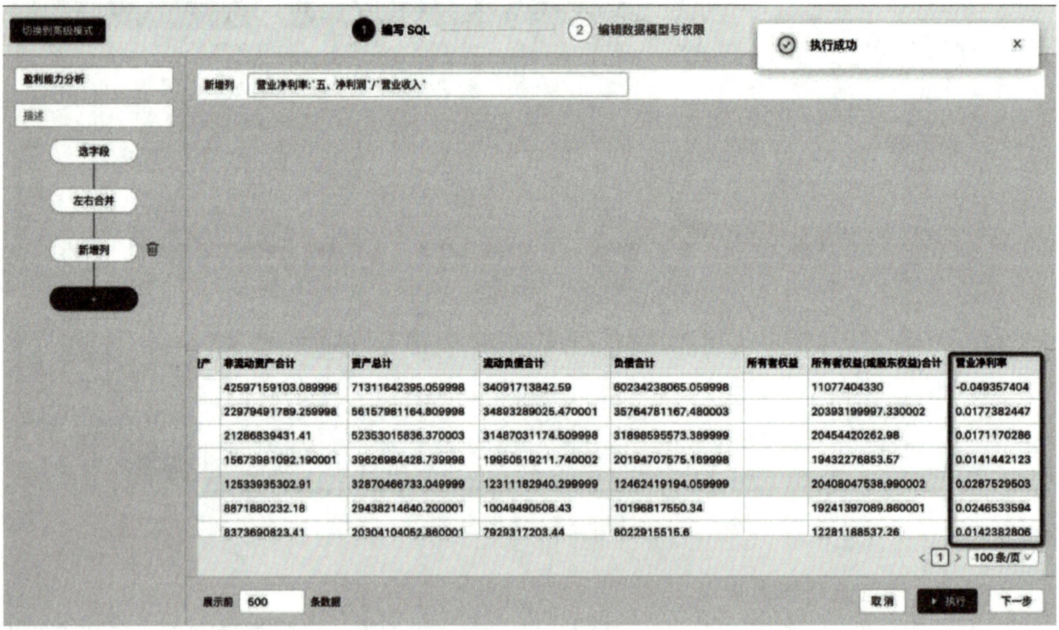

图 5－7　营业净利率新增成功

（2）新增列——毛利率。

①点击左侧“＋”按键，选择新增列，进入到新增列页面。

②点击新增列，输入新增列名“毛利率”。

③写入函数：“（营业收入—营业成本）÷营业收入”，点击“确定”按键并执行，如图 5－8 所示。

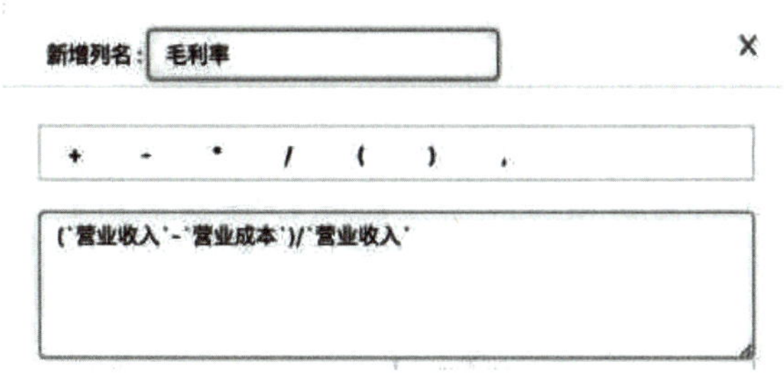

图 5-8 计算毛利率

④执行成功，查看预览区域“毛利率”数据，如图 5-9 所示。

图 5-9 毛利率新增成功

（3）新增列——总资产净利率。

①点击左侧“+”按键，选择新增列，进入到新增列页面。

②点击新增列，输入新增列名“总资产净利率”。

③写入函数：“净利润 ÷ [（期初总资产余额 + 期末总资产余额）÷2]”，点击“确定”按键并执行。

④执行成功，查看预览区域“总资产净利率”数据。

（4）新增列——净资产净利率。

①点击左侧“+”按键，选择新增列，进入新增列页面。

②点击新增列，输入新增列名“净资产净利率”。

③写入函数：“净利润 ÷ [（期初股东权益余额 + 期末股东权益余额）÷2]”，点击“确定”按键并执行。

④执行成功，查看预览区域“净资产净利率”数据。

（5）新增列——总资产周转率。

①点击左侧“+”按键，选择新增列，进入到新增列页面。

②点击新增列，输入新增列名“总资产周转率”。

③写入函数：“营业收入÷平均总资产”，点击“确定”按键并执行。

④执行成功，查看预览区域“净资产净利率”数据。

（6）新增列——总资产周转天数。

①点击左侧“+”按键，选择新增列，进入新增列页面。

②点击新增列，输入新增列名“总资产周转天数”。

③写入函数：“365÷（营业收入÷平均总资产）”，点击“确定”按键并执行。

④执行成功，查看预览区域“总资产周转天数”数据。

（7）新增列——应收账款周转率。

①点击左侧“+”按键，选择新增列，进入到新增列页面。

②点击新增列，输入新增列名“应收账款周转率”。

③写入函数：“营业收入÷[(期初应收账款余额+期末应收账款余额)÷2]”，点击“确定”按键并执行，如图5-10所示。

④执行成功，查看预览区域“应收账款周转率”数据。

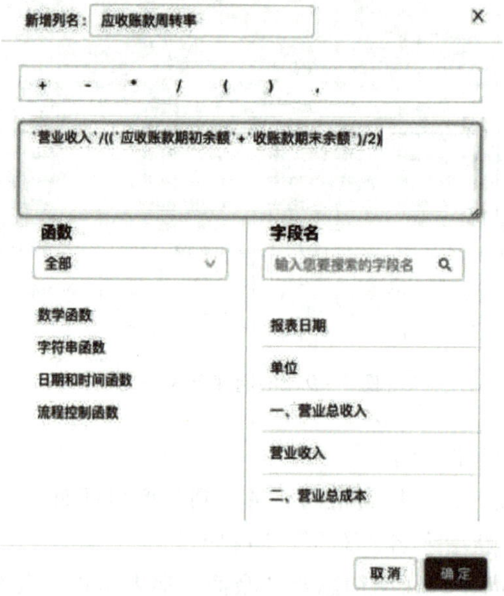

图5-10　计算应收账款周转率

（8）新增列——应收账款周转天数。

①点击左侧“+”按键，选择新增列，进入到新增列页面。

②点击新增列，输入新增列名“应收账款周转天数”。

③写入函数：“365÷(营业收入÷((应收账款期初余额+收账款期末余额)÷2))”，点击“确定”按键并执行，如图5-11所示。

④执行成功，查看预览区域“应收账款周转天数”数据。

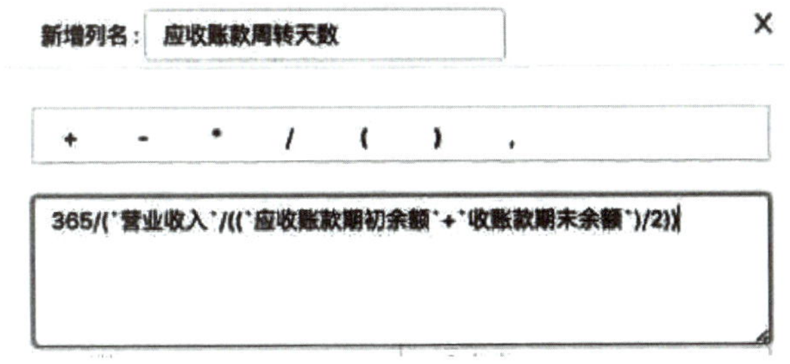

图 5－11　计算应收账款周转天数

(9) 新增列——存货平均余额。

①点击左侧“＋”按键，选择新增列，进入到新增列页面。

②点击新增列，输入新增列名“存货平均余额”。

③写入函数：“存货平均余额＝（期初存货余额＋期末存货余额）÷2”，点击“确定”按键并执行。

④执行成功，查看预览区域“存货平均余额”数据。

(10) 新增列——存货周转率。

①点击左侧“＋”按键，选择新增列，进入到新增列页面。

②点击新增列，输入新增列名“存货周转率”。

③写入函数：“营业成本÷存货平均余额”，点击“确定”按键并执行。

④执行成功，查看预览区域“存货周转率”数据。

(11) 新增列——存货周转天数。

①点击左侧“＋”按键，选择新增列，进入到新增列页面。

②点击新增列，输入新增列名“存货周转天数”。

③写入函数：“365÷（营业成本÷存货平均余额）”，点击“确定”按键并执行。

④执行成功，查看预览区域“存货周转天数”数据。

(12) 新增列——提取报表年份。

①点击左侧“＋”按键，选择新增列，进入到新增列页面。

②点击新增列，输入新增列名“提取报表年份”。

③写入函数：left（报表日期，4）。Left 含义为左侧截取，取报表日期字段前 4 位数据，如图 5－12 所示。点击“确定”按键并执行。

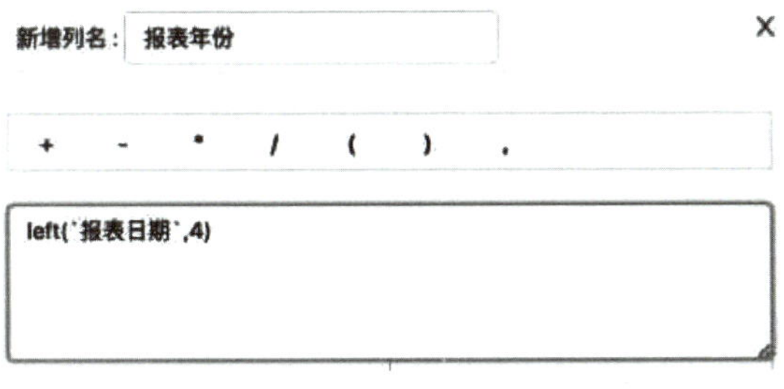

图 5－12　提取报表年份

④执行成功，查看预览区域“提取报表年份”数据，如图 5 - 13 所示。

图 5 - 13　提取报表年份

（13）确认数据模型，设定时间为维度，具体盈利能力分析为指标。

①输入新表名称“盈利能力分析”，点击“下一步”。

②将“报表日期”“单位”“报表年份”设置为维度，其他全部为指标，如图 5 - 14 所示。

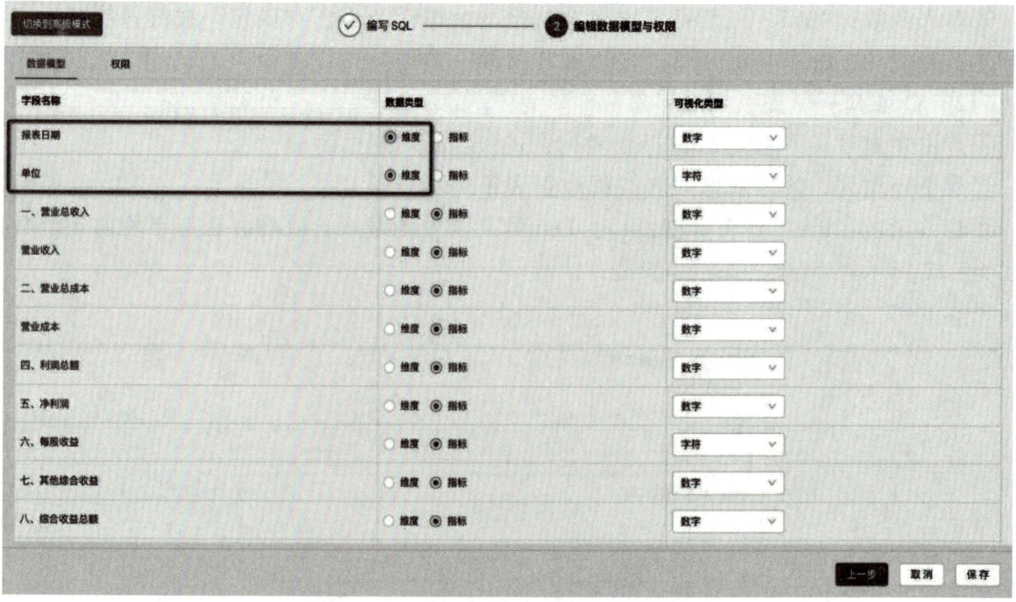

图 5 - 14　设置数据类型及可视化类型

③点击“保存”，完成数据建模处理。

步骤四：进行可视化图形设计。

（1）营业净利率趋势分析。

①进入可视化分析视图，新建可视化图形，命名为“营业净利率”。

②将“报表年份”拖入到维度，将“营业净利率”拖入指标，选择折线图，如图 5－15 所示。

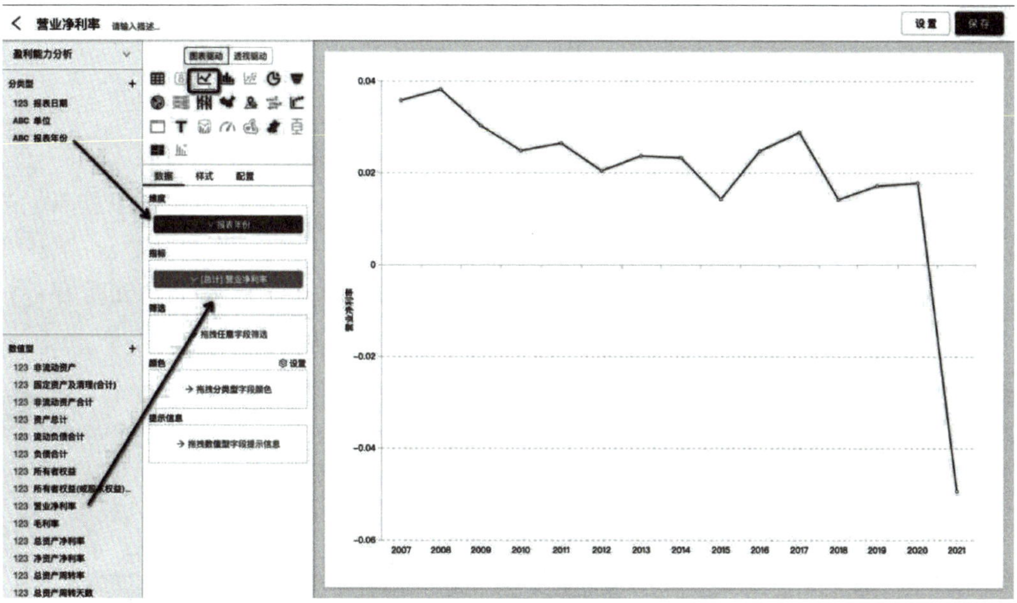

图 5－15　营业净利率趋势分析

③点击指标“营业净利率”，选择格式设置，如图 5－16 所示。

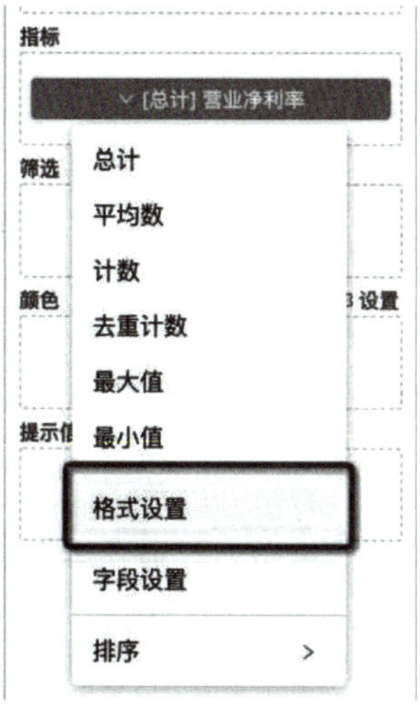

图 5－16　设置格式

④选择百分比格式，保留两位小数，点击保存，如图 5－17 所示。

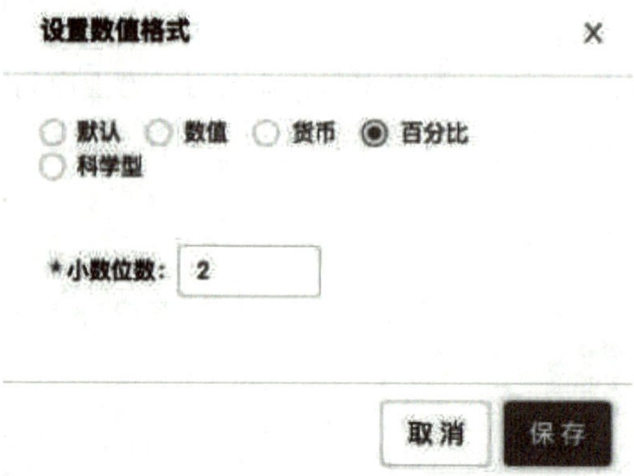

图 5－17　营业净利率趋势分析－百分比设置

⑤切换到样式，勾选面积，勾选显示标签，输入名称“营业净利率”，点击保存，如图 5－18 所示。

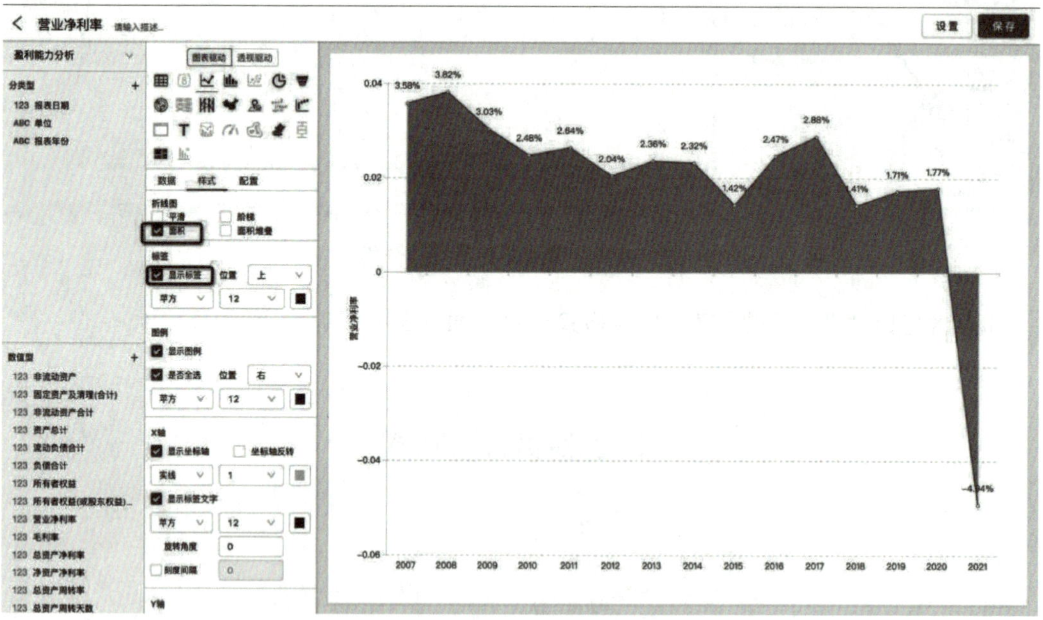

图 5－18　营业净利率可视化图形

（2）毛利率趋势分析。

①进入可视化分析视图，新建可视化图形，命名为“营业净利率”。

②将“报表年份”拖入维度，将“毛利率”拖入指标，选择折线图。

③点击指标“毛利率”，选择格式设置，选择百分比格式，保留两位小数，点击“保存”。

④切换到样式，勾选面积，勾选显示标签，输入名称“毛利率”，点击“保存”。

⑤点击颜色，选中指标，输入“FFA223”（设置颜色值），如图 5－19 所示。

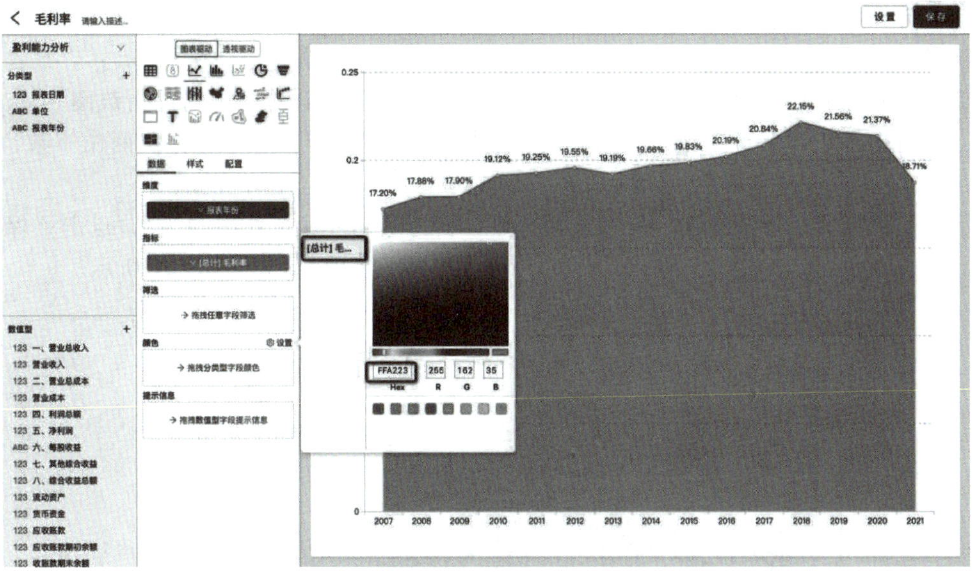

图 5－19 毛利率趋势分析

（3）总资产净利率趋势分析。

①进入可视化分析视图，新建可视化图形，命名为“总资产净利率”。

②将“报表年份”拖入到维度，将“总资产净利率”拖入指标，选择折线图。

③点击指标“总资产净利率”，选择格式设置，选择百分比格式，保留两位小数，点击“保存”。

④切换到样式，勾选面积，勾选显示标签，输入名称“总资产净利率”，点击“保存”。

⑤点击颜色，选中指标，输入“3ACF7A”（设置颜色值），如图 5－20 所示。

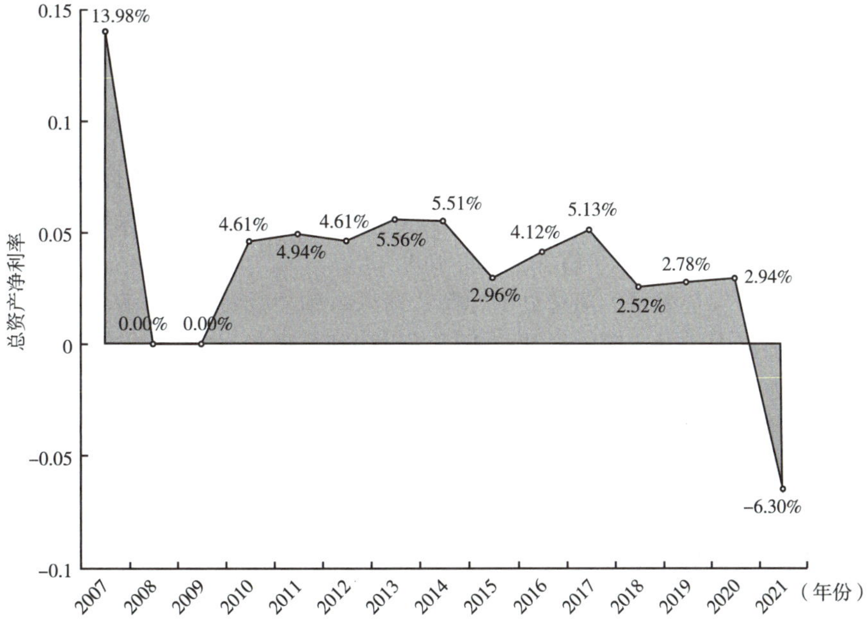

图 5－20 总资产净利率趋势分析

(4) 净资产净利率趋势分析。

①进入可视化分析视图，新建可视化图形，命名为“净资产净利率”。

②将“报表年份”拖入到维度，将“净资产净利率”拖入指标，选择折线图。

③点击指标“净资产净利率”，选择格式设置，选择百分比格式，保留两位小数，点击“保存”。

④切换到样式，勾选面积，勾选显示标签，输入名称“净资产净利率”，点击“保存”。

⑤点击颜色，选中指标，输入“D465FB”（设置颜色值），如图 5－21 所示。

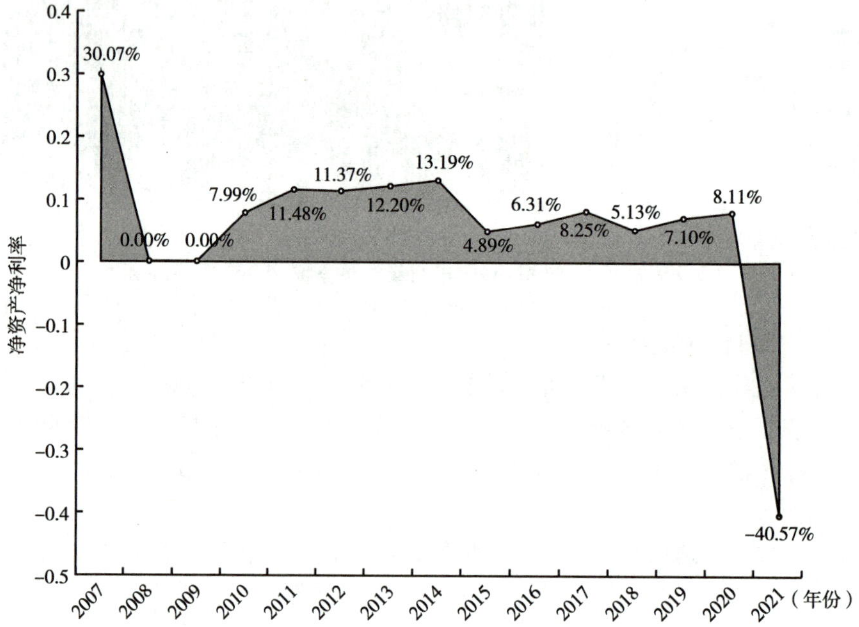

图 5－21　净资产净利率趋势

(5) 总资产周转率趋势分析。

①进入可视化分析视图，新建可视化图形，命名为“总资产周转率”。

②将“报表年份”拖入维度，将“总资产周转率”拖入指标，选择折线图。

③点击指标“总资产周转率”，选择格式设置，选择百分比格式，保留两位小数，点击“保存”。

④切换到样式，勾选面积，勾选显示标签，输入名称“总资产周转率”，点击“保存”。

⑤点击颜色，选中指标，输入“38CAF7”（设置颜色值），如图 5－22 所示。

(6) 总资产周转天数趋势分析。

①进入可视化分析视图，新建可视化图形，命名为“总资产周转天数”。

②将“报表年份”拖入维度，将“总资产周转天数”拖入指标，选择柱形图。

③点击颜色，选中指标，点击设置颜色值。

④输入名称“总资产周转天数”，点击保存。

(7) 应收账款周转率趋势分析。

①进入可视化分析视图，新建可视化图形，命名为“应收账款周转率”。

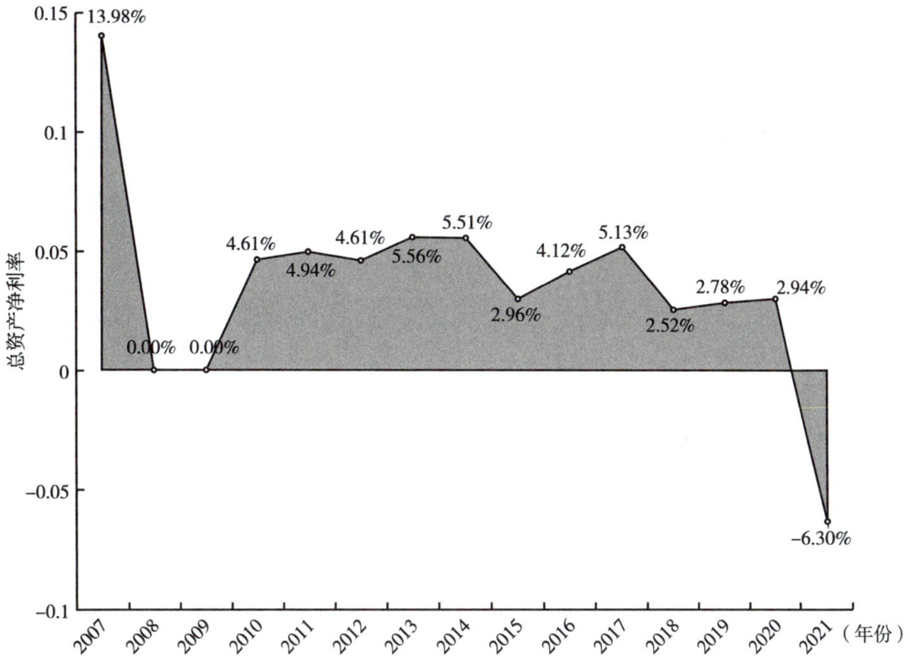

图 5-22 总资产周转率趋势

②将“报表年份”拖入到维度，将“应收账款周转率”拖入指标，选择折线图。

③点击指标“应收账款周转率”，选择格式设置，选择百分比格式，保留两位小数，点击“保存”。

④切换到样式，勾选面积，勾选显示标签，输入名称“应收账款周转率”，点击“保存”。

⑤点击颜色，选中指标，输入“E5B4FA”（设置颜色值），如图 5-23 所示。

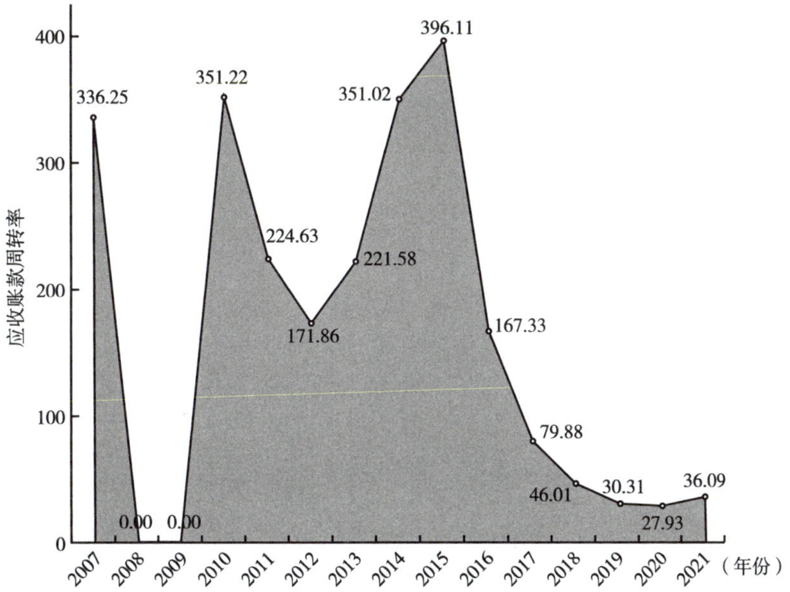

图 5-23 应收账款周转率趋势

（8）应收账款周转天数趋势分析。

①进入可视化分析视图，新建可视化图形，命名为“应收账款周转天数”。

②将“报表年份”拖入到维度，将“应收账款周转天数”拖入指标，选择柱形图。

③点击颜色，选中指标，点击设置颜色值。

④输入名称“应收账款周转天数”，点击“保存”。

（9）存货周转率趋势分析。

①进入可视化分析视图，新建可视化图形，命名为“存货周转率”。

②将“报表年份”拖入到维度，将“存货周转率”拖入指标，选择折线图。

③点击指标“存货周转率”，选择格式设置，选择百分比格式，保留两位小数，点击“保存”。

④切换到样式，勾选面积，勾选显示标签，输入名称“存货周转率”，点击“保存”。

⑤点击颜色，选中指标，输入“E5B4FA”（设置颜色值），如图 5-24 所示。

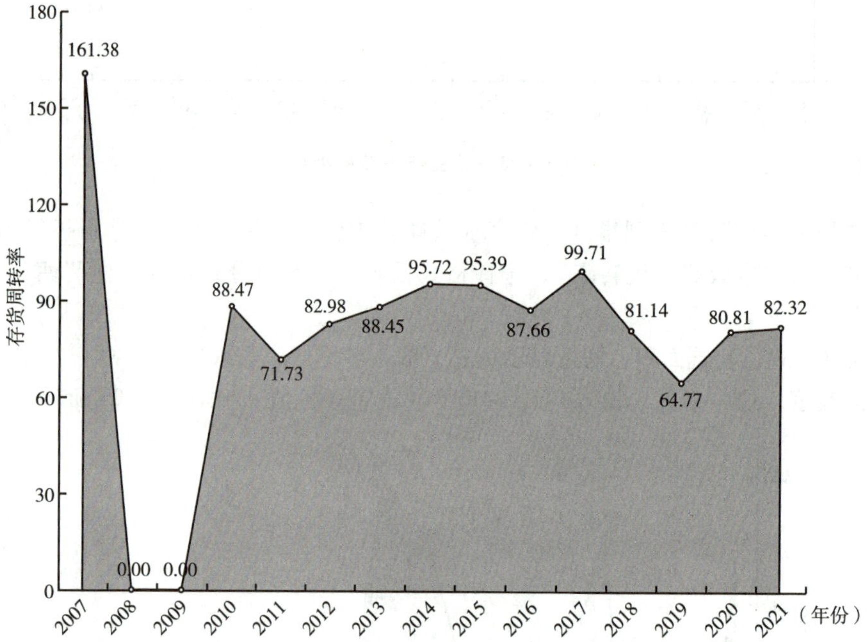

图 5-24　存货周转率趋势

（10）存货周转天数趋势分析。

①进入可视化分析视图，新建可视化图形，命名为“存货周转天数”。

②将“报表年份”拖入维度，将“存货周转天数”拖入指标，选择柱形图。

③点击颜色，选中指标，点击设置颜色值，输入“EE061E”。

④输入名称“存货周转天数”，点击“保存”。

步骤五：设计展示可视化大屏。

（1）进入可视化应用界面，新建可视化大屏，命名为“盈利能力分析”。

（2）选择图形，将步骤三中已经创建的图形导入。

（3）设置大屏模板。

（4）设置可视化大屏标题，文字设置为“盈利能力分析”，将标题框移动至大屏顶部居中位置。

（5）合理布局，将图形进行排布，形成符合财务分析的可视化大屏效果。

步骤六：结合上述分析，给定分析结论及相关建议。

【任务拓展】

企业在进行盈利能力指标分析时，有时候并不能单纯地依靠数值的变动判定指标的优劣。例如，一般而言，应收账款周转率越大越好，这表明应收账款回收较快。但是，应收账款是赊销引起的，如果赊销比现销更有利，应收账款周转率就不是越大越好。此外，应收账款的周转速度与公司的信用政策有关。公司信用政策越严格，应收账款周转速度越快，但同时也可能会引致收入的降低。然而，信用政策的评价涉及多种因素，不能仅仅为了提高应收周转速度而改变信用政策。

此外，应注意应付账款、存货和应收账款（或营业收入）之间的关系。比如说，公司在接受大额订单时，通常需要增加存货，从而引起应付账款增加，销售出去后才能引起应收账款（营业收入）增加。从财务比率指标来看，在实现销售前，存货周转率会下降，但这种存货周转率的下降是为了更好的销售，并没有什么不好。但是，如果公司销售下降，则会削减采购量，在短期来看，存货周转率可能会略有提升，但这种指标的提升并不能代表财务状况变好。一般来说，销售增加会拉动应收账款的增加。同时，也需要增加存货的购入，进而引致存货和应付账款增加，不会引起周转率的明显变化。但是，当企业接受一个大订单时，通常要先增加存货。因此，在该订单没有实现销售以前，先表现为存货周转天数增加。这种存货周转天数的增加，没有什么不好。与此相反，预见到销售会萎缩时，通常会先减少存货，进而引起存货周转天数等下降。这种周转天数下降，也并非资产管理的改善。

因此，任何财务分析都应以认识经营活动本质为目的，不可仅根据数据高低就做出结论，而需要进一步探究业务的本质。

任务二　财务风险控制能力

【任务案例】

华瑞公司管理层要求分析人员对公司财务风险控制能力进行分析。

【任务处理】

评价财务风险控制能力主要关注偿债能力。其中偿债能力又分为短期偿债能力和长期偿债能力。短期偿债能力与长期偿债能力的主要指标如表5－4所示。

表 5-4　财务风险控制能力分析指标①

指标		计算公式
短期偿债能力	流动比率	流动资产 ÷ 流动负债
	速动比率	速动资产② ÷ 流动负债
	现金比率	货币资金 ÷ 流动负债
	现金流量比率	经营活动现金流量净额 ÷ 流动负债
长期偿债能力	资产负债率	总负债 ÷ 总资产
	产权比率	总负债 ÷ 股东权益
	权益乘数	总资产 ÷ 股东权益
	利息保障倍数	息税前利润 ÷ 利息支出③ =（净利润 + 利息费用 + 所得税费用）÷ 利息支出
	现金流量利息保障倍数	经营活动现金流量净额 ÷ 利息支出
	现金流量与负债比率	经营活动现金流量净额 ÷ 负债总额

①如无特别说明，本表中各指标在计算时，资产负债表上的项目均采用期末余额而非平均数。

②速动资产 = 流动资产 -（存货 + 预付款项 + 一年内到期的非流动资产 + 其他流动资产）。

③分子的“利息费用”是指计入本期利润表中财务费用的利息费用；分母的“利息支出”是指本期的全部利息支出。

（1）短期偿债能力。

流动比率假设全部流动资产都可用于偿还流动负债，表明每 1 元流动负债有多少流动资产作为偿债保障。但是，不同行业的流动比率通常有明显差别。营业周期越短的行业，合理的流动比率越低。如果流动比率相对上年发生较大变动，或与行业平均值出现重大偏离，就应对构成流动比率的流动资产和流动负债的各项目逐一分析，寻找形成差异的原因。

速动比率是速动资产与流动负债的比例。构成流动资产的各项目，流动性差别很大。其中，货币资金、交易性金融资产和各种应收款项等，可以在较短时间内变现，称为速动资产。另外一些流动资产，包括存货、预付款项、一年内到期的非流动资产及其他流动资产等，称为非速动资产。非速动资产的变现金额和时间具有较大的不确定性：一是存货的变现速度比应收款项要慢得多，而且存货估价有多种方法，可能与变现金额相距甚远；二是一年内到期的非流动资产和其他流动资产的金额有偶然性，不代表正常的变现能力。与流动比率一样，不同行业的速动比率差别也很大。

现金比率是货币资金与流动负债的比例，表明 1 元流动负债有多少现金作为偿债保障。速动资产中，货币资金流动性最强，可直接用于偿债。该比率越高，偿债能力越强。

现金流量比率表明每 1 元流动负债的经营活动现金流量保障程度。该比率越高，偿债能力越强。

M 公司是制造能源电池行业内的公司，N 公司为白酒行业公司，可以明显看到行业不同，短期偿债能力有显著不同。N 公司的流动比率指标与现金流量比率指标显著优于 M 公司，尽管 M 公司现金比率指标在 2020 年度比 N 公司高，但结合现金流量比率指标（两个指标只是分子不同），不难看出 N 公司当期经营活动现金净流量足以支付流动负债，而 M 公司的经营活动现金净流量仅略高于流动负债的 1/3，可见 N 公司的短期偿债能力更强，且资金来源更多源于经营活动，偿债质量也更优（见表 5－5）。

表 5－5　M 公司与 N 公司短期偿债能力相关指标

指标	年度	M 公司（能源电池）	N 公司（白酒行业）
流动比率	2019 年	1.57	3.86
	2020 年	2.05	4.06
	2021 年	1.19	3.81
现金比率（%）	2019 年	70.75	76.23
	2020 年	124.60	79.01
	2021 年	59.77	89.46
现金流量比率（%）	2019 年	29.53	110.01
	2020 年	33.52	113.12
	2021 年	28.73	110.55

（2）长期偿债能力。

资产负债率反映总资产中有多大比例是通过负债取得的，可用于衡量企业清算时对债权人利益的保障程度。资产负债率越低，企业偿债越有保证，负债越安全。资产负债率还代表企业的举债能力。一个企业的资产负债率越低，举债越容易。

产权比率和权益乘数是资产负债率的另外两种表现形式。产权比率表明每 1 元股东权益配套的总负债的金额。权益乘数表明每 1 元股东权益启动的总资产的金额。它们是两种常用的财务杠杆比率。

利息保障倍数表明每 1 元利息支出有多少倍的息税前利润作为偿付保障，可以反映债务风险的大小。如果公司一直保持按时付息的信誉，则长期负债可以延续，举借新债也比较容易。要注意的是，分子的“利息费用”是指计入本期利润表中财务费用的利息费用；分母的“利息支出”是指本期的全部利息支出，不仅包括计入利润表中财务费用的费用化利息，还包括计入资产负债表固定资产等成本的资本化利息。利息保障倍数越大，利息支付越有保障。如果利息支付缺乏保障，归还本金就更会存在困难。因此，利息保障倍数可以反映长期偿债能力。如果利息保障倍数小于 1，表明自身产生的经营收益不能支持现有规模的债务。利息保障倍数等于 1 也很危险，因为息税前利润受经营风险的影响，很不稳定，但支付利息却是固定的。利息保障倍数越大，公司拥有的偿还利息的缓冲效果越好，长期偿债能力也越强。

现金流量利息保障倍数是现金基础的利息保障倍数，表明每 1 元利息支出有多少倍的经营活动现金流量净额作为支付保障。它比利润基础的利息保障倍数更为可靠，因为实际用以支付利息的是货币资金，而不是利润。

现金流量与负债比率，是指经营活动现金流量净额与负债总额的比率。一般来讲，该比率中的负债总额采用期末数而非平均数，因为实际需要偿还的是期末金额，而非平均金额。该比率表明企业用经营活动现金流量净额偿付全部债务的能力。比率越高，偿还负债总额的能力越强。

接下来，仍以 M 公司与 N 公司为例，对偿债能力的相关指标进行分析，如表 5－6 所示。

表 5－6　M 公司与 N 公司长期偿债能力相关指标

指标	年度	M 公司（能源电池）	N 公司（白酒行业）
资产负债率（%）	2019 年	58.37	22.48
	2020 年	55.81	21.40
	2021 年	69.89	22.81
产权比率（%）	2019 年	119.91	28.96
	2020 年	88.22	27.23
	2021 年	185.12	29.40
现金流量与负债比率	2019 年	0.22	1.05
	2020 年	0.21	1.10
	2021 年	0.19	1.09

从长期偿债能力来看，N 公司也优于 M 公司。M 公司的资产负债率更高，是因为 M 公司要生产新能源电池，需要大量厂房设备的投入，而白酒行业固定资产的投入会相对少一些。此外，要注意的是，N 公司的“现金流量与负债比率”与“现金流量比率”指标数值接近，根本的原因在于 N 公司长期负债占比极低，导致二者的分母数值相差不大。

在这里之所以选不同行业的公司比较分析，是想提醒大家很多财务分析指标带有显著的行业特征，在分析时应考虑公司所在行业对指标数值的影响。在财务分析时，应首先着眼于行业因素进行分析，判定财务指标变好或变差是行业发展趋势，还是企业自身经营努力程度的影响。这也是我们一般在财务分析时，要求进行同行业公司比较分析的重要原因。与同行业公司比较时，可以剔除共同影响公司的行业因素，从而更容易看到公司个体的风险控制能力等情况。

【任务实施】

在大数据分析系统中完成如下工作任务：

步骤一：通过财务报表，采集计算偿债能力指标的数据信息。

步骤二：计算各类偿债能力指标，并进行可视化设计。

步骤三：设计展示可视化大屏。

步骤四：结合上述分析，给定分析结论及相关建议。

财务风险控制能力系统实操

【任务拓展】

前文在对偿债能力进行分析时，均是根据财务报表数据计算而得。但是，在实际经营过程中，除了财务报表指标外，还有一些表外因素也会影响企业的短期偿债能力，甚至影响非常大。常见的影响偿债能力的表外因素如下：

（1）可使用的银行授信额度。可使用的银行授信额度并不在企业财务报表中予以体现，但却可以用来偿还债务，因而会提升企业的偿债能力。

（2）较好的讨价还价能力。公司在与供应链上下游企业谈判时，有较强的讨价还价能力，就有可能在采购时获得越好的信用政策，在销售时能较快收回货款，从而减少资金流的压力，提升偿债能力；

（3）可快速变现的非流动资产。在测度短期偿债能力时，通常假定长期资产不能在短期内变现，但不是所有的长期资产都不能随时出售变现。例如，储备的土地、未开采的采矿权等，在企业发生周转困难时，这些资产在目前经济状况下均有较好的变现能力，可用于偿还债务。

（4）抵押与担保。当企业资产被抵押，或承担担保责任时，在报表中并不能体现，只能在附注中予以披露，这就使得公司的偿债能力有可能被高估了。所以，在分析公司长期偿债能力时，应根据抵押与担保相关资料，判断其可能带来的影响。

（5）企业的声誉度水平。如果企业的信用记录优秀，声誉度水平较高，则在偿债方面出现暂时困难，也能比较容易筹集到短缺资金。

同时，在分析偿债能力时，还需考虑企业的未决诉讼事项。一方面，未决诉讼一旦判决败诉，可能会影响公司的偿债能力；另一方面，未决诉讼也会影响企业的声誉度水平，进而影响到再筹资的能力。

任务三　成长能力分析

【任务案例】

华瑞公司管理层要求分析人员对公司成长能力进行分析。

【任务处理】

评价成长能力总体水平由业绩成长和规模成长两方面构成，即考察企业每年营业收入和资本投入的增长幅度，业绩成长需要资本的不断投入，所以规模成长是业绩成长的基础，二者相辅相成。常用的指标是营业收入增长率、总资产增长率、营业利润增长率，如表5－7所示。

表 5－7　　成长能力分析指标

指标	计算公式
营业收入增长率	（本期营业收入－上期营业收入）÷上期营业收入
总资产增长率	（期末资产总额－期初资产总额）÷期初资产总额
营业利润增长率	（本期营业利润－上期营业利润）÷上期营业利润

总资产增长率反映了公司规模成长，而营业收入增长率反映了公司的业绩成长。但是，具有盈利性的成长才是可持续和最关键的，这也是现代企业管理层的经营目标。相比净利润增长率，营业利润增长率剔除了非经营因素带来的波动性影响，更能稳定反映企业营运过程中赚取利润能力的提升状况。

仍以空调行业的 A 公司与 B 公司为例，对成长能力指标进行分析，如表 5－8 所示。

表 5－8　　A 公司与 B 公司成长能力相关指标

指标	年度	A 公司	B 公司
营业收入增长率（%）	2019 年	0.01	7.14
	2020 年	－15.11	2.15
	2021 年	11.69	20.05
总资产增长率（%）	2019 年	12.63	14.50
	2020 年	－1.32	19.34
	2021 年	14.46	7.64
营业利润增长率（%）	2019 年	－5.88	16.75
	2020 年	－10.26	8.8
	2021 年	2.48	5.48

尽管在盈利能力分析时，发现 A 公司在很多指标上都优于 B 公司，但从成长能力上看，B 公司指标显著优于 A 公司。这表明 B 公司未来增长的趋势要好于 A 公司。当然，在实际工作中，还要具体分析各类指标变化的具体原因，从而为公司未来成长趋势提供更清晰的支持依据。

【任务实施】

成长能力分析
系统实操

在大数据分析系统中完成如下工作任务：

步骤一：通过财务报表，采集计算成长能力指标的数据信息。

（1）进入大数据财务分析系统，新建项目，命名为“成长能力分析”。

（2）通过挂载数据集，采集华瑞公司 2019—2021 年的资产负债表、利润表数据。

步骤二：计算各类盈利能力指标。

（1）切换至数据视图，进行资产负债表、利润表合并。

（2）计算成长能力指标，通过“新建列”方式，利用表 5－8 计算营业收入增长率、总资产增长率、营业利润增长率等指标。

（3）确认数据模型，设定时间为维度，具体成长能力分析数据为指标。

步骤三：进行可视化图形设计。

（1）进入可视化分析视图，新建可视化图形，命名为“成长分析—卡片图”。将当期营业收入、资产总额、营业利润分别绘制卡片图，展示 2021 年的数值，保存图形。

（2）进入可视化分析视图，新建可视化图形，命名为“营业收入增长率”。将营业收入增长率绘制柱形图，以时间为维度进行分析，形成时间趋势的对比分析图。

（3）进入可视化分析视图，新建可视化图形，命名为“总资产增长率”。将总资产增长率绘制折线图，以时间为维度进行分析，形成时间趋势的总资产增长率分析图。

（4）进入可视化分析视图，新建可视化图形，命名为“营业利润增长率”。将营业利润增长率绘制条形图，以时间为维度进行分析，形成时间趋势的对比分析图。

步骤四：设计展示可视化大屏。

（1）进入可视化应用界面，新建可视化大屏，命名为“成长能力分析”。

（2）选择图形，将步骤三中已经创建的“成长分析—卡片图”“营业收入增长率”“营业利润增长率”导入。

（3）设置大屏模板。

（4）设置可视化大屏标题，文字设置为“成长能力分析”，将标题框移动至大屏顶部居中位置。

（5）合理布局，将图形进行排布，形成符合财务分析的可视化大屏效果。

步骤五：结合上述分析，给定分析结论及相关建议。

【任务拓展】

杜邦分析体系，又称杜邦财务分析体系，简称杜邦体系，是利用各主要财务比率之间的内在联系，对公司财务状况和经营成果进行综合评价的系统方法。该体系是以净资产净利率为核心，以总资产净利率和权益乘数为分解因素，重点揭示公司获利能力及杠杆水平对权益净利率的影响，以及各相关指标间的相互关系。杜邦体系最初因美国杜邦公司成功应用而得名。

如图 5－25 所示，净资产净利率（通常又被称为净资产收益率）可以首先分解为总资产净利率与权益乘数，总资产净利率又可以进一分为营业净利率与总资产周转次数，具体分解如公式 5－1 所示。

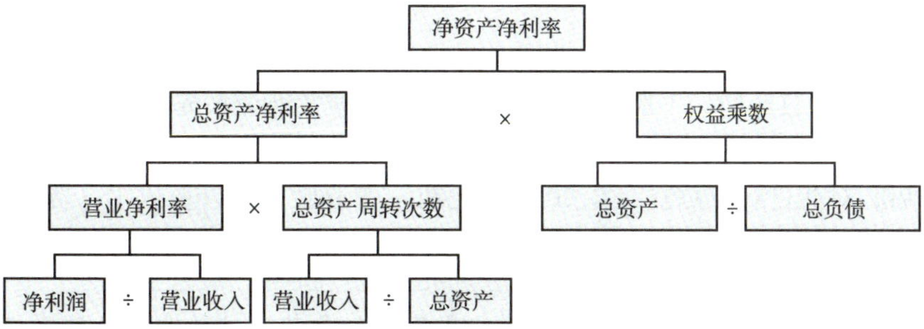

图 5－25　杜邦分析体系示例

$$净资产净利率=\frac{净利润}{总资产}\times\frac{总资产}{股东权益}$$

$$=\frac{净利润}{营业收入}\times\frac{营业收入}{总资产}\times\frac{总资产}{股东权益}$$

分解出来的营业净利率和总资产周转次数，可以反映公司的经营战略。一些公司营业净利率较高，而总资产周转次数较低；另一些公司与之相反，总资产周转次数较高而营业净利率较低。两者经常呈反方向变化。这种现象并不偶然。为了提高营业净利率，就要增加产品附加值，往往需要增加投资，从而引起总资产周转次数的下降。与此相反，为了加快周转，就要降低价格，引起营业净利率下降。通常，营业净利率较高的制造业，其周转次数都较低；周转次数很高的零售业，营业净利率都较低。采取“高盈利、低周转”还是“低盈利、高周转”的方针，是企业根据外部环境和自身资源做出的战略选择。正因为如此，仅从营业净利率的高低并不能看出业绩好坏，应把它与总资产周转次数联系起来考察企业经营战略。真正重要的是两者共同作用得到的总资产净利率。总资产净利率可以反映管理者运用企业资产赚取盈利的业绩，是最重要的盈利能力。

分解出来的财务杠杆（以权益乘数表示）可以反映企业的财务政策。在总资产净利率不变的情况下，提高财务杠杆可以提高权益净利率，但同时也会增加财务风险。如何配置财务杠杆是公司最重要的财务政策。一般而言，总资产净利率较高的公司，财务杠杆较低，反之亦然。这种现象也不是偶然的。可以设想，为了提高权益净利率，公司倾向于尽可能提高财务杠杆。但是，债权人不一定会同意这种做法。债权人不分享超过利息的收益，所以会更倾向于为预期未来经营活动现金流量净额比较稳定的企业提供贷款。为了稳定现金流量，公司的一种选择是降低价格以减少竞争；另一种选择是增加营运资本以防止现金流中断，这都会导致总资产净利率下降。也就是说，为了提高流动性，只能降低盈利性。因此，经营风险低的公司可以得到较多的贷款，其财务杠杆较高；经营风险高的企业，只能得到较少的贷款，其财务杠杆较低。总资产净利率与财务杠杆负相关，共同决定了公司的权益净利率。因此，公司必须使其经营战略和财务政策相匹配。

思政拓展：康美药业案例的反思

2019 年 4 月 29 日晚间，A 股昔日的医药类白马股康美药业披露了 2018 年度报告，同时发布公告更正其 2017 年报中出现的会计差错。公告表示，公司从 2018 年 12 月 28 日被证监会立案调查后，对此进行了自查，在 2018 年之前，营业收入、营业成本、费用及款项收付方面存在账实不符的情况。自查披露的部分相关内容如下：

> （1）由于公司采购付款、工程款支付以及确认业务款项时的会计处理存在错误，造成应收账款少计 6.41 亿元，存货少计 195.46 亿元，在建工程少计 6.32 亿元；

（2）由于核算账户资金时存在错误，造成货币资金多计 299.44 亿元；

（3）在确认营业收入和营业成本时存在错误，造成营业收入多计 88.98 亿元，营业成本多计 76.62 亿元；

（4）在核算销售费用和财务费用存在错误，造成销售费用少计 4.97 亿元，财务费用少计 2.28 亿元。

证监会在 2018 年 12 月 28 日开始立案调查康美药业。2020 年 5 月 14 日，证监会宣布《证监会对康美药业做出处罚及禁入决定》，具体内容如下[①]：

证监会对康美药业做出处罚及禁入决定

证监会依法对康美药业违法违规案做出行政处罚及市场禁入决定，决定对康美药业责令改正，给予警告，并处以 60 万元罚款，对 21 名责任人员处以 90 万元至 10 万元不等罚款，对 6 名主要责任人采取 10 年至终身证券市场禁入措施。相关中介机构涉嫌违法违规行为正在行政调查审理程序中。同时，证监会已将康美药业及相关人员涉嫌犯罪行为移送司法机关。

证监会最终认定，2016 年至 2018 年，康美药业虚增巨额营业收入，通过伪造、变造大额定期存单等方式虚增货币资金，将不满足会计确认和计量条件工程项目纳入报表，虚增固定资产等。同时，康美药业存在控股股东及其关联方非经营性占用资金情况。上述行为致使康美药业披露的相关年度报告存在虚假记载和重大遗漏。

康美药业有预谋、有组织，长期、系统实施财务欺诈行为，践踏法治，对市场和投资者毫无敬畏之心，严重破坏资本市场健康生态。证监会发现案涉违法行为后，立即集中力量查办，持续公布执法进展，疫情期间通过多地远程视频会议方式召开听证会，听取当事人陈述申辩，并在坚持法治原则下从严从重从快惩处。

证监会重申，信息披露制度是资本市场健康发展的制度基石，依法诚信经营是最基本的市场纪律。一些上市企业无视法律和规则，实施财务造假等侵害投资者利益的恶劣行为，相关中介机构未履职尽责、勤勉从业，严重阻碍资本市场健康发展。对此，证监会将始终保持高压态势，用足用好法律赋予的职责，综合运用行政处罚、刑事追责、民事赔偿及诚信记录等追责体系，对财务造假等行为重拳出击。

随着新《证券法》颁布实施和资本市场改革的不断推进，财务造假等证券违法违规成本将大幅提升，行政处罚决定做出后，相关责任单位和人员也将面临投资者民事诉讼索赔，付出更高昂的代价。希望广大上市公司引以为戒，坚守诚信底线，相关中介机构归位尽责，共同助力市场健康发展。证监会也将继续加强投资者保护，提高上市公司质量，压实中介机构责任，精准监管执法，坚决净化市场环境，更好发挥资本市场服务实体经济和投资者的功能。

① 资料来源：证监会对康美药业做出处罚及禁入决定_ 中国证券监督管理委员会（csrc. gov. cn）。

康美药业财务造假事件已经尘埃落定，并且已经受到严厉的处罚。请大家想一下，如果分析人员未能识别出康美药业财务报表数据造假，直接以虚假财务数据进行分析，这样的结论是可靠的吗？毋庸置疑，这样得出的分析结论一定是不可靠的。

在对财务报表进行分析时，隐含着一个假设，财务报表的信息是真实可靠的。在此基础上的财务分析并给定的建议才有可能是恰当的。但是，如果财务报表信息本身是不可靠的，则在此基础上计算的财务分析指标应该也就是不可靠且没有意义的。所以，我们在进行分析时，应首先确认数据来源信息的真实可靠。在对上市公司进行分析时，由于只能通过财务报表及附注信息对公司进行了解，尤其需要注意财务报表数据本身的可靠程度，具备一定的职业谨慎态度。当然，作为财经类专业毕业的学生，我们在进行会计核算、编制财务报表时，也一定要遵守会计准则及职业道德要求。

项目六
供应链分析

【学习目标】

☐ 能够理解企业供应链背景，评估分析需求，确定供应链分析维度

☐ 具备敏锐洞察力，能够识别问题

☐ 具备大数据思维，能够利用技术工具收集供应链相关数据、绘制可视化图像

☐ 具备职业判断力，能够初步分析供应链相关数据变化动因

☐ 具备责任意识，能提出供应链的相关决策建议

【知识框架】

供应链是围绕核心企业，通过对信息流、物流、资金流的控制，从采购原材料开始，制成中间产品及最终产品，最后通过销售网络把产品送到消费者手中，并将供应商、制造商、分销商、零售商直到最终用户连成一个整体的网链结构和模式。

现金循环周期分析、存货管理策略分析与供应商分析是供应链分析的核心内容，如图6-1所示。

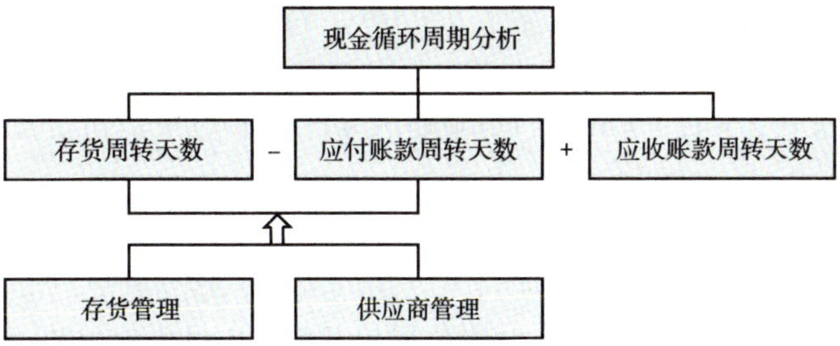

图6-1　供应链分析

任务一　现金循环周期分析

【任务案例】

随着行业市场竞争格局的变化，当前企业之间的竞争已经不仅是企业个体之间的竞争，而是发展到企业间供应链的竞争，供应链上下游的产业同盟间的竞争。纵观整体企业经营管理，财务数据能够很好地反映一个公司供应链管理的水平，能从一定程度上反映供应链管理中存在的问题。基于相关财务数据的指标分析，可以聚焦并定位供应链管理的短板，从而为改进和优化供应链管理提供重要的决策依据。优化供应链管理的起点是通过财务、销售、供应链等不同业务数据进行综合分析，随之定位并发现相关问题。

华瑞公司管理层要求分析人员构建供应链财务分析指标，并对指标进行分析，为相关部门提供决策支持，现金循环周期是对供应链进行财务分析的重要指标。

【任务处理】

供应链是围绕核心企业，通过对信息流、物流、资金流的控制，从采购原材料开始，制成中间产品及最终产品，最后通过销售网络把产品送到消费者手中，并将供应商、制造商、分销商、零售商直到最终用户连成一个整体的网链结构和模式。资金流、物流与信息流是供应链管理的核心。

1. 现金循环周期整体分析

资金在企业内外流转包含四个环节：现金流出购买原材料、变为企业存货停留在企业内、销售形成应收账款，以及最终回款导致现金流收回。这个过程周转越快，现金循环周期越短，资金的使用效率及运营效率也越高。

现金循环周期计算公式为：

存货周转天数（年度）=365÷{营业成本÷[（存货期初余额+存货期末余额）÷2]}

应收账款周转天数（年度）=365÷{营业收入÷[（应收账款期初余额+应收账款期末余额）÷2]}

应付账款周转天数（年度）=365÷{营业成本÷[（应付账款期初余额+应付账款期末余额）÷2]}

现金循环周期=存货周转天数+应收账款周转天数−应付账款周转天数

要缩短现金流量周期就需要从存货周转天数、应收账款周转天数和应付账款周转天数三个因素入手。

首先是延长应付账款的账期。公司可以与供应商协商，尽量延长购进原材料等存货的付款时间。在部分电商平台或大卖场，还存在平台或卖场商品销售后才与供应商结算货款的情形。企业之所以可以延长与供应商付款的账期，要么是因为企业有较强的话语权，要么是因为供应商从供应链协同效益最大化的角度，允许企业可以免费占用一部分资金。

其次是减少存货周转天数。对于拥有较高议价能力的企业而言，可以通过供应商管理库存或减少安全库存的方式减少存货周转天数。所谓供应商管理库存，是指存货虽然有明确的向企业提供的指向，但其所有权仍在供应商，不属于企业，因而不纳入企业存货。所谓降低安全库存是指尽可能减少备用存货，如零库存就是将安全库存降为零的管理模式。尽管一般而言减少存货周转天数可以缩短现金流量周期，但也需考虑特殊情况。例如，企业基于战略的需要储备存货，如防止价格上涨而增加的存货储备等，尽管会增加存货周转天数，但从企业整体价值来看，可能是相对有利的。

最后是降低应收账款周转天数。应收账款管理也是现金流量周期管理的重要因素。企业通常会利用折扣等营销策略加速应收账款的回收。当然，企业可能会为了维护客户关系，给予信用等级较高用户更宽松的信用政策，或者为了扶持客户的发展，给予客户免费资金占用的优惠政策。

2. 分析存货周转天数

对于生产企业而言，存货周转天数可以基于存货形态分为原材料周转天数、在制品周转天数、产成品周转天数。

原材料周转天数（年度）=365÷{原材料领用金额÷[（原材料期初余额+原材料期末余额）÷2]}

在制品周转天数（年度）=365÷{在制品领用金额÷[（在制品期初余额+在制品期末余额）÷2]}

产成品周转天数（年度）=365÷{营业成本[1]÷[（产成品期初余额+产成品期末余额）÷2]}

对于商品流通企业而言，企业购买商品主要是为了销售，因而可以将存货按商品类别进行分类，如可以分为生鲜商品、日用百货、零食休闲等，分别计算分析存货周转天数。

某商品类别周转天数（年度）=365÷{某商品类别营业成本÷[（某商品类别期初余额+某商品类别期末余额）÷2]}

当然，公司还可以进一步对商品类别进行分析，如生鲜商品类别可以进一步分类为鲜肉、水产等进行分析。水产还可以进一步分类为鱼、虾等，还可以进一步按公司 SKU 品种进行分析。SKU 是指仓库里存放管理的实物商品。每个 SKU 都对应一个销售侧的定价，以及供应链侧的库存数量。例如，三元袋装特品奶是一个 SKU，但三元箱装极致特品奶则是另外一个 SKU。分类颗粒度越小，越能准确分析商品周转天数变化的原因，也越有利于企业管理者、采购部门进行决策。例如，经过分析，发现鱼类产品周转天数过长，则表明该类产品可能不符合消费者需求，则采购部门可以减少其采购批量，而营销部门可以通过促销策略加速现有鱼类库存的周转。

3. 分析应付账款周转天数

公司应付账款周转天数高于行业平均水平，通常表明公司可以无偿占用较多供应商货款，这有可能是因为公司信誉较好，有重要的市场地位，在谈判时具有一定的优势，因而能获得较好的信用政策。也有可能是因为供应商从整体供应链发展的角度考虑，给予部分小规

① 在报表层面计算存货周转率时，以利润表上营业成本口径计算，在分类别、分产品计算存货周转率时，营业成本指的是对应商品的销售成本。

模企业较长的应付款项账期，实质上是为其提供了无息的资金支持。

4. 分析应收账款周转天数

公司应收账款周转天数高于行业平均水平，通常表明客户可以无偿占用较多本企业货款，这有可能是因为客户信誉较好，有重要的市场地位，在谈判时具有一定的优势，因而能获得较好的信用政策。也有可能是因为企业从整体供应链发展的角度考虑，给予部分小规模企业较长的应收款项账期，实质上是为其提供了无息的资金支持。

【任务实施】

1. 现金循环周期分析

在分析任务案例中现金循环周期指标时，主要的工作步骤如下：

步骤一：通过利润表，采集公司营业收入、营业成本数据信息，通过资产负债表采集期初与期末存货、期初与期末应收账款等信息，计算近 10 年现金循环周期指标数值。

现金循环周期系统实操

(1) 采集华瑞公司 2011—2021 年年报利润表数据，如表 6 - 1 所示。

表 6 - 1　　2011—2021 年年报利润表数据

报表日期	20211231	20201231	20191231	20181231	20171231	20161231	20151231	20141231	20131231	20121231	20111231
单位	元	元	元	元	元	元	元	元	元	元	元
一、营业总收入	91061894312	93199107664	84876960044	70516654453	58591343430	49231645818	42144829562	36726802955	30542816684	24684317980	17731555790
营业收入	91061894312	93199107664	84876960044	70516654453	58591343430	49231645818	42144829562	36726802955	30542816684	24684317980	17731555790
二、营业总成本	95004917682	91455482429	82967349921	69920918923	56764808446	47909011159	41325934032	35892444349	29758620237	24119276412	17164740230
营业成本	74027212258	73280513428	66573577344	54899739654	46382795336	39291926988	33785437573	29506888810	24681910830	19859025893	14318206235
营业税金及附加	212940218.1	219749875.5	247220310.4	237484758.4	209423777.9	218985979	206535002	175659203.2	138701245.1	115166885.8	82890032.43
销售费用	16629508069	15438729870	13782073241	11560294075	8451613885	7165231150	6376537902	5263876099	4148221464	3329138238	2294512701
管理费用	2155455992	2293027944	2013332929	3007200280	1781080184	1288541155	969908237	828077849	705267458.6	643905876.2	403633512.2
财务费用	1551693676	223461312.4	351146096.1	147537247.4	-82768359.43	-74196240.11	-24579971.3	104087656.4	82006969.31	147962831.1	49395415.55
研发费用	428107468.2	0	0	0	0	0	0	0	0	0	0
资产减值损失	0	0	0	68662907.88	22663622.37	18522126.1	12095289.47	13854731.34	2512269.89	24076687.53	16102333.97
公允价值变动收益	-378526760.3	1151555963	83772888.34	33145833.45	-80552906.15	7491499.77	15203841.4	1914523.54	17892165.1	-10513176.04	0
投资收益	192012754	-142942629.2	-68679966.35	548256926.2	145085619.8	167469633.3	-73356444.67	219568065.4	-837418.68	13480298.28	21578801.72
其中对联营企业和合营企业的投资收益	-49185860.49	-273205996	-421925994.5	130222861	-55340323.51	-121306196.1	-89277532.44	-4728506.72	0	0	0
汇兑收益	0	0	0	0	0	0	0	0	0	0	0
三、营业利润	-4827581827	2284756496	1640002761	1264461159	1940644965	1497595793	760742926.5	1055841195	801251193.5	568008690.8	588394361.8
加:营业外收入	343946144.1	290389354.5	222504177.4	232779515.1	166541129	179144387.6	181451324.9	122980826.9	180432009	126592242.8	36109673.1
减：营业外支出	238437045.9	400965801.2	85412370.21	48223881.25	74030406.24	120250217.5	144868719.9	94530842.4	36220986.78	30982919.62	21718236.4
其中：非流动资产处置损失	0	0	0	0	0	68554122.33	85017816.64	53259751.08	3248037.62	4520581.34	2228245.3
四、利润总额	-4722072728	2174180049	1777094568	1449016793	2033155687	1556489963	797325531.6	1084291179	945462215.7	663618013.9	602785798.5
减：所得税费用	-227494019.4	520991471.8	324253218.9	451614260.6	348481700.5	342764502.6	197255621.2	231602956.5	223782174.5	160570424.6	135218883.8
五、净利润	-4494578709	1653188578	1452841349	997402532.2	1684673987	1213725460	600069910.4	852688222.8	721680041.2	503047589.3	467566914.8
归属于母公司所有者的净利润	-3943871850	1794470167	1563727530	1480353302	1816794118	1242005725	605328259.9	851560411.2	720581180.4	502116157.8	466920162
少数股东损益	-550706859.2	-141281589.6	-110886180.5	-482950770.2	-132120131.4	-28280264.92	-5258349.54	1127811.6	1098860.87	931431.54	646752.75
六、每股收益											
基本每股收益(元/股)	-0.43	0.19	0.16	0.15	0.19	0.14	0.16	0.26	0.46	0.65	0.61
稀释每股收益(元/股)	-0.43	0.19	0.16	0.15	0.19	0.14	0.16	0.26	0.46	0.65	0.61
七、其他综合收益	2078468.25	-2086197.59	136237.08	995620.35	296430.49	73775.61	0	0	0	0	0
八、综合收益总额	-4492500241	1651102380	1452977586	998398152.6	1684970417	1213799236	600069910.4	852688222.8	721680041.2	503047589.3	467566914.8
归属于母公司所有者的综合收益总额	-3941793382	1792383970	1563863767	1481348923	1817090549	1242079501	605328259.9	851560411.2	720581180.4	502116157.8	466920162
归属于少数股东的综合收益总额	-550706859.2	-141281589.6	-110886180.5	-482950770.2	-132120131.4	-28280264.92	-5258349.54	1127811.6	1098860.87	931431.54	646752.75

(2) 采集华瑞公司 2011—2021 年年报资产负债表数据，如表 6 - 2 所示。

(3) 提取"营业收入""营业成本""存货""应收账款"和"应付账款"数据，单位为元，如表 6 - 3 所示。

步骤二：通过大数据财务分析平台计算存货周转天数、应收账款周转天数、应付账款周转天数、现金循环周期，得到如表 6 - 4 所示数据。

(1) 存货周转天数（年度）。

存货周转天数（年度）= 365 ÷ {营业成本 ÷ [（存货期初余额 + 存货期末余额）÷ 2]}

以 2021 年为例，

存货周转天数（年度）= 365 ÷ {74027212258 ÷ [（107991491207 + 10881679092）÷ 2]} = 53.43（天）

保留一位小数进行分析，为 53.4 天。

（2）应收账款周转天数（年度）。

表 6－2　　2011—2021 年年报资产负债表数据

报表日期	20211231	20201231	20191231	20181231	20171231	20161231	20151231	20141231	20131231	20121231	20111231
单位	元	元	元	元	元	元	元	元	元	元	元
流动资产											
货币资金	9163127740	12005455155	7128601434	4732524365	4607788289	8097483424	4293566046	2092699791	1896466271	1398601171	2019058906
交易性金融资产	1560917921	241410438.3	1023846482	3157108192	1870435958	1440768617	81568032	59293147.6	259312696.4	19464284.98	0
衍生金融资产	0	0	0	0	0	0	0	0	0	0	0
应收票据及应收账款	1888455595	3157564229	3515103143	2085050895	980037358	486904719	0	0	98010688.51	177668583.8	0
应收票据	0	0	0	0	0	0	0	944812	0	0	0
应收账款	1888455595	3157564229	3515103143	2085050895	980037358	486904719	101548435.6	111245428.3	98010688.51	177668583.8	109584509.5
应收款项融资	0	0	0	0	0	0	0	0	0	0	0
预付款项	1972320710	2467802584	2398084499	2105009599	1904231794	1442997366	1063044343	1302376685	925650054.2	761591379.3	649409774.8
其他应收款(合计)	742369328.4	938269620.4	952142734.1	834531652.6	832535829.1	1223760284	0	0	863545237.9	999573167.4	0
应收利息	201536.05	211245.24	13795876.83	109678087.2	20480337.82	2739980.15	13102266.66	0	0	399546.7	4552028.7
应收股利	0	0	3148948.14	0	0	0	0	0	0	0	0
其他应收款	742167792.4	938058375.2	935197909.1	724853565.4	812055491.2	1221020304	767350426	779803261.1	863545237.9	999173620.7	806917816.5
买入返售金融资产	0	0	0	0	0	0	0	0	0	0	0
存货	10791491207	10881679092	12333394618	8118870848	5582117828	5378522934	4250062449	3699096723	3348533371	2871911735	2395405309
划分为持有待售的资产	0	0	0	0	0	0	0	0	0	0	0
一年内到期的非流动资产	41563339.26	0	0	0	0	0	0	0	0	0	0
待摊费用	0	0	0	0	0	0	0	0	0	0	0
待处理流动资产损益	0	0	0	0	0	0	0	0	0	0	0
其他流动资产	1985431196	2092549539	1920364191	2394700204	4241187192	2495897063	1360171231	204747319	107981113.7	48444884.69	0
流动资产合计	28714483292	33178489376	31066176405	23953003337	20336531430	20566334408	11930413229	8250207167	7499499432	6277255206	5984928345
非流动资产											
发放贷款及垫款	245810924.8	201557024.8	85786560.6	29261668.83	32997500.99	0	0	0	0	0	0
可供出售金融资产	0	0	0	656797245.7	664058752	10000000	10000000	0	0	0	0
持有至到期投资	0	0	38465213.29	0	0	0	0	0	0	0	0
长期应收款	73044056.84	0	0	0	0	0	0	0	0	0	0
长期股权投资	4773553407	5409972861	5886117906	5701013718	3659063577	1975840640	1945453199	1237351940	22500000	0	209993901.7
投资性房地产	321941383.8	332748387.9	343272899	346336674.4	356674599.5	367053810.9	136171075.5	142081889.4	0	0	0
在建工程(合计)	410335149.9	194264567.1	174422785.3	291783175.5	422913644.8	324462930.8	0	0	669548335.2	481585983	0
在建工程	410335149.9	194264567.1	174422785.3	291783175.5	422913644.8	324462930.8	375640722.1	465234486.1	669548335.2	481585983	298544727.8
工程物资	0	0	0	0	0	0	0	0	0	0	0
固定资产及清理(合计)	4646074375	5310424472	5128479170	4511524832	3676174379	3108687034	0	0	2357071050	2067639840	0

表 6－3　　2011—2021 年营业收入、营业成本、存货、应收账款等数据

报表日期	20211231	20201231	20191231	20181231	20171231	20161231	20151231	20141231	20131231	20121231	20111231	20101231
营业收入	91061894312	93199107664	84876960044	70516654453	58591343430	49231645818	42144829562	36726802955	30542816684	24684317980	17731555790	12316503736
营业成本	74027212258	73280513428	66573577344	54899739654	46382795336	39291926988	33785437573	29506888810	24681910830	19859025893	14318206235	9961855262
存货	10791491207	10881679092	12333394618	8118870848	5582117828	5378522934	4250062449	3699096723	3348533371	2871911735	2395405309	1351165020
应收账款	1888455595	3157564229	3515103143	2085050895	980037358	486904719	101548435.6	111245428.3	98010688.51	177668583.8	109584509.5	48286879.73
应付账款	12518578826	12513674032	12983314359	9716153880	7591380823	6495402481	5201025838	5064426875	3990155728	3314876128	2118867978	1148339058

表 6－4　　现金循环周期分析

	2021	2020	2019	2018	2017	2016	2015	2014	2013	2012	2011
存货周转天数	53.4	57.8	56.1	45.5	43.1	44.7	42.9	43.6	46.0	48.4	47.8
应收账款周转天数	10.1	13.1	12.0	7.9	4.6	2.2	0.9	1.0	1.6	2.1	1.6
应付账款周转天数	61.7	63.5	62.2	57.5	55.4	54.3	55.5	56.0	54.0	49.9	41.6
现金循环天数	1.8	7.4	5.9	－4.1	－7.7	－7.4	－11.6	－11.4	－6.4	0.6	7.7

应收账款周转天数（年度）＝365÷{营业收入÷[（应收账款期初余额＋应收账款期末余额）÷2]}

以 2021 年为例，

应收账款周转天数＝365÷{91061894312÷[（1888455595＋315756429）÷2]}＝10.1128（天）

保留一位小数进行分析，为 10.1 天。

（3）应付账款周转天数（年度）。

应付账款周转天数（年度）＝365÷{营业成本÷[（应付账款期初余额＋应付账款期末余额）÷2]}

以 2021 年为例，应付账款周转天数＝365÷{74027212258÷[（12518578826＋12513674032）÷2]}＝61.712（天）

保留一位小数进行分析，为 61.7 天。

（4）现金循环周期。

现金循环周期 = 存货周转天数 + 应收账款周转天数 - 应付账款周转天数

以 2021 年为例，

现金循环周期 = 53.4 + 10.1 - 61.7 = 1.8（天）

步骤三：绘制公司现金循环周期指标时间趋势柱形图（见图 6 - 2），并分析变化趋势。

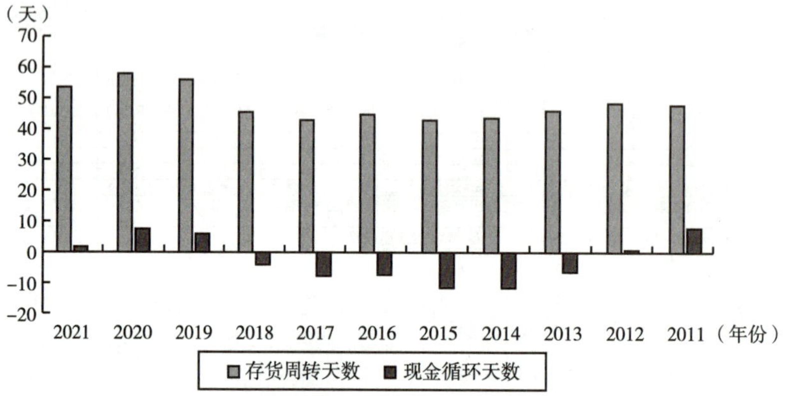

图 6 - 2　现金循环周期指标——时间趋势折线图

采用柱形图，绘制分析现金循环天数等指标在 2011—2021 年期间的变化趋势。

通过可视化图形，我们可以看到近 10 年，华瑞公司的存货周转天数基本保持稳定，现金循环天数保持较低水平，但却呈现了上升趋势。应收账款周转天数与存货周转天数近年来呈现上升趋势，表明相比于供应商、客户，公司议价能力呈现弱化趋势。

步骤四：同行业现金循环周期计算。

（1）采集同行业步步高、家家悦、华联综超等公司 2018—2021 年的利润表数据，采集同行业公司营业收入、营业成本数据信息。

（2）采集同行业步步高、家家悦、华联综超等公司 2018—2021 年的资产负债表数据，通过资产负债表采集期初与期末存货、期初与期末应收账款、应付账款等数据，计算近三年现金循环周期指标数值。

（3）采集并处理步步高、家家悦、华联综超等同行业公司 2019—2021 年的财务报表数据，计算现金循环周期天数，整理得到以下数据，如表 6 - 5 所示。

表 6 - 5　　同行业公司现金循环周期

	2019 年	2020 年	2021 年
华瑞公司	5.9	7.4	1.8
步步高	-27.6	-34.9	-55.8
家家悦	-9.0	-5.6	-6.5
华联综超	-8.4	-9.9	-36.1

步骤五：绘制本公司和同行业公司现金循环周期指标时间趋势折线图，并分析本公司与同行业公司的差异。

（1）将同行业公司现金循环周期数据，绘制成时间趋势折线图，如图 6－3 所示。

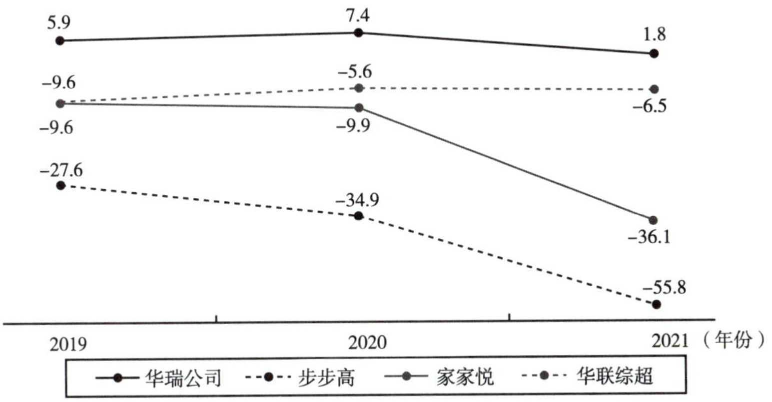

图 6－3　同行业现金循环周期——时间趋势折线图

（2）根据可视化图形，可以看出，整体同行业现金循环周期各年度趋势基本比较相似，呈现出行业的总体趋势。2021 年，现金循环周期有所缩短。现金周期为负说明企业在运营管理中占用了其他企业的资金。

步骤六：结合上述分析，给定分析结论及相关建议。

通过对华瑞公司及行业竞争企业的现金周转天数的分析，华瑞公司本身现金循环周期控制较好。但相比同行业其他企业，华瑞公司的现金循环周期明显较长，说明其整体供应链管理需要调整相关策略，货币资金循环效率还有提升空间。

2. 存货周转天数分析

任务案例中，华瑞公司为零售企业，基于生鲜商品、日用百货、零食休闲分类分别计算存货周转天数，然后具体分析生鲜商品类别下各商品的存货周转天数。

步骤一：采集公司生鲜商品、日用百货、零食休闲各自类别存货的期初余额、期末余额、营业成本数据信息，如表 6－6 所示。

计算近三年每个月各类别存货周转天数指标数值；根据存货周转天数指标公式，按月进行计算，换算公式得到：

某商品类别周转天数＝30÷{某商品类别营业成本÷[（某商品类别期初余额＋某商品类别期末余额）÷2]}

以生鲜及加工类产品 2019 年 2 月库存周转天数为例，

库存周转天数＝30÷{282658.75÷[（92616.77＋89036.79）÷2]}＝9.67（天）

计算结果如表 6－7 所示。

步骤二：绘制近三年每个月各类别存货周转天数指标时间趋势折线图，并分析变化趋势，如图 6－4 所示。

近三年的库存周转天数在 2019 年末呈现激增情况，后续逐渐平稳，整体库存周转天数控制在相对稳定的状态，证明公司对于库存控制较好。

步骤三：采集公司生鲜商品类别下各商品的期初余额、期末余额、营业成本数据信息，如表 6－8 所示。

表 6－6　　分产品营业成本、余额数据表

分产品-营业成本	201901	201902	201903	201904	201905	201906	201907	201908	201909	201910	201911	201912	
生鲜及加工	285,501.07	282,658.75	279,816.43	276,974.12	274,131.80	271,289.48	268,447.16	262,238.39	275,029.62	280,820.85	291,612.07	291,403.30	
日用百货	143,311.20	141,836.91	145,362.62	145,888.32	145,414.03	141,839.74	139,465.45	141,991.15	142,516.86	141,042.57	143,568.27	156,093.98	
零食休闲	95,255.13	98,791.88	102,328.64	105,865.40	109,402.15	112,938.91	116,475.67	121,245.31	126,014.95	120,784.60	115,554.24	110,323.88	
分产品-期末余额	201812	201901	201902	201903	201904	201905	201906	201907	201908	201909	201910	201911	201912
生鲜及加工	91,548.21	92,616.77	89,036.79	85,456.82	81,876.84	78,296.86	74,716.89	71,136.91	67,556.93	63,976.96	60,396.98	56,817.00	53,237.03
日用百货	50,982.65	51,070.71	51,172.76	51,172.76	51,172.76	51,172.76	51,172.76	51,172.76	51,189.67	51,206.48	51,223.20	51,239.84	51,256.38
零食休闲	34,412.75	34,446.96	34,464.45	34,481.96	34,499.50	34,517.07	34,534.66	34,552.27	34,569.91	34,587.56	34,605.24	34,622.94	34,640.66
分产品-营业成本	202001	202002	202003	202004	202005	202006	202007	202008	202009	202010	202011	202012	
生鲜及加工	294,252.95	294,848.61	295,444.28	296,039.95	296,635.61	297,231.28	297,826.95	297,912.58	297,998.21	298,083.85	298,169.48	298,255.11	
日用百货	148,619.69	151,145.39	153,671.10	156,196.81	158,722.52	161,248.22	163,773.93	166,299.64	168,825.34	171,351.05	173,876.76	176,402.46	
零食休闲	167,014.08	163830.92	160,647.75	157464.58	154,281.42	151098.25	147,915.08	141298.31	134,681.54	128064.76	131,447.99	134831.22	
分产品-期末余额	202001	202002	202003	202004	202005	202006	202007	202008	202009	202010	201911	201912	
生鲜及加工	55,160.77	52,036.79	48,912.82	45,788.84	42,664.86	39,540.89	36,416.91	33,292.93	30,168.96	35,044.98	33,921.00	33,797.03	
日用百货	51,070.71	51,172.76	51,172.76	51,172.76	51,172.76	51,172.76	51,172.76	51,189.67	51,206.48	51,223.20	51,239.84	51,256.38	
零食休闲	34,446.96	34,464.45	34,481.96	34,499.50	34,517.07	34,534.66	34,552.27	34,569.91	34,587.56	34,605.24	34,622.94	34,640.66	
分产品-营业成本	202101	202102	202103	202104	202105	202106	202107	202108	202109	202110	202111	202112	
生鲜及加工	301,959.84	301,892.26	301,824.68	301,757.10	301,689.51	301,621.93	301,554.35	301,429.17	301,303.99	301,178.82	301,053.64	300,928.46	
日用百货	178,992.81	185,785.51	191,671.21	187,556.91	183,442.61	179,328.31	195,214.01	182,932.23	210,650.45	208,368.67	196,086.89	213,805.11	
零食休闲	134,191.96	104,337.96	144,813.96	124,629.96	114,775.96	134,921.96	135,067.96	143,181.33	151,294.70	159,408.07	167,521.44	175,634.81	
分产品-期末余额	202101	202102	202103	202104	202105	202106	202107	202108	202109	202110	202111	202112	
生鲜及加工	54,129.77	51,236.79	48,343.82	45,450.84	42,557.86	39,664.89	43,771.91	43,878.93	44,652.62	42,759.65	41,866.67	42,973.69	
日用百货	51,270.71	51,172.76	51,271.71	51,172.76	51,272.71	51,172.76	51,273.71	51,172.76	51,274.71	51,172.76	51,275.71	51,172.76	
零食休闲	35,126.96	35,464.45	35,801.94	36,139.43	36,476.92	36,814.41	37,151.90	37,489.39	37,826.88	38,164.37	38,501.86	38,839.35	

表 6－7　　分产品——库存周转天数

分产品-库存周转天数	201901	201902	201903	201904	201905	201906	201907	201908	201909	201910	201911	201912
生鲜及加工	9.7	9.6	9.4	9.1	8.8	8.5	8.1	7.9	7.2	6.6	6.0	5.7
日用百货	10.7	10.8	10.6	10.5	10.6	10.8	11.0	10.8	10.8	10.9	10.7	9.8
零食休闲	10.8	10.5	10.1	9.8	9.5	9.2	8.9	8.6	8.2	8.6	9.0	9.4
分产品-库存周转天数	202001	202002	202003	202004	202005	202006	202007	202008	202009	202010	202011	202012
生鲜及加工	5.5	5.5	5.1	4.8	4.5	4.1	3.8	3.5	3.2	3.3	3.5	3.4
日用百货	10.3	10.1	10.0	9.8	9.7	9.5	9.4	9.2	9.1	9.0	8.8	8.7
零食休闲	6.2	6.3	6.4	6.6	6.7	6.9	7.0	7.3	7.7	8.1	7.9	7.7
分产品-库存周转天数	202101	202102	202103	202104	202105	202106	202107	202108	202109	202110	202111	202112
生鲜及加工	4.4	5.2	4.9	4.7	4.4	4.1	4.2	4.4	4.4	4.4	4.2	4.2
日用百货	8.6	8.3	8.0	8.2	8.4	8.6	7.9	8.4	7.3	7.4	7.8	7.2
零食休闲	7.8	10.1	7.4	8.7	9.5	8.1	8.2	7.8	7.5	7.2	6.9	6.6

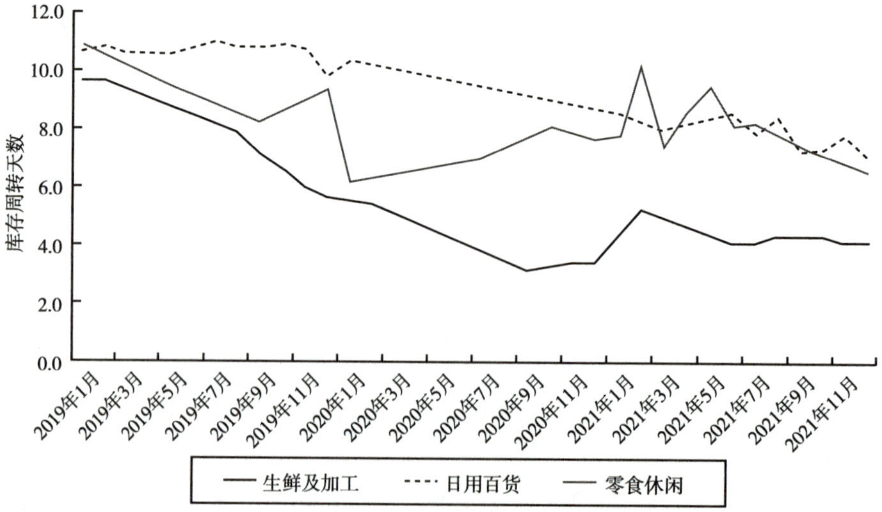

图 6－4　分产品类别——近三年每个月的库存周转天数

表 6-8　　生鲜商品类别余额——营业成本数据

生鲜商品类别-营业成本	201812	201901	201902	201903	201904	201905	201906	201907	201908	201909	201910	201911	201912
海白虾	233,461.29	235,501.07	235,658.75	235,816.43	235,974.12	236,131.80	236,289.48	236,447.16	236,604.84	236,762.53	236,920.21	237,077.89	237,235.57
带鱼	62,360.15	63,930.15	63,493.27	63,056.39	62,619.51	62,182.63	61,745.75	61,308.87	60,871.99	60,435.11	59,998.23	59,561.35	59,124.47
生猪肉	95,623.89	98,291.89	99,283.29	100,274.69	101,266.09	102,257.49	103,248.89	104,240.29	105,231.69	106,223.09	107,214.49	108,205.89	109,197.29
面包蟹	21,147.50	21,782.50	21,892.32	22,002.14	22,111.96	22,221.78	22,331.60	22,441.42	22,551.24	22,661.06	22,770.88	22,880.70	22,990.52
扇贝	125,289.75	117,289.75	117,368.64	117,447.53	117,526.42	117,605.31	117,684.20	117,763.09	117,841.98	117,920.87	117,999.76	118,078.65	118,157.54
生鲜商品类别-期末余额	201812	201901	201902	201903	201904	201905	201906	201907	201908	201909	201910	201911	201912
海白虾	17,863.11	18,523.35	18,612.78	18,523.35	18,613.78	18,523.35	18,614.78	18,523.35	18,615.78	18,523.35	18,616.78	18,523.35	18,617.78
带鱼	7,465.90	7,891.42	8,126.38	8,361.34	8,596.30	8,831.26	9,066.22	9,301.18	9,536.14	9,771.10	10,006.06	10,241.02	10,475.98
生猪肉	29,384.21	31,282.92	32,092.75	32,902.58	33,712.41	34,522.24	35,332.07	36,141.90	36,951.73	37,761.56	38,571.39	39,381.22	40,191.05
面包蟹	5,637.10	5,728.17	5,810.21	5,892.25	5,974.29	6,056.33	6,138.37	6,220.41	6,302.45	6,384.49	6,466.53	6,548.57	6,630.61
扇贝	7,827.56	9,827.11	9,682.93	9,538.75	9,394.57	9,250.39	9,106.21	8,962.03	8,817.85	8,673.67	8,529.49	8,385.31	8,241.13
生鲜商品类别-营业成本	202001	202002	202003	202004	202005	202006	202007	202008	202009	202010	202011	202012	
海白虾	144,678.07	145,658.75	146,639.43	147,620.12	148,600.80	149,581.48	150,562.16	151,542.84	152,523.53	153,504.21	154,484.89	155,465.57	
带鱼	63,930.15	63,493.27	63,056.39	62,619.51	62,182.63	61,745.75	61,308.87	60,871.99	60,435.11	59,998.23	59,561.35	59,124.47	
生猪肉	98,291.89	99,283.29	100,274.69	101,266.09	102,257.49	103,248.89	104,240.29	105,231.69	106,223.09	107,214.49	108,205.89	109,197.29	
面包蟹	21,782.50	21,892.32	22,002.14	22,111.96	22,221.78	22,331.60	22,441.42	22,551.24	22,661.06	22,770.88	22,880.70	22,990.52	
扇贝	117,289.75	117,368.64	117,447.53	117,526.42	117,605.31	117,684.20	117,763.09	117,841.98	117,920.87	117,999.76	118,078.65	118,157.54	
生鲜商品类别-期末余额	202001	202002	202003	202004	202005	202006	202007	202008	202009	202010	202011	202012	
海白虾	15,678.35	15,612.78	15,547.21	15,481.63	15,416.06	15,350.48	15,284.91	15,219.34	15,153.76	15,088.19	15,022.62	14,957.04	
带鱼	6,831.26	7,131.25	7,431.24	7,731.23	8,031.22	8,331.21	8,631.20	8,931.19	9,231.18	9,531.17	9,831.16	10,131.15	
生猪肉	29,185.27	30,092.34	30,999.41	31,906.48	32,813.55	33,720.62	34,627.69	35,534.76	36,441.83	37,348.90	38,255.97	39,163.04	
面包蟹	5,812.28	5,792.15	5,772.02	5,751.89	5,731.75	5,711.62	5,691.49	5,671.36	5,651.23	5,631.10	5,610.96	5,590.83	
扇贝	8,736.26	8,821.54	8,906.82	8,992.10	9,077.38	9,162.66	9,247.94	9,333.22	9,418.50	9,503.78	9,589.06	9,674.34	
生鲜商品类别-营业成本	202101	202102	202103	202104	202105	202106	202107	202108	202109	202110	202111	202112	
海白虾	245,501.07	245,658.75	245,816.43	245,974.12	246,131.80	246,289.48	246,447.16	246,604.84	246,762.53	246,920.21	247,077.89	247,235.57	
带鱼	143,930.15	141,347.27	138,764.39	136,181.51	133,598.63	131,015.75	128,432.87	125,849.99	123,267.11	120,684.23	118,101.35	115,518.47	
生猪肉	78,291.89	78,183.29	78,074.69	77,966.09	77,857.49	77,748.89	77,640.29	77,531.69	77,423.09	77,314.49	77,205.89	77,097.29	
面包蟹	21,782.50	21,892.32	22,002.14	22,111.96	22,221.78	22,331.60	22,441.42	22,551.24	22,661.06	22,770.88	22,880.70	22,990.52	
扇贝	107,289.75	107,368.64	117,447.53	117,526.42	117,605.31	117,684.20	117,763.09	117,841.98	117,920.87	117,999.76	118,078.65	118,157.54	
生鲜商品类别-期末余额	202101	202102	202103	202104	202105	202106	202107	202108	202109	202110	202111	202112	
海白虾	31,291.87	51,236.79	48,343.82	45,450.84	42,557.86	39,664.89	43,771.91	43,878.93	44,652.62	42,759.65	41,866.67	42,973.69	
带鱼	51,270.71	51,172.76	51,271.71	51,172.76	51,272.71	51,172.76	51,273.71	51,172.76	51,274.71	51,172.76	51,275.71	51,172.76	
生猪肉	35,126.96	35,464.45	35,801.94	36,139.43	36,476.92	36,814.41	37,151.90	37,489.39	37,826.88	38,164.37	38,501.86	38,839.35	
面包蟹	5,812.28	5,792.15	5,772.02	5,751.89	5,731.75	5,711.62	5,691.49	5,671.36	5,651.23	5,631.10	5,610.96	5,590.83	
扇贝	8,736.26	8,821.54	8,906.82	8,992.10	9,077.38	9,162.66	9,247.94	9,333.22	9,418.50	9,503.78	9,589.06	9,674.34	

按照库存周转天数公式：

某商品类别周转天数（月）= 30 ÷ {某商品类别营业成本 ÷ [（某商品类别期初余额 + 某商品类别期末余额）÷ 2]}

计算近三年每个月各商品周转天数指标数值，以海白虾 2019 年 2 月为例：

海白虾库存周转天数（201901）= 30 ÷ {235658. 75 ÷ [（18523. 35 + 18612. 28）÷ 2]} = 2. 37（天）保留一位小数，为 2. 4 天，如表 6-9 所示。

表 6-9　　生鲜商品类别——库存周转天数

生鲜商品类别-库存周转天数	201901	201902	201903	201904	201905	201906	201907	201908	201909	201910	201911	201912
海白虾	2.3	2.4	2.4	2.4	2.4	2.4	2.4	2.4	2.4	2.4	2.3	2.3
带鱼	3.6	3.8	3.9	4.1	4.2	4.3	4.5	4.6	4.8	4.9	5.1	5.3
生猪肉	9.3	9.6	9.7	9.9	10.0	10.1	10.3	10.4	10.6	10.7	10.8	10.9
面包蟹	7.8	7.9	8.0	8.0	8.1	8.2	8.3	8.3	8.4	8.5	8.5	8.6
扇贝	2.3	2.5	2.5	2.4	2.4	2.3	2.3	2.3	2.2	2.2	2.1	2.1
生鲜商品类别-库存周转天数	202001	202002	202003	202004	202005	202006	202007	202008	202009	202010	202011	202012
海白虾	3.6	3.2	3.2	3.2	3.1	3.1	3.1	3.0	3.0	3.0	2.9	2.9
带鱼	4.1	3.3	3.5	3.6	3.8	4.0	4.2	4.3	4.5	4.7	4.9	5.1
生猪肉	10.6	9.0	9.1	9.3	9.5	9.7	9.8	10.0	10.2	10.3	10.5	10.6
面包蟹	8.6	8.0	7.9	7.8	7.8	7.7	7.6	7.6	7.5	7.4	7.4	7.3
扇贝	2.2	2.2	2.3	2.3	2.3	2.3	2.3	2.4	2.4	2.4	2.4	2.4
生鲜商品类别-库存周转天数	202101	202102	202103	202104	202105	202106	202107	202108	202109	202110	202111	202112
海白虾	2.8	5.0	6.1	5.7	5.4	5.0	5.1	5.3	5.4	5.3	5.1	5.1
带鱼	6.4	10.9	11.1	11.3	11.5	11.7	12.0	12.2	12.5	12.7	13.0	13.3
生猪肉	14.2	13.5	13.7	13.8	14.0	14.1	14.3	14.4	14.6	14.7	14.9	15.0
面包蟹	7.9	8.0	7.9	7.8	7.8	7.7	7.6	7.6	7.5	7.4	7.4	7.3
扇贝	2.6	2.5	2.3	2.3	2.3	2.3	2.3	2.4	2.4	2.4	2.4	2.4

步骤四：绘制近三年生鲜商品类别下各商品的存货周转天数指标时间趋势折线图，并分析变化趋势，可视化图形如图 6-5 所示。

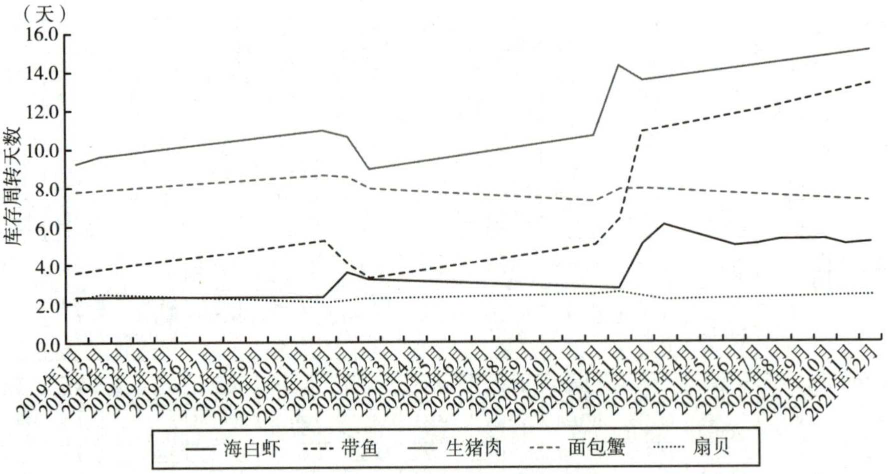

图 6-5　生鲜类商品库存周转天数趋势图

步骤五：结合上述分析，给定分析结论及相关建议。

根据可视化趋势图形，可以看到扇贝、海白虾的整体库存周转天数较低，符合产品特征。受近年生猪价格影响，生猪肉的库存周转天数出现年度周期性波动，且整体库存周转天数较高，需要考虑制定相关策略，提高库存周转率，加快现金循环速度。

从整体趋势看，2019—2021 年生猪肉、海白虾，带鱼、呈现大致逐年上升趋势，尤其是带鱼在 2021 年出现了快速上涨趋势，需要予以重点关注。面包蟹及扇贝相对比较平稳。对于不同生鲜类商品的可以通过存货管理、促销等策略提升整体库存周转速度。

3. 分析应付账款周转天数

任务案例中，可以在分析公司层面应付账款周转天数的基础上，基于供应商具体分析应付账款周转天数。

步骤一：

（1）采集公司各供应商的应付账款及对应销售商品的成本数据信息，采集并整理的数据，如表 6-10 所示。

（2）计算近三年每个月各供应商应付账款周转天数指标数值。按月进行应付账款周转天数计算，公式为：

应付账款周转天数（月）=30÷{营业成本÷[（应付账款期初余额+应付账款期末余额）÷2]}，以大禹码头 2019 年 2 月应付账款为例，应付账款周转天数 =30÷{34605.45÷[18503.35+18612.78）÷2]}=16.1（天）

利用大数据分析平台，新建列，计算后得到数据，如表 6-11 所示。

步骤二：绘制近三年每个月各供应商应付账款周转天数指标时间趋势折线图，如图 6-6 所示。

步骤三：结合上述分析，给定分析结论及相关建议。

不同供应商应付账款周转天数存在较大的差异。天峰食品应付账款周转天数最小，表明应付账款周转速度最快，应进一步分析恰乐家悦公司应付账款周转天数变长的原因。

表 6－10　各供应商应付账款、成本数据

分供应商-成本	201901	201902	201903	201904	201905	201906	201907	201908	201909	201910	201911	201912	
大禹码头	35,501.07	34,605.45	33,709.83	32,814.21	35,918.58	35,022.96	35,127.34	35,231.72	35,336.10	35,440.48	35,544.86	35,649.23	
万象生鲜	33,930.15	33,493.27	33,056.39	32,619.51	32,182.63	31,745.75	31,308.87	30,871.99	30,435.11	29,998.23	29,561.35	29,124.47	
零零食品	78,291.89	79,283.29	80,274.69	81,266.09	82,257.49	83,248.89	81,240.29	85,231.69	86,223.09	82,214.49	81,205.89	79,197.29	
恰乐家悦	11,782.23	11,892.32	12,002.41	12,112.50	12,222.59	12,332.68	12,442.77	12,552.86	12,662.95	12,773.04	12,883.13	12,993.22	
天峰食品	97,289.75	97,368.64	97,447.53	97,526.42	97,605.31	97,684.20	97,763.09	97,841.98	97,920.87	97,999.76	98,078.65	98,157.54	
分供应商-应付账款	201812	201901	201902	201903	201904	201905	201906	201907	201908	201909	201910	201911	201912
大禹码头	18,137.54	18,523.35	18,612.78	18,523.35	18,613.78	18,523.35	18,614.78	18,523.35	18,615.78	18,523.35	18,616.78	18,523.35	18,617.78
万象生鲜	17,117.31	17,891.42	18,126.38	18,720.77	19,225.31	19,729.84	20,234.38	20,738.91	21,243.45	21,747.98	21,252.52	20,757.05	19,261.59
零零食品	32,282.78	31,282.92	32,092.75	32,902.58	33,712.41	34,522.24	35,332.07	36,141.90	36,951.73	37,761.56	38,571.39	39,381.22	40,191.05
恰乐家悦	5,742.37	5,728.17	5,810.21	5,892.25	5,974.29	6,056.33	6,138.37	6,220.41	6,302.45	6,384.49	6,466.53	6,548.57	6,630.61
天峰食品	39,812.24	39,827.11	39,841.98	39,856.85	39,871.72	39,886.59	39,901.46	39,916.33	39,931.20	39,946.07	39,960.94	39,975.81	39,990.68
分供应商-成本	202001	202002	202003	202004	202005	202006	202007	202008	202009	202010	202011	202012	
大禹码头	35,649.23	36,005.17	36,361.11	36,717.04	37,072.98	37,428.91	37,784.85	38,140.78	38,496.72	38,852.65	39,208.59	39,564.52	
万象生鲜	29,324.21	28,912.78	28,501.35	28,089.92	27,678.49	27,267.06	27,855.63	27,444.20	26,032.77	26,621.34	27,209.91	26,798.48	
零零食品	79,042.40	79,285.93	79,529.46	79,772.99	80,016.52	80,260.05	80,503.58	80,747.11	80,990.64	81,234.17	81,477.70	81,721.23	
恰乐家悦	12,843.37	12,913.52	12,983.67	13,053.82	13,123.97	13,194.12	13,264.27	12,434.42	13,404.57	13,474.72	12,544.87	12,615.02	
天峰食品	94,157.54	95,028.49	95,899.44	96,770.39	97,641.34	98,512.29	99,383.24	99,054.19	98,125.14	99,196.09	98,867.04	98,737.99	
分供应商-应付账款	202001	202002	202003	202004	202005	202006	202007	202008	202009	202010	202011	202012	
大禹码头	18,678.35	18,612.78	18,547.21	18,481.63	18,416.06	18,350.48	18,284.91	18,219.34	18,153.76	18,088.19	18,022.62	18,957.04	
万象生鲜	19,831.26	19,131.25	18,431.24	17,731.23	17,031.22	16,331.21	15,631.20	14,931.19	14,231.18	13,531.17	12,831.16	12,131.15	
零零食品	40,185.27	40,192.34	40,199.41	40,206.48	40,213.55	40,220.62	40,227.69	40,234.76	40,241.83	40,248.90	40,255.97	40,263.04	
恰乐家悦	6,712.28	6,792.15	6,872.02	6,951.89	7,031.75	7,111.62	7,191.49	7,271.36	7,351.23	7,431.10	7,510.96	7,590.83	
天峰食品	39,736.26	39,821.54	39,906.82	39,992.10	40,077.38	40,162.66	40,247.94	40,333.22	40,418.50	40,503.78	40,589.06	40,674.34	
分供应商-成本	202101	202102	202103	202104	202105	202106	202107	202108	202109	202110	202111	202112	
大禹码头	39,514.12	39,563.98	39,613.84	39,663.70	39,713.56	39,763.42	39,813.28	39,863.14	39,913.00	39,962.86	40,012.72	40,062.58	
万象生鲜	26,798.48	26,847.27	26,896.06	26,944.85	26,993.64	27,042.43	27,091.22	27,140.01	27,188.80	27,237.59	27,286.38	27,335.17	
零零食品	80,976.83	81,183.29	81,389.75	81,596.21	81,802.67	82,009.13	81,215.59	81,422.05	82,628.51	82,834.97	83,041.43	83,247.89	
恰乐家悦	12,735.29	12,892.32	13,049.35	13,206.38	13,363.41	13,520.44	13,677.47	13,834.50	13,991.53	14,148.56	14,305.59	14,462.62	
天峰食品	98,737.99	98,868.64	98,999.29	99,129.94	98,260.59	989,391.24	98,521.89	97,652.54	97,783.19	95,913.84	95,044.49	97,175.14	
分供应商-应付账款	202101	202102	202103	202104	202105	202106	202107	202108	202109	202110	202111	202112	
大禹码头	19,051.42	19,103.34	19,155.26	19,207.18	19,259.09	19,311.01	19,362.93	19,414.85	19,466.76	19,518.68	19,570.60	19,622.52	
万象生鲜	12,131.15	12,531.21	12,931.27	13,331.33	13,731.39	14,131.45	14,531.51	14,931.57	15,331.63	15,731.69	16,131.75	16,531.81	
零零食品	40,163.04	40,226.63	40,290.22	40,353.81	40,417.40	40,480.99	40,544.58	40,608.17	40,671.76	40,735.35	40,798.94	40,862.53	
恰乐家悦	7,590.83	7,692.15	7,793.47	7,894.78	7,996.10	8,097.42	8,198.74	8,300.05	8,401.37	8,502.69	8,604.00	8,705.32	
天峰食品	40,674.34	40,752.19	40,830.04	40,907.89	40,985.74	41,063.59	41,141.44	41,219.29	41,297.14	41,374.99	41,452.84	41,530.69	

表 6－11　各供应商应付账款周转天数

分供应商-应付账款周转天数	201901	201902	201903	201904	201905	201906	201907	201908	201909	201910	201911	201912
大禹码头	15.5	16.1	16.5	17.0	15.5	15.9	15.9	15.8	15.8	15.7	15.7	15.6
万象生鲜	15.5	16.1	16.7	17.4	18.2	18.9	19.6	20.4	21.2	21.5	21.3	20.6
零零食品	12.2	12.0	12.1	12.3	12.4	12.6	13.2	12.9	13.0	13.9	14.4	15.1
恰乐家悦	14.6	14.6	14.6	14.7	14.8	14.8	14.9	15.0	15.0	15.1	15.2	15.2
天峰食品	12.3	12.3	12.3	12.3	12.3	12.3	12.2	12.2	12.2	12.2	12.2	12.2
分供应商-应付账款周转天数	202001	202002	202003	202004	202005	202006	202007	202008	202009	202010	202011	202012
大禹码头	15.7	15.5	15.3	15.1	14.9	14.7	14.5	14.4	14.2	14.0	13.8	14.0
万象生鲜	20.0	20.2	19.8	19.3	18.8	18.4	17.2	16.7	16.8	15.6	14.5	14.0
零零食品	15.3	15.2	15.2	15.1	15.1	15.0	15.0	14.9	14.9	14.9	14.8	14.8
恰乐家悦	15.6	15.7	15.8	15.9	16.0	16.1	16.2	17.4	16.4	16.5	17.9	18.0
天峰食品	12.7	12.6	12.5	12.4	12.3	12.2	12.1	12.2	12.3	12.2	12.3	12.3
分供应商-应付账款周转天数	202101	202102	202103	202104	202105	202106	202107	202108	202109	202110	202111	202112
大禹码头	14.4	14.5	14.5	14.5	14.5	14.5	14.6	14.6	14.6	14.6	14.7	14.7
万象生鲜	13.6	13.8	14.2	14.6	15.0	15.5	15.9	16.3	16.7	17.1	17.5	17.9
零零食品	14.9	14.9	14.8	14.8	14.8	14.8	15.0	15.0	14.8	14.7	14.7	14.7
恰乐家悦	17.9	17.8	17.8	17.8	17.8	17.9	17.9	17.9	17.9	17.9	17.9	18.0
天峰食品	12.4	12.4	12.4	12.4	12.5	1.2	12.5	12.7	12.7	12.9	13.1	12.8

4. 分析应收账款周转天数

任务案例中，可以在分析公司层面应收账款周转天数的基础上，基于客户具体分析应收账款周转天数。

步骤一：

（1）采集公司主要大客户的应收账款、营业收入①数据信息，并进行整理，如表 6－12 所示。

① 在报表层面计算应收账款周转率时，以利润表上营业收入口径计算，在分客户等计算应收账款周转率时，营业收入指的是对应客户的销售收入。

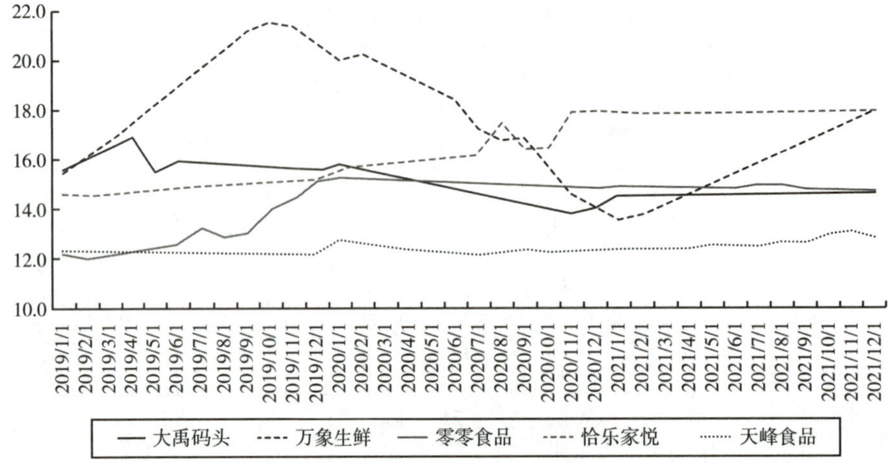

图 6－6　各供应商应付账款周转天数趋势图

表 6－12　　　　主要大客户营业收入、应收账款数据

分客户-营业收入	201901	201902	201903	201904	201905	201906	201907	201908	201909	201910	201911	201912	
海歌人家	200,234.60	250,214.60	264,789.60	226,738.43	211,680.10	216,621.60	371,563.10	356,504.60	351,446.10	396,387.60	371,329.10	395,270.60	
渔迪阁	170,845.61	170,542.45	170,239.30	169,936.14	169,632.98	169,329.82	169,026.66	168,129.32	167,231.98	166,334.64	165,437.30	164,539.95	
山水澜汕	174,905.27	175,150.11	175,394.95	175,639.79	175,884.63	176,129.47	176,374.31	176,578.68	176,783.05	176,987.42	177,191.79	177,396.16	
农家谷地	156,665.83	155,571.23	156,476.63	157,382.03	158,287.43	159,192.83	160,098.23	161,003.63	161,909.03	162,814.43	163,719.83	164,625.23	
顺发润财	144,001.17	146,038.99	148,076.81	150,114.63	152,152.45	154,190.26	156,228.08	158,265.90	160,303.72	161,341.54	161,179.36	162,417.18	
紫紫晟	131,336.51	132,174.28	133,012.05	133,849.83	134,687.60	135,525.38	136,363.15	135,200.93	134,038.70	137,876.48	139,714.25	137,552.03	
分客户-营业收入	202001	202002	202003	202004	202005	202006	202007	202008	202009	202010	202011	202012	
海歌人家	429,161.20	447,586.25	466,011.31	464,436.37	472,861.42	481,286.48	509,711.53	458,136.59	436,561.64	424,986.70	453,411.75	461,836.81	
渔迪阁	164,776.96	164,214.11	163,651.25	163,088.40	162,525.55	161,962.69	161,399.84	160,836.98	160,274.13	159,711.28	159,148.42	158,585.57	
山水澜汕	177,677.79	177,904.94	178,132.10	178,359.25	178,586.40	178,813.55	179,040.70	179,267.86	179,495.01	179,722.16	179,949.31	180,176.46	
农家谷地	165,530.63	166,436.03	167,341.43	168,246.83	169,152.22	170,057.62	170,963.02	171,868.42	172,773.82	173,679.22	174,584.62	175,490.02	
顺发润财	162,455.00	########	162,530.64	164,568.45	166,606.27	168,644.09	170,681.91	172,719.73	168,757.55	168,795.37	168,833.19	168,871.01	
紫紫晟	127,389.80	142,227.58	143,065.35	143,903.13	144,740.90	145,578.68	146,416.45	147,254.23	148,092.00	148,929.78	149,767.55	150,605.33	
分客户-营业收入	202101	202102	202103	202104	202105	202106	202107	202108	202109	202110	202111	202112	
海歌人家	470,261.87	470,686.92	471,111.98	471,537.03	471,962.09	472,387.14	472,812.20	473,237.25	473,662.31	474,087.36	474,512.42	474,937.48	
渔迪阁	158,022.72	157,459.86	156,897.01	156,334.15	155,771.30	155,208.45	154,645.59	154,082.74	153,519.88	152,957.03	152,394.18	151,831.32	
山水澜汕	180,403.62	180,630.77	180,857.92	181,085.07	181,312.22	181,539.38	181,766.53	181,993.68	182,220.83	182,447.98	182,675.13	182,902.29	
农家谷地	176,395.42	177,300.82	178,206.22	179,111.62	180,017.02	180,922.42	181,827.82	182,733.22	190,638.61	194,544.01	185,449.41	186,354.81	
顺发润财	168,908.82	168,946.64	168,984.46	169,022.28	169,060.10	169,097.92	169,135.74	169,173.56	169,211.38	169,249.20	169,287.01	169,324.83	
紫紫晟	151,443.10	152,280.88	153,118.65	153,956.43	154,794.20	155,631.98	156,469.75	157,307.53	158,145.30	158,983.07	159,820.85	160,658.62	
分客户-应收账款	201812	201901	201902	201903	201904	201905	201906	201907	201908	201909	201910	201911	201912
海歌人家	169,831.41	170,234.33	175,214.23	175,194.13	175,174.03	175,153.93	175,433.83	175,713.73	175,993.63	176,273.53	176,553.43	176,833.33	177,113.23
渔迪阁	152,890.21	152,673.95	152,457.69	152,241.43	152,025.17	151,808.91	151,592.65	151,376.39	151,160.13	150,943.87	150,727.61	150,511.35	150,295.09
山水澜汕	164,281.57	164,196.27	164,110.97	164,025.67	163,940.37	163,855.07	163,769.77	163,684.47	163,599.17	163,513.87	158,328.57	156,343.27	158,257.97
农家谷地	134,189.15	135,098.52	136,007.89	136,917.26	137,826.63	138,736.00	139,645.37	140,554.74	121,464.11	122,373.48	123,282.85	124,192.22	125,101.59
顺发润财	119,318.27	118,742.31	118,166.35	117,590.39	117,014.43	116,438.47	115,862.51	115,286.55	114,710.59	114,134.63	113,558.67	112,982.71	112,406.75
紫紫晟	98,653.26	97,653.72	96,654.18	95,654.64	94,655.10	93,655.56	92,656.02	91,656.48	90,656.94	89,657.40	88,657.86	87,658.32	86,658.78
分客户-应收账款	202001	202002	202003	202004	202005	202006	202007	202008	202009	202010	202011	202012	
海歌人家	177,393.13	177,673.03	177,952.93	178,232.83	178,512.73	178,792.63	178,072.53	177,352.43	176,632.33	175,912.23	175,192.13	174,472.03	
渔迪阁	150,078.83	149,862.57	149,646.31	149,430.05	149,213.79	148,997.53	148,781.27	148,565.01	148,348.75	148,132.49	147,916.23	147,699.97	
山水澜汕	154,172.67	150,087.37	146,002.07	141,916.77	137,831.47	133,746.17	129,660.87	125,575.57	121,490.27	117,404.97	113,319.67	109,234.37	
农家谷地	126,010.96	126,920.33	127,829.70	128,739.07	129,648.44	130,557.81	131,467.18	132,376.55	133,285.92	134,195.29	135,104.66	136,014.03	
顺发润财	111,830.79	111,254.83	110,678.87	110,102.91	109,526.95	108,950.99	108,375.03	107,799.07	107,223.11	106,647.15	106,071.19	105,495.23	
紫紫晟	85,659.24	84,659.70	83,660.16	82,660.62	81,661.08	80,661.54	79,662.00	78,662.46	77,662.92	76,663.38	75,663.84	74,664.30	
分客户-应收账款	202101	202102	202103	202104	202105	202106	202107	202108	202109	202110	202111	202112	
海歌人家	173,751.93	173,031.83	172,311.73	171,591.63	170,871.53	170,151.43	169,431.33	171,711.23	173,991.13	176,271.03	178,550.93	170,830.83	
渔迪阁	147,483.71	147,267.45	147,051.19	146,834.93	146,618.67	146,402.41	146,186.15	145,969.89	145,753.63	145,537.37	145,321.11	145,104.85	
山水澜汕	105,149.07	101,063.77	96,978.47	92,893.17	88,807.87	84,722.57	80,637.27	76,551.97	72,466.67	68,381.37	64,296.07	64,296.07	
农家谷地	136,923.40	137,832.77	138,742.14	139,651.51	140,560.88	141,470.25	142,379.62	143,288.99	164,198.36	145,107.73	146,017.10	146,926.47	
顺发润财	104,919.27	104,343.31	103,767.35	103,191.39	102,615.43	102,039.47	101,463.51	100,887.55	100,311.59	99,735.63	99,159.67	98,583.71	
紫紫晟	73,664.76	72,665.22	71,665.68	70,666.14	69,666.60	68,667.06	67,667.52	66,667.98	65,668.44	64,668.90	63,669.36	62,669.82	

（2）通过客户应收账款和营业收入，计算近三年每个月各客户应收账款周转天数指标数值，按月进行应收账款周转天数计算。

应收账款周转天数（月）=30÷{营业收入÷[（应收账款期初余额+应收账款期末余额）÷2]}，以海歌人家 2019 年 2 月为例，应收账款周转天数 =30÷{250214.6÷[（170234.33+

175214.23）÷2]｝=20.7（天）

利用大数据分析平台，新建列，计算后得到数据，如表 6－13 所示。

表 6－13　　　　分客户应收账款周转天数

分客户-应收账款周转天数	2019/1/1	2019/2/1	2019/3/1	2019/4/1	2019/5/1	2019/6/1	2019/7/1	2019/8/1	2019/9/1	2019/10/1	2019/11/1	2019/12/1
海歌人家	25.5	20.7	19.9	23.2	24.8	24.3	14.2	14.8	15.0	13.4	14.3	13.4
渔迪阁	26.8	26.8	26.8	26.9	26.9	26.9	26.9	27.0	27.1	27.2	27.3	27.4
山水澜汕	28.2	28.1	28.1	28.0	28.0	27.9	27.8	27.8	27.8	27.3	26.6	26.6
农家谷地	25.8	26.1	26.2	26.2	26.2	26.2	26.3	24.4	22.6	22.6	22.7	22.7
顺发润财	24.8	24.3	23.9	23.4	23.0	22.6	22.2	21.8	21.4	21.2	21.1	20.8
紫紫晟	22.4	22.1	21.7	21.3	21.0	20.6	20.3	20.2	20.2	19.4	18.9	19.0
分客户-应收账款周转天数	2020/1/1	2020/2/1	2020/3/1	2020/4/1	2020/5/1	2020/6/1	2020/7/1	2020/8/1	2020/9/1	2020/10/1	2020/11/1	2020/12/1
海歌人家	12.4	11.9	11.4	11.5	11.3	11.1	10.5	11.6	12.2	12.4	11.6	11.4
渔迪阁	27.3	27.4	27.5	27.5	27.6	27.6	27.7	27.7	27.8	27.8	27.9	28.0
山水澜汕	26.4	25.7	24.9	24.2	23.5	22.8	22.1	21.4	20.6	19.9	19.2	18.5
农家谷地	22.8	22.8	22.8	22.9	22.9	23.0	23.0	23.0	23.1	23.1	23.1	23.2
顺发润财	20.7	2.0	20.5	20.1	19.8	19.4	19.1	18.8	19.1	19.0	18.9	18.8
紫紫晟	20.3	18.0	17.6	17.3	17.0	16.7	16.4	16.1	15.8	15.5	15.3	15.0
分客户-应收账款周转天数	2021/1/1	2021/2/1	2021/3/1	2021/4/1	2021/5/1	2021/6/1	2021/7/1	2021/8/1	2021/9/1	2021/10/1	2021/11/1	2021/12/1
海歌人家	14.3	16.9	17.3	14.8	13.6	13.4	23.4	24.1	24.5	27.0	24.1	12.7
渔迪阁	30.6	30.7	30.7	30.8	30.8	30.9	30.9	30.9	30.8	30.7	30.7	15.3
山水澜汕	27.7	27.0	26.3	25.6	24.8	24.1	23.4	22.7	21.9	21.5	21.3	10.4
农家谷地	26.5	26.2	26.2	26.2	26.3	26.3	26.3	28.3	30.7	30.6	30.6	15.3
顺发润财	13.8	13.9	25.5	25.5	25.6	25.6	25.6	26.1	26.7	26.9	26.8	13.5
紫紫晟	25.6	24.2	24.2	24.2	24.1	24.1	24.1	23.7	23.3	23.8	24.0	11.8

步骤二：绘制近三年每个月各客户应收账款周转天数指标时间趋势折线图，如图 6－7 所示，并分析变化趋势。

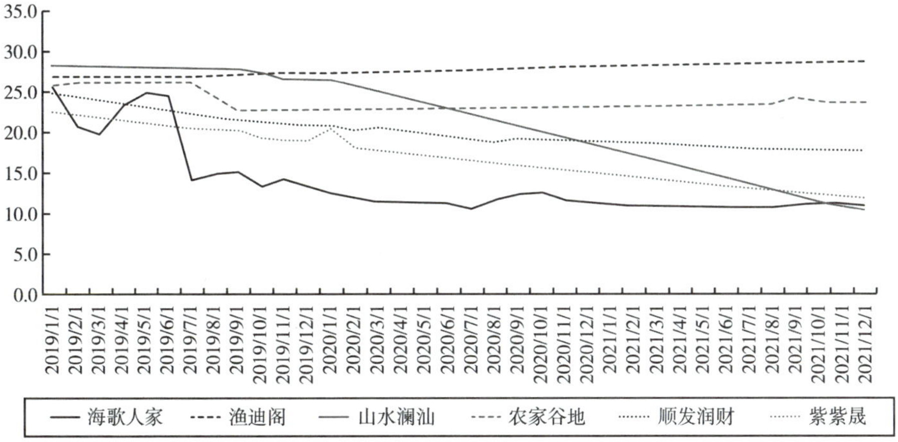

图 6－7　主要大客户应收账款周转天数趋势图

通过可视化图形，我们可以看到，2019 年几家主要客户的应收账款天数集中在 20—30 天的范围，经过销售策略调整，海歌人家、紫紫晟、山水澜灿、顺发润财有明显下降趋势，2021 年末集中在 10—15 天范围。但渔迪阁、农家谷地周转天数变化不明显。

步骤三：结合上述分析，给定分析结论及相关建议。

2019—2021 年，经过商务谈判或财务政策调整，有部分客户的应收账款周期天数下降。另外如渔迪阁等客户持平略有上涨，根据不同客户的市场占有情况，应动态调整策略，提升现金循环效率及盈利水平。

【任务拓展】

越来越多的企业认识到供应链管理行业在企业中的作用。供应链各环节企业的协同，可以提高供应链各环节的效率，最终提升企业的价值。供应链各企业之间的协同，可以从以下三个方面开展。

（1）资源共享。协同合作的上下游企业可以相互赋能、实现资源互补。例如，京东与海尔开展协同业务，利用京东的电商平台引流和海尔的三四线城市的网点布局，客户直接在京东平台下单，海尔仓库发货，不仅增加了海尔的销量，也成功地将京东大家电的渠道下沉到了三四线城市，同时也减少了采购过程中实物的物流浪费。

（2）系统对接，实现信息共享。上下游企业通过系统对接，实现信息共享，进而可以实现信息的实时交互。例如，供应商在送货之前，先通过预约系统向下游企业告知送货时间和货物品种及数量，下游企业就可以提前对仓库内的人员及设施进行安排。供应商也可以通过系统共享客户的部分信息，从而及时补货。

（3）建立长期合作关系。通过长期合作来建立更稳定的协同关系，从而实现上下游企业间长期利益共赢。例如，某计算机销售商可以在 24 小时内完成从客户下单到产品组装、运输的全过程，并且其库存周转次数达到 90 多次/年。原因是该计算机销售商仅与少数几个核心供应商建立长期稳定的合作，这几个供应商在公司周围建立仓库，可以及时供货，从而降低了计算机销售商的存货管理成本。

当然，供应链上各企业之间的实力有强有弱，其目标和认知各有不同，并且各自也都有自己的企业价值诉求。这时供应链核心企业通常承担起供应链协同管理的职责，从而使得供应链能够更好地发挥协同效应。

任务二　存货管理策略分析

【任务案例】

华瑞公司管理层要求分析人员定期基于存货占用金额和预测准确性对存货进行分类管理，通过数据分析提升企业存货管理能力。

【任务处理】

公司在对存货进行管理时，应兼顾生产销售需要及持有成本。一方面，需尽量降低缺货成本，另一方面也要也考虑降低持有成本。由于企业存货数量品类繁多，不同存货需求规模与预测准确性不同，因而需要基于存货的特征进行分类管理。

1. 基于占用金额的 ABC 存货管理

传统意义上 ABC 存货管理就是将存货基于资金占用金额分为 ABC 三类。A 类存货数量较少，但占用金额较大，因而是公司进行管理的重点。C 类存货数量较多，但占用金额较少，因而可以不作为管理重点。通常 ABC 分类认定的经验标准如下，不同企业会基于存货的特点略做调整。

A 类：品种和数量占 10%—20%，库存资金占用为 75%—80%；

B 类：品种和数量占 20%—25%，库存资金占用为 20%—25%；

C 类：品种和数量占 60%—70%，库存资金占用为 5%—10%。

存货占用金额越大，对于整体存货周转天数的影响就越大。企业需要对 A 类存货进行更加有效的规划与管理。

2. 基于需求波动性的存货分类管理

在对存货 ABC 分类管理的基础上，可以基于各品种存货需求波动性进一步分类。用波动系数进行分类，常用的界定标准为：波动系数前 80% 的存货定义为 Z 类存货，次 15% 的定义为 Y 类存货，最后 5% 的定义为 X 类存货。但企业可以基于实际需要进行调整。

波动系数 = 需求金额的标准差 ÷ 需求金额的平均值

结合存货的 ABC 分类管理，我们就可以将存货分为九个类别，就是通常所说的“九宫格”存货管理策略，如表 6 - 14 所示。

表 6 - 14　“九宫格”存货管理策略

	X	Y	Z
A			
B			
C			

存货可以被划分为 AX，AY，AZ，BX，BY，BZ，CX，CY，CZ 九种分类。AX 类产品具有金额大销售稳定的特性，因而可以根据生产计划和销售需求做出相对准确的统计。AY、AZ 的产品金额较大但销售波动很大，此类产品的预测准确率往往差强人意，所以企业在需求预测的基础上应增加一定规模的安全库存。

BX、BY、CX 类的产品金额较小，所以不需要担心较多的库存对周转率以及现金流造成影响，因为需求稳定，所以也不用担心需求端的波动造成呆滞存货，可以设置再订货点，当系统内的非限制使用库存低于再订货点时就可以进行补货。

BZ、CY、CZ 类的产品的金额很小，但波动很大，非常容易形成呆滞存货，企业可以使用订单拉动的方式按照客户的订单补货；对于部分特殊要求产品则可以结合企业自身情况适当备一些库存。

3. 有货率

有货率就是可以立即满足需求的概率，不同的行业或公司关于这一概念会有不同的名称，如现货率、库存达成率、服务水平等。与有货率对应的就是缺货水平。并不是有货率越高越好，有货率越高，就意味着需要较高的库存水平，从而带来较高的资金占用、较长的存货周转天数，甚至会引致存货呆滞，加大企业成本。但过低的有货率，有可能引致缺货成本，会给企业带来损失。那么，什么样的有货率才是合适的呢？有货率目标主要取决于如下因素。

第一，客户的期望水平。客户究竟希望有货率多高？有些存货延迟几天到货，对关键生产与销售影响不大，有货率可以相对较低，如生产工人的服装等。但关键备件缺失，可能导致停产，那就要保证较高的有货率，不能轻易降低存货水平，而应以高库存保障高有货率。如半导体芯片厂商的期望是，在 98% 的情况下，关键备件要在 3 个小时内送到客户的门口，这意味着企业要在客户附近储备关键备件，用高库存换取高有货率。

第二，同行业情况。公司在确定有货率时，可以参照同行业标杆企业情况或竞争对手情况。在进行对比分析时，应综合考虑公司市场份额、供应商关系等因素。在对标时可以参照标杆企业客户的期望水平。

第三，企业的能力。有货率是企业供应链管理能力的综合体现，需要供应商、采购、生产、销售协同完成。例如，有货率目标设定为 95%，而历史绩效在 93%，那这 2% 的差距如果不能有效提升供应商交货效率等，就得增加安全库存水平，这样就会占用更多资金，增加存货周转天数。

【任务实施】

1. 基于占用金额的 ABC 存货管理

假定任务案例中，公司 A 类存货划分标准为库存资金占用达 80%，B 类存货库存资金占用达 15%，C 类存货库存资金占用达 5%。具体工作步骤如下：

存货管理策略系统实操

步骤一：收集企业存货的名称、规格、数量、成本等基础信息，并对数据进行清洗及处理；以生鲜蔬菜类商品为例，进行数据采集，如表 6－15 所示。

步骤二：计算近三年各存货的月平均价值，平均价值利用公式进行计算。

品类按月平均价值 = Σ(库存数量 × 采购价格) ÷ 品类数量

以肉禽类 2019 年为例，肉禽类共有 4 种存货，则：

平均价值 = (514 × 25.4 + 363 × 65.4 + 200 × 54 + 610 × 13.6) ÷ 4 = 13972.95（元）

具体计算结果如表 6－16 所示。

表 6－15　　华瑞公司生鲜蔬菜类商品——库存数据

			201901		201902		201903		201904		201905		201906		201907		201908		201909		201910		201911		201912	
商品名称	商品类别	规格	库存数量	采购价格	库存数量	采购价格	库存数量	采购价格	库存数量	采购价格	库存数量	采购价格	库存数量	采购价格	库存数量	采购价格	库存数量	采购价格	库存数量	采购价格	库存数量	采购价格	库存数量	采购价格	库存数量	采购价格
白条猪	肉禽	kg	514.00	25.40	495.00	25.35	476.00	25.30	457.00	25.25	438.00	25.20	425.00	25.15	437.00	25.10	381.00	25.05	362.00	25.00	343.00	24.95	353.00	24.90	363.00	24.85
牛肉	肉禽	kg	363.00	65.4	361.00	65.47	359.00	65.54	357.00	65.61	355.00	65.68	353.00	65.75	351.00	65.82	349.00	65.89	347.00	65.96	345.00	66.03	344.15	66.1	343.30	66.17
整羊	肉禽	kg	200.00	54	213.00	54.12	199.00	54.24	203.00	54.36	202.50	54.48	202.00	54.6	201.50	54.72	201.00	54.84	200.50	54.96	200.00	55.08	199.50	55.2	199.00	55.32
白条鸡	肉禽	kg	610.00	13.6	604.00	13.76	591.00	13.92	582.67	14.08	573.17	14.24	563.67	14.4	554.17	14.56	544.67	14.72	535.17	14.88	525.67	15.04	516.17	15.2	506.67	15.36
鸡蛋	蛋类	kg	400.00	10.3	387.00	10.15	391.00	10	395.00	9.85	399.00	9.7	403.00	9.55	407.00	9.4	411.00	9.25	415.00	9.1	419.00	8.95	375.67	8.8	363.89	8.65
净白菜	蔬菜	kg	158.00	1	168.00	1.05	161.25	1.1	165.67	1.15	167.29	1.2	165.24	1.25	163.19	1.3	161.14	1.35	159.08	1.4	157.03	1.45	154.98	1.5	152.93	1.55
圆白菜	蔬菜	kg	160.00	1	145.00	0.98	152.35	0.96	159.70	0.94	167.05	0.92	174.40	0.9	181.75	0.88	189.10	0.86	196.45	0.84	203.80	0.82	201.15	0.8	218.50	0.78
小油菜	蔬菜	kg	230.00	3.2	214.00	3.19	213.28	3.18	212.56	3.17	211.84	3.16	211.12	3.15	210.40	3.14	209.68	3.13	208.96	3.12	208.24	3.11	207.52	3.1	206.80	3.09
小青菜	蔬菜	kg	252.00	5.6	216.00	5.62	234.67	5.64	241.23	5.66	223.98	5.68	212.34	5.7	250.46	5.72	217.51	5.74	220.68	5.76	223.85	5.78	227.02	5.8	230.19	5.82
空心菜	蔬菜	kg	173.00	2.6	169.00	2.65	170.25	2.7	171.50	2.75	172.75	2.8	174.00	2.85	175.25	2.9	176.50	2.95	177.75	3	179.00	3.05	180.25	3.1	181.50	3.15
蒿子杆	蔬菜	kg	153.00	9.6	147.00	9.47	148.24	9.34	149.48	9.21	150.72	9.08	151.96	8.95	153.20	8.82	154.44	8.69	155.68	8.56	156.92	8.43	158.16	8.3	159.40	8.17
韭菜	蔬菜	kg	93.50	3	95.00	2.98	94.25	2.96	95.00	2.94	95.38	2.92	95.75	2.9	96.13	2.88	96.50	2.86	96.88	2.84	97.25	2.82	97.63	2.8	97.35	2.78
芹菜	蔬菜	kg	89.27	1.8	87.35	1.78	88.03	1.76	88.71	1.74	89.39	1.72	90.07	1.7	90.75	1.68	91.43	1.66	92.11	1.64	92.79	1.62	93.47	1.6	94.15	1.58
西芹	蔬菜	kg	90.19	5	89.25	5.02	90.12	5.04	90.99	5.06	91.86	5.08	92.73	5.1	93.60	5.12	94.47	5.14	92.35	5.16	90.23	5.18	88.11	5.2	87.65	5.22
冬瓜	蔬菜	kg	79.25	1	81.45	1.01	80.38	1.02	79.31	1.03	78.24	1.04	77.17	1.05	79.36	1.06	81.55	1.07	83.74	1.08	85.93	1.09	81.00	1.1	76.07	1.11
南瓜	蔬菜	kg	67.35	1.5	65.00	1.51	66.15	1.52	67.30	1.53	68.45	1.54	69.60	1.55	70.75	1.56	71.90	1.57	73.05	1.58	74.20	1.59	75.35	1.6	76.50	1.61
苦瓜	蔬菜	kg	57.20	1.6	54.90	1.59	55.00	1.58	55.10	1.57	55.20	1.56	55.30	1.55	55.40	1.54	55.50	1.53	55.60	1.52	55.70	1.51	55.80	1.5	55.90	1.49
丝瓜	蔬菜	kg	71.25	4	75.25	4.02	76.00	4.04	76.75	4.06	77.50	4.08	78.25	4.1	79.00	4.12	78.89	4.14	78.78	4.16	78.67	4.18	78.56	4.2	78.45	4.22
白菜花	蔬菜	kg	75.50	1.2	79.00	1.19	80.15	1.18	80.36	1.17	80.57	1.16	80.78	1.15	80.99	1.14	81.20	1.13	81.41	1.12	81.62	1.11	81.83	1.1	82.04	1.09
绿菜花	蔬菜	kg	47.85	3	58.25	2.85	58.76	2.7	59.27	2.55	59.78	2.4	60.29	2.25	60.80	2.1	61.31	1.95	61.82	1.8	62.33	1.65	62.84	1.5	63.35	1.35
胡萝卜	蔬菜	kg	100.00	1.6	95.67	1.58	98.26	1.56	100.85	1.54	103.44	1.52	106.03	1.5	106.62	1.48	107.21	1.46	107.80	1.44	108.39	1.42	108.98	1.4	109.57	1.38
白萝卜	蔬菜	kg	85.20	0.9	86.30	0.92	87.14	0.94	87.98	0.96	88.82	0.98	89.66	1	90.50	1.02	91.34	1.04	92.18	1.06	93.02	1.08	93.86	1.1	94.70	1.12
心里美	蔬菜	kg	46.50	3	48.50	2.97	49.23	2.94	49.96	2.91	50.69	2.88	51.42	2.85	52.15	2.82	52.88	2.79	53.61	2.76	53.34	2.73	55.07	2.7	55.80	2.67
土豆	蔬菜	kg	219.50	2.2	205.25	2.21	207.19	2.22	209.13	2.23	211.07	2.24	213.01	2.25	214.95	2.26	216.89	2.27	218.83	2.28	220.77	2.29	222.71	2.3	213.07	2.31
藕	蔬菜	kg	62.50	9	63.70	9.04	64.10	9.08	64.50	9.12	64.90	9.16	65.30	9.2	65.70	9.24	66.10	9.28	66.50	9.32	66.90	9.36	67.30	9.4	67.70	9.44
山药	蔬菜	kg	57.85	9.6	58.25	9.59	58.95	9.58	59.65	9.57	60.35	9.56	61.05	9.55	61.75	9.54	62.45	9.53	63.15	9.52	63.85	9.51	64.55	9.5	65.25	9.49
圆茄子	蔬菜	kg	91.50	1.2	87.65	1.19	88.00	1.18	88.35	1.17	88.70	1.16	89.05	1.15	89.40	1.14	89.75	1.13	90.10	1.12	90.45	1.11	90.80	1.1	91.15	1.09
长茄子	蔬菜	kg	61.35	1.6	59.50	1.59	60.03	1.58	60.56	1.57	61.09	1.56	61.62	1.55	62.15	1.54	62.68	1.53	63.21	1.52	63.74	1.51	64.27	1.5	64.80	1.49
西红柿	蔬菜	kg	87.65	3	85.25	3.02	85.58	3.04	85.91	3.06	86.24	3.08	86.57	3.1	86.90	3.12	87.23	3.14	87.56	3.16	87.89	3.18	88.22	3.2	88.55	3.22
柿子椒	蔬菜	kg	60.30	2	59.50	1.98	59.65	1.96	59.80	1.94	59.95	1.92	60.10	1.9	60.25	1.88	60.40	1.86	60.55	1.84	60.70	1.82	60.85	1.8	61.00	1.78
黄豆芽	蔬菜	kg	35.00	1.8	41.25	1.79	41.73	1.78	42.21	1.77	42.69	1.76	43.17	1.75	43.65	1.74	44.13	1.73	44.61	1.72	45.09	1.71	45.57	1.7	46.05	1.69
绿豆芽	蔬菜	kg	50.00	2	49.50	2.015	49.45	2.03	49.40	2.045	49.35	2.06	49.30	2.075	49.25	2.09	49.20	2.105	49.15	2.12	49.10	2.135	49.05	2.15	49.00	2.165
姜	蔬菜	kg	25.00	6	26.75	5.953	26.98	5.906	27.21	5.859	27.44	5.812	27.67	5.765	27.90	5.718	28.13	5.671	28.36	5.624	28.59	5.577	28.82	5.53	29.05	5.483
大葱	蔬菜	kg	51.75	4.2	52.30	4.15	52.15	4.1	52.00	4.05	51.85	4	51.70	3.95	51.55	3.9	51.40	3.85	51.25	3.8	51.10	3.75	50.95	3.7	50.80	3.65
蒜苗	蔬菜	kg	67.30	2	68.27	1.92	68.14	1.84	68.01	1.76	67.88	1.68	67.75	1.6	67.62	1.52	67.49	1.44	67.36	1.36	67.23	1.28	67.10	1.2	66.97	1.12
油麦菜	蔬菜	kg	35.45	6	37.15	5.98	37.30	5.96	37.45	5.94	37.60	5.92	37.75	5.9	37.90	5.88	38.05	5.86	38.20	5.84	38.35	5.82	38.50	5.8	38.65	5.78
蒜苔	蔬菜	kg	54.67	7	55.98	6.95	55.89	6.9	55.80	6.85	55.71	6.8	55.62	6.75	55.53	6.7	55.44	6.65	55.35	6.6	55.26	6.55	55.17	6.5	55.08	6.45
蒜黄	蔬菜	kg	45.35	12	41.25	11.98	41.45	11.96	41.65	11.94	41.85	11.92	42.05	11.9	42.25	11.88	42.45	11.86	42.65	11.84	42.85	11.82	43.05	11.8	43.25	11.78
青蒜	蔬菜	kg	37.85	5.2	39.50	5.15	39.54	5.1	39.58	5.05	39.62	5	39.66	4.95	39.70	4.9	39.74	4.85	39.78	4.8	39.82	4.75	39.86	4.7	39.90	4.65
黄瓜	蔬菜	kg	73.50	3.6	77.00	3.72	77.17	3.84	77.34	3.96	77.51	4.08	77.68	4.2	77.85	4.32	78.02	4.44	78.19	4.56	78.36	4.68	78.53	4.8	78.70	4.92
小白菜	蔬菜	kg	35.50	1.2	31.50	1.21	31.65	1.22	31.80	1.23	31.95	1.24	32.10	1.25	32.25	1.26	32.40	1.27	32.55	1.28	32.70	1.29	32.85	1.3	33.00	1.31
茴香	蔬菜	kg	25.35	5.6	27.80	5.65	28.00	5.7	28.20	5.75	28.40	5.8	28.60	5.85	28.80	5.9	29.00	5.95	29.20	6	29.40	6.05	29.60	6.1	29.80	6.15
葱头	蔬菜	kg	45.00	2	47.25	1.98	47.30	1.96	47.35	1.94	47.40	1.92	47.45	1.9	47.50	1.88	47.55	1.86	47.60	1.84	47.65	1.82	47.70	1.8	47.75	1.78
小西葫芦	蔬菜	kg	47.35	1	41.00	0.99	41.04	0.98	41.08	0.97	41.12	0.96	41.16	0.95	41.20	0.94	41.24	0.93	41.28	0.92	41.32	0.91	41.36	0.9	41.40	0.89
豆角	蔬菜	kg	37.85	2.6	39.65	2.58	39.75	2.56	39.85	2.54	39.95	2.52	40.05	2.5	40.15	2.48	40.25	2.46	40.35	2.44	40.45	2.42	40.55	2.4	40.65	2.38

续表

			202001		202002		202003		202004		202005		202006		202007		202008		202009		202010		202011		202012	
商品名称	商品类别	规格	库存数量	采购价格	库存数量	采购价格	库存数量	采购价格	库存数量	采购价格	库存数量	采购价格	库存数量	采购价格	库存数量	采购价格	库存数量	采购价格	库存数量	采购价格	库存数量	采购价格	库存数量	采购价格	库存数量	采购价格
白条猪	肉禽	kg	373.00	24.80	365.00	24.75	357.00	24.70	349.00	24.85	341.00	25.00	333.00	25.15	337.00	25.30	329.00	25.45	324.60	25.60	320.20	25.75	315.80	25.90	331.40	26.05
牛肉	肉禽	kg	342.45	66.24	341.60	66.31	340.75	66.38	339.90	67.41	339.05	68.44	338.20	69.47	351.75	70.5	365.30	71.53	378.85	71.56	392.40	71.59	405.95	71.62	419.50	71.65
整羊	肉禽	kg	198.50	55.44	198.00	55.56	197.50	55.68	197.00	54.98	196.50	54.28	196.00	53.58	195.50	52.88	195.00	52.18	194.50	52.48	194.00	52.78	193.50	53.08	193.00	53.38
白条鸡	肉禽	kg	497.17	15.52	487.67	15.68	478.17	15.84	468.67	15.65	459.17	15.46	449.67	15.27	440.17	15.08	430.67	14.89	421.17	14.7	431.67	14.51	422.17	14.32	418.67	14.13
鸡蛋	蛋类	kg	352.12	8.5	340.34	8.35	378.56	8.2	416.79	8.42	389.26	8.64	361.73	8.86	354.21	9.08	346.68	9.3	339.15	9.32	339.63	9.34	340.10	9.36	340.57	9.38
净白菜	蔬菜	kg	150.88	1.6	151.83	1.65	152.77	1.7	153.72	1.73	154.67	1.76	155.62	1.79	156.57	1.82	157.52	1.85	158.46	1.865	159.41	1.88	160.36	1.895	161.31	1.91
圆白菜	蔬菜	kg	215.85	0.76	223.20	0.74	217.36	0.72	211.52	0.81	205.68	0.9	199.84	0.99	201.57	1.08	208.16	1.17	214.75	1.16	221.34	1.15	227.93	1.14	214.52	1.13
小油菜	蔬菜	kg	206.08	3.08	205.76	3.07	205.44	3.06	205.12	3.05	204.80	3.04	204.48	3.05	204.16	3.06	203.84	3.07	203.52	3.08	205.35	3.09	207.18	3.1	209.01	3.11
小菠菜	蔬菜	kg	233.36	5.84	236.53	5.86	239.70	5.88	242.87	5.9	246.04	5.92	249.21	5.9	252.38	5.88	255.55	5.86	251.22	5.84	246.89	5.82	242.56	5.8	238.23	5.78
空心菜	蔬菜	kg	182.75	3.2	184.00	3.25	183.25	3.3	182.50	3.35	181.75	3.4	181.00	3.37	180.25	3.34	179.50	3.31	178.75	3.28	178.00	3.25	177.25	3.22	176.50	3.19
蒿子秆	蔬菜	kg	160.64	8.04	161.88	7.91	163.12	7.78	164.36	7.65	165.60	7.52	166.84	7.54	168.08	7.56	169.32	7.58	159.20	7.6	160.37	7.62	161.54	7.64	162.71	7.66
韭菜	蔬菜	kg	97.08	2.76	96.80	2.74	96.53	2.72	96.25	2.7	95.98	2.68	95.70	2.71	95.43	2.74	95.15	2.77	94.87	2.8	94.60	2.83	94.32	2.86	94.05	2.89
芹菜	蔬菜	kg	94.83	1.56	95.51	1.54	96.19	1.52	96.87	1.5	95.28	1.48	93.69	1.52	92.10	1.56	90.51	1.6	88.92	1.64	87.33	1.68	85.74	1.72	88.76	1.76
西芹	蔬菜	kg	87.19	5.24	86.73	5.26	86.27	5.28	85.81	5.3	87.56	5.32	88.12	5.31	87.48	5.3	87.05	5.29	88.16	5.28	89.08	5.27	87.35	5.26	86.35	5.25
冬瓜	蔬菜	kg	77.90	1.12	79.73	1.13	81.56	1.14	82.07	1.15	82.58	1.16	83.09	1.15	83.37	1.14	82.98	1.13	82.59	1.12	82.20	1.11	81.81	1.1	81.42	1.09
南瓜	蔬菜	kg	75.87	1.62	75.24	1.63	74.61	1.64	73.98	1.65	73.35	1.66	72.72	1.65	72.09	1.64	71.46	1.63	70.83	1.62	70.21	1.61	69.59	1.6	68.97	1.59
苦瓜	蔬菜	kg	56.00	1.48	56.10	1.47	56.20	1.46	56.30	1.45	56.40	1.44	56.50	1.45	56.60	1.46	56.70	1.47	56.80	1.48	56.90	1.49	57.00	1.5	57.10	1.51
丝瓜	蔬菜	kg	78.34	4.24	78.23	4.26	78.12	4.28	78.01	4.3	77.90	4.32	77.79	4.31	77.68	4.3	77.57	4.29	77.46	4.28	78.00	4.27	78.54	4.26	79.08	4.25
白菜花	蔬菜	kg	82.25	1.08	82.46	1.07	82.67	1.06	82.88	1.05	83.09	1.04	83.30	1.055	83.51	1.07	83.72	1.085	83.93	1.1	84.14	1.115	84.35	1.13	84.56	1.145
绿菜花	蔬菜	kg	63.86	1.2	64.37	1.05	64.88	0.9	64.35	0.75	63.82	0.6	63.29	0.67	62.76	0.74	62.23	0.81	61.70	0.88	61.17	0.95	60.64	1.02	60.11	1.09
胡萝卜	蔬菜	kg	110.16	1.36	110.75	1.34	111.34	1.32	111.93	1.3	112.52	1.28	113.11	1.31	113.70	1.34	114.00	1.37	114.30	1.4	114.60	1.43	114.90	1.46	115.20	1.49
白萝卜	蔬菜	kg	95.54	1.14	96.38	1.16	97.22	1.18	98.06	1.2	98.00	1.22	97.94	1.24	97.88	1.26	97.82	1.28	97.76	1.3	97.70	1.32	97.64	1.34	97.58	1.36
心里美	蔬菜	kg	56.53	2.64	57.26	2.61	57.99	2.58	58.72	2.55	59.45	2.52	60.18	2.53	60.91	2.54	60.64	2.55	60.37	2.56	60.10	2.57	59.83	2.58	59.56	2.59
土豆	蔬菜	kg	203.43	2.32	193.79	2.33	195.28	2.34	196.77	2.35	198.26	2.36	199.75	2.41	201.24	2.46	202.73	2.51	204.22	2.56	205.71	2.61	207.20	2.66	208.69	2.71
藕	蔬菜	kg	68.10	9.48	68.50	9.52	68.26	9.56	68.02	9.6	67.78	9.64	67.54	9.7	67.30	9.76	67.06	9.82	66.82	9.88	66.58	9.94	66.34	10	66.10	10.06
山药	蔬菜	kg	65.95	9.48	66.65	9.47	67.15	9.46	67.65	9.45	68.15	9.44	68.65	9.47	69.15	9.5	69.65	9.53	70.15	9.56	70.65	9.59	71.15	9.62	71.65	9.65
圆茄子	蔬菜	kg	91.50	1.08	91.85	1.07	90.00	1.06	88.15	1.05	86.30	1.04	84.45	1.042	82.60	1.044	80.75	1.046	78.90	1.048	77.05	1.05	75.20	1.052	73.35	1.054
长茄子	蔬菜	kg	65.33	1.48	65.86	1.47	66.02	1.46	66.18	1.45	66.34	1.44	66.50	1.451	66.66	1.462	66.82	1.473	66.98	1.484	67.14	1.495	67.30	1.506	67.46	1.517
西红柿	蔬菜	kg	88.88	3.24	87.98	3.26	87.08	3.28	86.18	3.3	85.28	3.32	84.38	3.35	83.48	3.38	82.58	3.41	81.68	3.44	80.78	3.47	79.88	3.5	80.18	3.53
柿子椒	蔬菜	kg	61.15	1.76	61.00	1.74	60.85	1.72	60.70	1.7	60.55	1.68	60.40	1.66	60.25	1.64	60.10	1.62	59.95	1.8	59.80	1.58	59.65	1.56	59.50	1.54
黄豆芽	蔬菜	kg	46.53	1.68	47.09	1.67	47.65	1.66	48.21	1.65	48.77	1.64	49.33	1.63	49.89	1.62	50.45	1.61	51.01	1.6	51.57	1.59	52.13	1.58	52.69	1.57
绿豆芽	蔬菜	kg	48.95	2.18	48.85	2.195	48.75	2.21	48.65	2.225	48.55	2.24	48.45	2.255	48.35	2.27	48.25	2.285	48.15	2.3	48.05	2.315	47.95	2.33	47.85	2.345
姜	蔬菜	kg	29.28	5.436	29.21	5.389	29.14	5.342	29.07	5.295	29.00	5.248	28.93	5.201	28.86	5.154	28.79	5.107	28.72	5.06	28.65	5.013	28.58	4.966	28.51	4.919
大葱	蔬菜	kg	50.65	3.6	50.50	3.55	50.35	3.5	50.20	3.45	50.05	3.4	49.90	3.35	49.75	3.3	49.60	3.25	49.45	3.2	49.30	3.15	49.15	3.1	49.00	3.05
莴笋	蔬菜	kg	66.84	1.04	66.81	0.96	66.78	0.88	66.75	0.89	66.72	0.9	66.69	0.91	66.66	0.92	66.63	0.93	66.60	0.94	66.57	0.95	66.54	0.96	66.51	0.97
油麦菜	蔬菜	kg	38.80	5.76	37.92	5.74	37.04	5.72	36.16	5.7	35.28	5.68	34.40	5.66	33.52	5.64	32.64	5.62	31.76	5.6	30.88	5.58	30.00	5.56	30.12	5.54
蒜苔	蔬菜	kg	54.99	6.4	55.05	6.35	55.11	6.3	55.17	6.25	55.23	6.2	55.29	6.15	55.35	6.1	55.41	6.05	55.47	6	55.53	5.95	55.59	5.9	55.65	5.85
蒜黄	蔬菜	kg	43.45	11.76	43.65	11.74	43.85	11.72	44.05	11.7	44.25	11.68	44.15	11.66	44.05	11.64	43.95	11.62	43.85	11.6	43.75	11.58	43.65	11.56	43.55	11.54
青蒜	蔬菜	kg	39.94	4.6	39.98	4.55	40.02	4.5	40.06	4.45	40.10	4.4	40.08	4.35	40.06	4.3	40.04	4.25	40.02	4.2	40.00	4.15	39.98	4.1	39.96	4.05
黄瓜	蔬菜	kg	78.87	5.04	79.04	5.16	79.21	5.28	79.38	5.4	79.55	5.52	79.45	5.64	79.35	5.76	79.25	5.88	79.15	6	79.05	6.12	78.95	6.24	78.85	6.36
小白菜	蔬菜	kg	33.15	1.32	33.30	1.33	33.45	1.34	33.60	1.35	33.75	1.36	33.65	1.37	33.55	1.38	33.45	1.39	33.35	1.4	33.25	1.41	33.15	1.42	33.05	1.43
茴香	蔬菜	kg	30.00	6.2	30.20	6.25	30.40	6.3	30.60	6.35	30.80	6.4	30.92	6.45	31.04	6.5	31.16	6.55	31.28	6.6	31.40	6.65	31.52	6.7	31.64	6.75
葱头	蔬菜	kg	47.80	1.76	47.85	1.74	47.90	1.72	47.95	1.7	48.00	1.68	48.02	1.66	48.04	1.64	48.06	1.62	48.08	1.6	48.10	1.58	48.12	1.56	48.14	1.54
小西葫芦	蔬菜	kg	41.44	0.88	41.48	0.87	41.52	0.86	41.56	0.85	41.60	0.84	41.50	0.83	41.40	0.82	41.30	0.81	41.20	0.8	41.10	0.79	41.00	0.78	40.90	0.77
豆角	蔬菜	kg	40.75	2.36	40.85	2.34	40.95	2.32	41.05	2.3	41.15	2.28	41.25	2.26	41.35	2.24	41.45	2.22	41.55	2.2	41.65	2.18	41.75	2.16	41.85	2.14

			202101		202102		202103		202104		202105		202106		202107		202108		202109		202110		202111		202112	
商品名称	商品类别	规格	库存数量	采购价格	库存数量	采购价格	库存数量	采购价格	库存数量	采购价格	库存数量	采购价格	库存数量	采购价格	库存数量	采购价格	库存数量	采购价格	库存数量	采购价格	库存数量	采购价格	库存数量	采购价格	库存数量	采购价格
白条猪	肉禽	kg	333.67	26.20	339.27	26.35	344.87	26.50	350.47	26.65	356.07	26.80	361.67	26.95	367.27	27.10	372.87	27.25	378.47	27.40	384.07	27.55	389.67	27.70	395.27	27.85
牛肉	肉禽	kg	433.05	71.68	416.60	71.71	411.15	71.74	405.70	71.77	400.25	71.8	394.80	71.83	389.35	71.86	383.90	71.89	378.45	71.92	373.00	71.95	367.55	71.98	362.10	72.01
整羊	肉禽	kg	192.50	53.68	192.00	53.98	191.50	54.28	191.00	54.58	190.50	54.88	190.00	55.18	189.50	55.48	189.00	55.78	188.50	56.08	188.00	56.38	187.50	56.68	187.00	56.98
白条鸡	肉禽	kg	415.17	13.94	411.67	13.75	425.67	13.56	439.67	13.37	453.68	13.18	467.68	12.99	481.68	12.8	476.35	12.61	483.91	12.42	488.24	12.23	492.58	12.04	496.91	11.85
鸡蛋	蛋类	kg	341.05	9.4	341.52	9.42	341.99	9.44	342.47	9.46	342.94	9.48	343.41	9.5	343.89	9.52	344.36	9.54	344.83	9.56	345.31	9.58	345.78	9.6	346.25	9.62
净白菜	蔬菜	kg	158.23	1.925	155.15	1.94	152.07	1.955	148.99	1.97	145.91	1.985	142.83	2	142.75	2.015	146.67	2.03	143.59	2.045	130.51	2.06	137.43	2.075	134.35	2.09
圆白菜	蔬菜	kg	217.11	1.12	208.70	1.11	200.29	1.1	191.88	1.09	213.47	1.08	175.06	1.07	196.65	1.06	178.24	1.05	189.83	1.04	191.42	1.03	192.24	1.02	187.36	1.01
小油菜	蔬菜	kg	210.84	3.12	212.67	3.13	214.50	3.14	216.33	3.15	218.16	3.16	219.99	3.17	221.82	3.18	223.65	3.19	225.48	3.2	227.31	3.21	229.14	3.22	189.52	3.23
小菠菜	蔬菜	kg	240.13	5.76	242.03	5.74	243.93	5.72	245.83	5.7	247.73	5.68	249.63	5.66	251.53	5.64	253.43	5.62	234.67	5.6	243.50	5.58	239.85	5.56	219.20	5.54
空心菜	蔬菜	kg	175.75	3.16	175.00	3.13	174.25	3.1	173.50	3.07	172.75	3.04	172.00	3.01	171.25	2.98	170.50	2.95	169.75	2.92	169.00	2.89	168.25	2.86	170.50	2.83
蒿子秆	蔬菜	kg	163.88	7.68	165.05	7.7	166.22	7.72	167.39	7.74	168.56	7.76	169.73	7.78	170.90	7.8	172.07	7.82	173.24	7.84	174.41	7.86	175.58	7.88	176.75	7.9
韭菜	蔬菜	kg	93.77	2.92	93.50	2.95	93.22	2.98	92.95	3.01	92.67	3.04	92.40	3.07	92.12	3.1	91.85	3.13	91.57	3.16	91.30	3.19	92.35	3.22	93.40	3.25
芹菜	蔬菜	kg	86.35	1.8	87.25	1.84	85.94	1.88	85.19	1.92	84.43	1.96	83.68	2	82.92	2.04	82.17	2.08	81.41	2.12	80.66	2.16	79.90	2.2	79.15	2.24
西芹	蔬菜	kg	87.25	5.24	85.94	5.23	85.19	5.22	84.43	5.21	85.12	5.2	85.81	5.19	86.49	5.18	87.18	5.17	87.87	5.16	88.55	5.15	89.24	5.14	89.93	5.13
冬瓜	蔬菜	kg	81.03	1.08	80.64	1.07	80.25	1.06	79.86	1.05	79.47	1.04	80.08	1.03	79.69	1.02	79.30	1.01	78.91	1	78.52	0.99	79.13	0.98	79.74	0.97
南瓜	蔬菜	kg	68.35	1.58	69.89	1.57	71.43	1.56	72.97	1.55	74.51	1.54	76.05	1.53	77.59	1.52	77.60	1.51	77.61	1.5	77.62	1.49	77.63	1.48	77.64	1.47
苦瓜	蔬菜	kg	57.20	1.52	57.30	1.53	57.40	1.54	57.50	1.55	57.60	1.56	57.70	1.57	57.80	1.58	57.90	1.59	58.00	1.6	58.10	1.61	58.20	1.62	58.30	1.63
丝瓜	蔬菜	kg	79.62	4.24	80.16	4.23	80.70	4.22	81.24	4.21	81.78	4.2	81.50	4.19	81.22	4.18	80.94	4.17	80.66	4.16	80.38	4.15	80.10	4.14	79.82	4.13
白菜花	蔬菜	kg	84.77	1.16	84.98	1.175	85.19	1.19	85.40	1.205	85.61	1.22	85.82	1.235	86.03	1.25	86.24	1.265	86.45	1.28	86.66	1.295	86.87	1.31	87.08	1.325
绿菜花	蔬菜	kg	59.58	1.16	60.00	1.23	60.42	1.3	60.84	1.37	61.26	1.44	61.68	1.51	62.10	1.58	62.52	1.65	62.94	1.72	63.36	1.79	63.78	1.86	64.20	1.93
胡萝卜	蔬菜	kg	115.50	1.52	115.80	1.55	116.10	1.58	116.40	1.61	116.70	1.64	117.00	1.67	117.30	1.7	117.60	1.73	117.90	1.76	118.20	1.79	118.50	1.82	118.80	1.85
白萝卜	蔬菜	kg	97.52	1.38	97.46	1.4	97.40	1.42	97.34	1.44	97.28	1.46	97.22	1.48	97.16	1.5	97.10	1.52	97.04	1.54	96.98	1.56	96.92	1.58	96.86	1.6
心里美	蔬菜	kg	59.29	2.6	59.02	2.61	58.75	2.62	58.48	2.63	58.21	2.64	57.94	2.65	57.67	2.66	57.40	2.67	58.05	2.68	58.70	2.69	59.35	2.7	60.00	2.71
土豆	蔬菜	kg	210.16	2.76	211.67	2.81	200.00	2.86	188.33	2.91	176.66	2.96	189.00	3.01	201.34	3.06	213.68	3.11	211.00	3.16	208.32	3.21	205.64	3.26	202.96	3.31
藕	蔬菜	kg	65.86	10.12	65.62	10.18	65.38	10.24	65.14	10.3	64.90	10.36	64.66	10.42	64.42	10.48	64.18	10.54	63.94	10.6	63.70	10.66	63.46	10.72	64.00	10.78
山药	蔬菜	kg	72.15	9.68	72.65	9.71	73.15	9.74	73.65	9.77	74.15	9.8	74.65	9.83	75.15	9.86	75.65	9.89	76.15	9.92	76.65	9.95	77.15	9.98	77.00	10.01
圆茄子	蔬菜	kg	71.50	1.056	69.65	1.058	67.80	1.06	65.95	1.062	64.10	1.064	62.25	1.066	60.40	1.068	58.55	1.07	56.70	1.072	54.85	1.074	53.00	1.076	53.20	1.078
长茄子	蔬菜	kg	67.62	1.528	67.78	1.539	67.94	1.55	68.10	1.561	68.26	1.572	68.42	1.583	68.58	1.594	68.74	1.605	68.90	1.616	69.06	1.627	69.22	1.638	69.35	1.649
西红柿	蔬菜	kg	80.48	3.58	80.78	3.59	81.08	3.62	81.38	3.65	81.68	3.68	81.98	3.71	82.28	3.74	82.58	3.77	82.88	3.8	83.18	3.83	83.48	3.86	83.78	3.89
柿子椒	蔬菜	kg	59.35	1.55	59.20	1.56	59.05	1.57	58.90	1.58	58.75	1.59	58.60	1.6	58.45	1.61	58.30	1.62	58.15	1.63	58.00	1.64	57.85	1.65	57.70	1.66
黄豆芽	蔬菜	kg	53.25	1.58	53.81	1.59	54.37	1.6	54.93	1.61	55.49	1.62	56.05	1.63	56.61	1.64	57.17	1.65	57.73	1.66	58.29	1.67	58.85	1.68	59.41	1.69
绿豆芽	蔬菜	kg	47.75	2.32	47.65	2.295	47.55	2.27	47.45	2.245	47.35	2.22	47.25	2.195	47.15	2.17	47.05	2.145	46.95	2.12	46.85	2.095	46.75	2.07	46.65	2.045
姜	蔬菜	kg	28.44	4.9	28.37	4.881	28.30	4.862	28.23	4.843	28.16	4.824	28.09	4.805	28.02	4.786	27.95	4.767	27.88	4.748	27.81	4.729	27.74	4.71	27.67	4.691
大葱	蔬菜	kg	48.85	3.12	48.70	3.19	48.55	3.26	48.40	3.33	48.25	3.4	48.10	3.47	47.95	3.54	47.80	3.61	47.65	3.68	47.50	3.75	47.35	3.82	47.20	3.89
莴笋	蔬菜	kg	66.48	0.98	66.45	0.99	66.42	1	66.39	1.01	66.36	1.15	66.33	1.29	66.30	1.43	66.27	1.57	66.24	1.71	66.21	1.85	66.18	1.99	66.15	2.13
油麦菜	蔬菜	kg	30.24	5.57	30.36	5.6	30.48	5.63	30.60	5.66	30.72	5.69	30.84	5.72	30.96	5.75	31.08	5.78	31.20	5.81	31.32	5.84	31.44	5.87	31.56	5.9
蒜苔	蔬菜	kg	55.71	5.91	55.77	5.97	55.83	6.03	55.89	6.09	55.95	6.15	56.01	6.21	56.07	6.27	56.13	6.33	56.19	6.39	56.25	6.45	56.31	6.51	56.37	6.57
蒜黄	蔬菜	kg	43.45	11.55	43.35	11.56	43.25	11.57	43.15	11.58	43.05	11.59	42.95	11.6	42.85	11.61	42.75	11.62	42.65	11.63	42.55	11.64	42.45	11.65	42.35	11.66
青蒜	蔬菜	kg	39.94	4.07	39.92	4.09	39.90	4.11	39.88	4.13	39.86	4.15	39.84	4.17	39.82	4.19	39.80	4.21	39.78	4.23	39.76	4.25	39.74	4.27	39.72	4.29
黄瓜	蔬菜	kg	78.75	6.37	78.65	6.38	78.55	6.39	78.45	6.4	78.35	6.41	78.25	6.42	78.15	6.43	78.05	6.44	77.95	6.45	77.85	6.46	77.75	6.47	77.65	6.48
小白菜	蔬菜	kg	32.95	1.425	32.85	1.42	32.75	1.415	32.65	1.41	32.55	1.405	32.45	1.4	32.35	1.395	32.25	1.39	32.15	1.385	32.05	1.38	31.95	1.375	31.85	1.37
茴香	蔬菜	kg	31.76	6.68	31.88	6.61	32.00	6.54	32.12	6.47	32.24	6.4	32.36	6.33	32.48	6.26	32.60	6.19	32.72	6.12	32.84	6.05	32.96	5.98	33.08	5.91
葱头	蔬菜	kg	48.16	1.55	48.18	1.56	48.20	1.57	48.22	1.58	48.24	1.59	48.26	1.6	48.28	1.61	48.30	1.62	48.32	1.63	48.34	1.64	48.36	1.65	48.38	1.66
小西葫芦	蔬菜	kg	40.80	0.85	40.70	0.93	40.60	1.01	40.50	1.09	40.40	1.17	40.30	1.25	40.20	1.33	40.10	1.41	40.00	1.49	39.90	1.57	39.80	1.65	39.70	1.73
豆角	蔬菜	kg	41.95	2.17	42.05	2.2	42.15	2.23	42.25	2.26	42.35	2.29	42.45	2.32	42.55	2.35	42.65	2.38	42.75	2.41	42.85	2.44	42.95	2.47	43.05	2.5

表 6－16　各类存货的月平均价值

	2019年1月	2019年2月	2019年3月	2019年4月	2019年5月	2019年6月	2019年7月	2019年8月	2019年9月	2019年10月	2019年11月	2019年12月
肉禽-平均价值	13972.95	14005.38	13648.04	13550.26	13387.02	13261.13	13291.57	12895.00	12730.22	12565.06	12599.04	12631.95
蛋类-平均价值	4120.00	3928.05	3910.00	3890.75	3870.30	3848.65	3825.80	3801.75	3776.50	3750.05	3305.90	3147.68
蔬菜-平均价值	283.04	275.41	278.94	281.15	279.86	279.23	285.70	281.90	282.86	283.74	284.34	284.75
	2020年1月	2020年2月	2020年3月	2020年4月	2020年5月	2020年6月	2020年7月	2020年8月	2020年9月	2020年10月	2020年11月	2020年12月
肉禽-平均价值	12663.79	12583.18	12501.96	12437.75	12373.58	12309.45	12575.06	12772.67	12954.69	13209.97	13392.44	13727.06
蛋类-平均价值	2992.99	2841.84	3104.22	3509.34	3363.21	3204.96	3216.20	3224.12	3160.91	3172.11	3183.34	3194.58
蔬菜-平均价值	284.87	285.03	285.16	285.89	286.77	288.50	290.24	292.06	290.27	290.83	291.04	291.24
	2021年1月	2021年2月	2021年3月	2021年4月	2021年5月	2021年6月	2021年7月	2021年8月	2021年9月	2021年10月	2021年11月	2021年12月
肉禽-平均价值	13975.98	13709.66	13700.39	13690.06	13678.66	13666.19	13652.66	13577.10	13542.33	13497.26	13452.04	13406.67
蛋类-平均价值	3205.84	3217.12	3228.42	3239.73	3251.07	3262.43	3273.80	3285.19	3296.61	3308.04	3319.49	3330.96
蔬菜-平均价值	292.96	294.34	294.76	295.18	296.78	298.49	301.96	304.54	303.57	305.69	307.19	302.65

步骤三：按价值高低排序，基于存货每一品种的数量与单位成本求得其价值，并按价值高低由大到小依次排序，并计算累计价值占比，如表 6－17 所示。

步骤四：标识各品种存货所属 ABC 类别。

根据本任务中存货划分标准，进行分类：A 类库存资金占用达 80%，B 类存货库存资金占用达 15%，C 类存货库存资金占用达 5%。最终分类结果为：肉禽类为 A 类存货；蛋类为 B 类存货；蔬菜类为 C 类存货。

表 6－17　　存货累计价值占比

	2019年1月		2019年2月		2019年3月		2019年4月		2019年5月		2019年6月		2019年7月		2019年8月		2019年9月		2019年10月		2019年11月		2019年12月	
肉禽-平均价值	13972.95	76.04%	14005.38	76.92%	13648.04	76.52%	13550.26	76.46%	13387.02	76.34%	13261.13	76.26%	13291.57	76.37%	12895.00	75.95%	12730.22	75.82%	12565.06	75.70%	12599.04	77.82%	12631.95	78.63%
蛋类-平均价值	4120.00	22.42%	3928.05	21.57%	3910.00	21.92%	3890.75	21.95%	3870.30	22.07%	3848.65	22.13%	3825.80	21.98%	3801.75	22.39%	3776.50	22.49%	3750.05	22.59%	3305.90	20.42%	3147.68	19.59%
蔬菜-平均价值	283.04	1.54%	275.41	1.51%	278.94	1.56%	281.15	1.59%	279.86	1.60%	279.23	1.61%	285.70	1.64%	281.90	1.66%	282.86	1.68%	283.74	1.71%	284.34	1.76%	284.75	1.77%
总价值	18375.99		18208.84		17836.98		17722.16		17537.18		17389.01		17403.06		16978.64		16789.58		16598.84		16189.27		16064.38	
	2020年1月		2020年1月		2020年1月		2020年1月		2020年1月		2020年1月		2020年1月		2020年1月		2020年1月		2020年1月		2020年1月		2020年1月	
肉禽-平均价值	12663.79	68.91%	12583.18	69.10%	12501.96	70.09%	12437.75	70.18%	12373.58	70.56%	12309.45	70.79%	12575.06	72.26%	12772.67	75.23%	12954.69	77.16%	13209.97	79.58%	13392.44	82.72%	13727.06	85.45%
蛋类-平均价值	2992.99	16.29%	2841.84	15.61%	3104.22	17.40%	3509.34	19.80%	3363.21	19.18%	3204.96	18.43%	3216.20	18.48%	3224.12	18.99%	3160.91	18.83%	3172.11	19.11%	3183.34	19.66%	3194.58	19.89%
蔬菜-平均价值	284.87	1.55%	285.03	1.57%	285.16	1.60%	285.89	1.61%	286.77	1.64%	288.50	1.66%	290.24	1.67%	292.06	1.72%	290.27	1.73%	290.83	1.75%	291.04	1.80%	291.24	1.81%
总价值	15941.65		15710.06		15891.34		16232.98		16023.55		15802.90		16081.49		16288.86		16405.87		16672.91		16866.82		17212.88	
	2021年1月		2021年1月		2021年1月		2021年1月		2021年1月		2021年1月		2021年1月		2021年1月		2021年1月		2021年1月		2021年1月		2021年1月	
肉禽-平均价值	13975.98	76.06%	13709.66	75.29%	13700.39	76.81%	13690.06	77.25%	13678.66	78.00%	13666.19	78.59%	13652.66	78.45%	13577.10	79.97%	13542.33	80.66%	13497.26	81.31%	13452.04	83.09%	13406.67	83.46%
蛋类-平均价值	3205.84	17.45%	3217.12	17.67%	3228.42	18.10%	3239.73	18.28%	3251.07	18.54%	3262.43	18.76%	3273.80	18.81%	3285.19	19.35%	3296.61	19.63%	3308.04	19.93%	3319.49	20.50%	3330.96	20.74%
蔬菜-平均价值	292.96	1.59%	294.34	1.62%	294.76	1.65%	295.18	1.67%	296.78	1.69%	298.49	1.72%	301.96	1.74%	304.54	1.79%	303.57	1.81%	305.69	1.84%	307.19	1.90%	302.65	1.88%
总价值	17474.77		17221.12		17223.57		17224.97		17226.51		17227.11		17228.41		17166.83		17142.51		17110.98		17078.72		17040.28	

2. 基于需求波动性的存货分类管理

假定任务案例中公司将波动系数前 80% 的存货定义为 Z 类存货，次 15% 的定义为 Y 类存货，最后 5% 的定义为 X 类存货。具体工作步骤如下：

步骤一：收集企业近三年存货的名称、规格、耗用数量、成本等基础信息，对数据进行清洗处理，如表 6－18 所示。

表 6－18　　耗用数量数据

			201901				201902				201903				201904				201905		
商品名称	商品类别	规格	库存数量	采购价格	库存总价	耗用数量	库存数量	采购价格	库存总价	耗用数量	库存数量	采购价格	库存总价	耗用数量	库存数量	采购价格	库存总价	耗用数量	库存数量	采购价格	库存总价
白条猪	肉禽	kg	514.00	25.40	13055.60	504.00	495.00	25.35	12548.25	490	476.00	25.30	12042.80	470.00	457.00	25.25	11539.25	450	438.00	25.20	11037.60
牛肉	肉禽	kg	363.00	65.4	23740.20	353.00	361.00	65.47	23634.67	360	359.00	65.54	23528.86	350	357.00	65.61	23422.77	350	355.00	65.68	23316.40
整羊	肉禽	kg	200.00	54	10800.00	180.00	213.00	54.12	11527.56	210	199.00	54.24	10793.76	195	203.00	54.36	11035.08	200	202.50	54.48	11032.20
白条鸡	肉禽	kg	610.00	13.6	8296.00	556.00	604.00	13.76	8311.04	600	591.00	13.92	8226.72	590	582.67	14.08	8203.95	585	573.17	14.24	8161.89
鸡蛋	蛋类	kg	400.00	10.3	4120.00		387.00	10.15	3928.05	380	391.00	10	3910.00	385	395.00	9.85	3890.75	390	399.00	9.7	3870.30
净白菜	蔬菜	kg	158.00	1	158.00	151.00	168.00	1.05	176.40	160	161.25	1.1	177.38	160	165.67	1.15	190.52	162	167.29	1.2	200.75
圆白菜	蔬菜	kg	160.00	1	160.00	158.00	145.00	0.98	142.10	140	152.35	0.96	146.26	151	159.70	0.94	150.12	159	167.05	0.92	153.69
小油菜	蔬菜	kg	230.00	3.2	736.00	212.00	214.00	3.19	682.66	210	213.28	3.18	678.23	210	212.56	3.17	673.82	210	211.84	3.16	669.41
小菠菜	蔬菜	kg	252.00	5.6	1411.20	242.00	216.00	5.62	1213.92	212	234.67	5.64	1323.54	229	241.23	5.66	1365.36	240	223.98	5.68	1272.21
空心菜	蔬菜	kg	173.00	2.6	449.80	170.00	169.00	2.65	447.85	165	170.25	2.7	459.68	168	171.50	2.75	471.63	170	172.75	2.8	483.70
蒿子秆	蔬菜	kg	153.00	9.6	1468.80	149.00	147.00	9.47	1392.09	146	148.24	9.34	1384.56	145	149.48	9.21	1376.71	148.5	150.72	9.08	1368.54
韭菜	蔬菜	kg	93.50	3	280.50	87.00	95.00	2.98	283.10	90	94.25	2.96	278.98	93	95.00	2.94	279.30	94.3	95.38	2.92	278.50
芹菜	蔬菜	kg	89.27	1.8	160.69	88.00	87.35	1.78	155.48	87	88.03	1.76	154.93	87.5	88.71	1.74	154.36	88	89.39	1.72	153.75
西芹	蔬菜	kg	90.19	5	450.95	89.00	89.25	5.02	448.04	85	90.12	5.04	454.20	88.25	90.99	5.06	460.41	85.6	91.86	5.08	466.65
冬瓜	蔬菜	kg	79.25	1	79.25	75.00	81.45	1.01	82.26	80	80.38	1.02	81.99	78.5	79.31	1.03	81.69	79	78.24	1.04	81.37
南瓜	蔬菜	kg	67.35	1.5	101.03	65.00	65.00	1.51	98.15	62	66.15	1.52	100.55	64.5	67.30	1.53	102.97	67	68.45	1.54	105.41
苦瓜	蔬菜	kg	57.20	1.6	91.52	55.00	54.90	1.59	87.29	54	55.00	1.58	86.90	54.23	55.10	1.57	86.51	55	55.20	1.56	86.11
丝瓜	蔬菜	kg	71.25	4	285.00	70.00	75.25	4.02	302.51	75	76.00	4.04	307.04	75	76.75	4.06	311.61	76.2	77.50	4.08	316.20
白菜花	蔬菜	kg	75.50	1.2	90.60	73.00	79.00	1.19	94.01	78.5	80.15	1.18	94.58	78.5	80.36	1.17	94.02	80	80.57	1.16	93.46
绿菜花	蔬菜	kg	47.85	3	143.55	45.00	58.25	2.85	166.01	58	58.76	2.7	158.65	58.3	59.27	2.55	151.14	59	59.78	2.4	143.47
胡萝卜	蔬菜	kg	100.00	1.6	160.00	95.00	95.67	1.58	151.16	95	98.26	1.56	153.29	95	100.85	1.54	155.31	99.85	103.44	1.52	157.23
白萝卜	蔬菜	kg	85.20	0.9	76.68	84.00	86.30	0.92	79.40	86	87.14	0.94	81.91	86	87.98	0.96	84.46	87	88.82	0.98	87.04
心里美	蔬菜	kg	46.50	3	139.50	45.00	48.50	2.97	144.05	48	49.23	2.94	144.74	48.3	49.96	2.91	145.38	48	50.69	2.88	145.99
土豆	蔬菜	kg	219.50	2.2	482.90	215.00	205.25	2.21	453.60	203	207.19	2.22	459.96	200	209.13	2.23	466.36	200	211.07	2.24	472.80
藕	蔬菜	kg	62.50	9	562.50	62.00	63.70	9.04	575.85	63	64.10	9.08	582.03	63.5	64.50	9.12	588.24	63	64.90	9.16	594.48
山药	蔬菜	kg	57.85	9.6	555.36	55.00	58.25	9.59	558.62	58	58.95	9.58	564.74	57.5	59.65	9.57	570.85	59	60.35	9.56	576.95
圆茄子	蔬菜	kg	91.50	1.2	109.80	90.00	87.65	1.19	104.30	87	88.00	1.18	103.84	87.5	88.35	1.17	103.37	88	88.70	1.16	102.89
长茄子	蔬菜	kg	61.35	1.6	98.16	60.00	59.50	1.59	94.61	58	60.03	1.58	94.85	58	60.56	1.57	95.08	59	61.09	1.56	95.30
西红柿	蔬菜	kg	87.65	3	262.95	85.00	85.25	3.02	257.46	85	85.58	3.04	260.16	85	85.91	3.06	262.88	85	86.24	3.08	265.62
柿子椒	蔬菜	kg	60.30	2	120.60	59.00	59.50	1.98	117.81	58	59.65	1.96	116.91	58.5	59.80	1.94	116.01	58	59.95	1.92	115.10
黄豆芽	蔬菜	kg	35.00	1.8	63.00	34.50	41.25	1.79	73.84	40	41.73	1.78	74.28	41	42.21	1.77	74.71	42	42.69	1.76	75.13
绿豆芽	蔬菜	kg	50.00	2	100.00	49.50	49.50	2.015	99.74	47.5	49.45	2.03	100.38	49	49.40	2.045	101.02	48	49.35	2.06	101.66
姜	蔬菜	kg	25.00	6	150.00	24.50	26.75	5.953	159.24	25.5	26.98	5.906	159.34	26	27.21	5.859	159.42	26	27.44	5.812	159.48
大葱	蔬菜	kg	51.75	4.2	217.35	50.00	52.30	4.15	217.05	52	52.15	4.1	213.82	52	52.00	4.05	210.60	51.3	51.85	4	207.40
莴笋	蔬菜	kg	67.30	2	134.60	65.00	68.27	1.92	131.08	68	68.14	1.84	125.38	67	68.01	1.76	119.70	67.5	67.88	1.68	114.04
油麦菜	蔬菜	kg	35.45	6	212.70	34.00	37.15	5.98	222.16	36	37.30	5.96	222.31	37	37.45	5.94	222.45	36.5	37.60	5.92	222.59
蒜苔	蔬菜	kg	54.67	7	382.69	54.00	55.98	6.95	389.06	54	55.89	6.9	385.64	55	55.80	6.85	382.23	54.5	55.71	6.8	378.83
蒜黄	蔬菜	kg	45.35	12	544.20	43.00	41.25	11.98	494.18	40	41.45	11.96	495.74	40	41.65	11.94	497.30	41	41.85	11.92	498.85
青蒜	蔬菜	kg	37.85	5.2	196.82	36.00	39.50	5.15	203.43	38.75	39.54	5.1	201.65	39	39.58	5.05	199.88	39	39.62	5	198.10
黄瓜	蔬菜	kg	73.50	3.6	264.60	72.00	77.00	3.72	286.44	75	77.17	3.84	296.33	75	77.34	3.96	306.27	76.5	77.51	4.08	316.24
小白菜	蔬菜	kg	35.50	1.2	42.60	35.00	31.50	1.21	38.12	30	31.65	1.22	38.61	30	31.80	1.23	39.11	31.5	31.95	1.24	39.62
茴香	蔬菜	kg	25.35	5.6	141.96	25.00	27.80	5.65	157.07	26	28.00	5.7	159.60	27.5	28.20	5.75	162.15	28	28.40	5.8	164.72

步骤三：计算近三年各品种存货月度平均耗用价值、标准差，并计算波动系数。

（1）月度平均耗用价值。在表 6－18 中，已经获取到各月耗用数量，那么可以通过公式得到：

各月耗用价值[①] = 采购价格 × 耗用数量

以 2019 年 1 月白条猪为例，耗用价值为 12801.6［采购价格（25.4）× 耗用数量（504）］。同的方法，可以计算 2019 年 1 月—2021 年 12 月的各月耗用价值。

月度平均耗用价值是将 2019 年 1 月—2021 年 12 月各月耗用价值进行平均。

月度平均耗用价值 = $\sum$ 耗用价值 ÷36

以白条猪为例，月度平均耗用价值为 9389.78 元。

（2）耗用价值标准差。标准差是总体各单位标准值与其平均数离差平方的算术平均数

① 以耗用价值作为需求金额。

的平方根，反映组内个体间的离散程度。样本标准差公式为：

$$S=\sqrt{\frac{\sum_{i=1}^{n}(x_i-\bar{x})^2}{n-1}}$$

同样，以白条猪为例，

$$S=\sqrt{\frac{\sum_{i=1}^{36}(\text{各月度耗用价值}-\overline{\text{月耗用价值}})^2}{36-1}}=1323.36$$

（3）波动系数。本任务需要计算耗用价值的波动系数，波动系数公式为：

波动系数 = 需求金额的标准差 ÷ 需求金额的平均值。

以 2019 年 1 月—2021 年 12 月白条猪为例，

波动系数 = 白条猪耗用价值标准差 ÷ 白条猪月平均耗用价值

白条猪耗用价值波动系数为 0.142946（1323.36 ÷ 9389.78）。利用大数据软件工具计算得出全部所有品种的耗用价值波动系数，整理得到如表 6－19 所示。

表 6－19　各品种存货月度波动系数

商品名称	商品类别	规格	耗用价值标准差	耗用价值平均值	波动系数
白条猪	肉禽	kg	1342.23	9389.78	0.142946
牛肉	肉禽	kg	2689.01	24768.71	0.108565
整羊	肉禽	kg	699.48	9966.25	0.070185
白条鸡	肉禽	kg	1472.37	6536.74	0.225245
鸡蛋	蛋类	kg	804.92	3027.69	0.265852
净白菜	蔬菜	kg	39.17	248.34	0.157713
圆白菜	蔬菜	kg	31.94	185.15	0.172511
小油菜	蔬菜	kg	37.64	623.31	0.060387
小菠菜	蔬菜	kg	122.49	1258.62	0.097321
空心菜	蔬菜	kg	50.07	513.49	0.097502
蒿子杆	蔬菜	kg	73.97	1256.93	0.058847
韭菜	蔬菜	kg	11.61	264.75	0.043865
芹菜	蔬菜	kg	8.72	148.97	0.058508
西芹	蔬菜	kg	20.50	432.85	0.047363
冬瓜	蔬菜	kg	6.09	82.33	0.073978
南瓜	蔬菜	kg	5.69	107.20	0.053117
苦瓜	蔬菜	kg	4.49	82.01	0.054726
丝瓜	蔬菜	kg	14.30	315.69	0.045309
白菜花	蔬菜	kg	7.09	91.66	0.077376
绿菜花	蔬菜	kg	34.02	88.57	0.384136
胡萝卜	蔬菜	kg	16.63	155.81	0.106761
白萝卜	蔬菜	kg	21.46	115.06	0.186482
心里美	蔬菜	kg	4.98	143.48	0.034696
土豆	蔬菜	kg	67.54	501.36	0.13472
藕	蔬菜	kg	27.48	611.96	0.044897
山药	蔬菜	kg	53.60	622.61	0.086091
圆茄子	蔬菜	kg	17.07	81.44	0.209597
长茄子	蔬菜	kg	5.61	95.78	0.058557
西红柿	蔬菜	kg	17.29	273.08	0.063324
柿子椒	蔬菜	kg	11.71	96.62	0.121195
黄豆芽	蔬菜	kg	7.25	76.73	0.094542
绿豆芽	蔬菜	kg	6.57	97.86	0.06718
姜	蔬菜	kg	12.06	138.05	0.087379
大葱	蔬菜	kg	20.58	171.44	0.120032
莴笋	蔬菜	kg	25.86	83.06	0.311404
油麦菜	蔬菜	kg	27.09	182.34	0.148556
蒜苔	蔬菜	kg	28.31	333.22	0.084947
蒜黄	蔬菜	kg	18.67	476.10	0.039222
青蒜	蔬菜	kg	15.81	168.49	0.093861
黄瓜	蔬菜	kg	68.04	404.00	0.168428
小白菜	蔬菜	kg	2.54	40.20	0.06309
茴香	蔬菜	kg	19.57	171.94	0.11381
葱头	蔬菜	kg	7.80	77.32	0.100888
小西葫芦	蔬菜	kg	8.38	39.00	0.21489
豆角	蔬菜	kg	5.76	90.35	0.063704

步骤四：按波动系数高低排序，并根据 XYZ 规则标识各品种存货所属 XYZ 类别。公司将波动系数前 80% 的存货定义为 Z 类存货，次 15% 的定义为 Y 类存货，最后 5% 的定义为 X 类存货。根据排序进行占比分析，波动系数前 80% 的从绿菜花至长茄子，所以标注为 Z，同理次 15% 定义为 Y 类存货，最后 5% 的蒜黄、心里美为 X 类，如表 6－20 所示。

表 6－20　　标识 XYZ 类别

商品名称	商品类别	规格	耗用价值标准差	耗用价值平均值	波动系数	XYZ类别
绿菜花	蔬菜	kg	34.02	88.57	0.384136225	Z
莴笋	蔬菜	kg	25.86	83.06	0.31140436	Z
鸡蛋	蛋类	kg	804.92	3027.69	0.265851789	Z
白条鸡	肉禽	kg	1472.37	6536.74	0.225245008	Z
小西葫芦	蔬菜	kg	8.38	39.00	0.214890446	Z
圆茄子	蔬菜	kg	17.07	81.44	0.209597287	Z
白萝卜	蔬菜	kg	21.46	115.06	0.186482012	Z
圆白菜	蔬菜	kg	31.94	185.15	0.172510886	Z
黄瓜	蔬菜	kg	68.04	404.00	0.168427809	Z
净白菜	蔬菜	kg	39.17	248.34	0.157712933	Z
油麦菜	蔬菜	kg	27.09	182.34	0.148556002	Z
白条猪	肉禽	kg	1323.46	9389.78	0.140946918	Z
土豆	蔬菜	kg	67.54	501.36	0.134719696	Z
柿子椒	蔬菜	kg	11.71	96.62	0.121194784	Z
大葱	蔬菜	kg	20.58	171.44	0.120031608	Z
茴香	蔬菜	kg	19.57	171.94	0.113809988	Z
牛肉	肉禽	kg	2689.01	24768.71	0.108564829	Z
胡萝卜	蔬菜	kg	16.63	155.81	0.106760825	Z
葱头	蔬菜	kg	7.80	77.32	0.100887682	Z
空心菜	蔬菜	kg	50.07	513.49	0.097502269	Z
小菠菜	蔬菜	kg	122.49	1258.62	0.097321298	Z
黄豆芽	蔬菜	kg	7.25	76.73	0.094542487	Z
青蒜	蔬菜	kg	15.81	168.49	0.093860894	Z
姜	蔬菜	kg	12.06	138.05	0.087378777	Z
山药	蔬菜	kg	53.60	622.61	0.08609059	Z
蒜苔	蔬菜	kg	28.31	333.22	0.084947399	Z
白菜花	蔬菜	kg	7.09	91.66	0.077375731	Z
冬瓜	蔬菜	kg	6.09	82.33	0.073978136	Z
整羊	肉禽	kg	699.48	9966.25	0.070184991	Z
绿豆芽	蔬菜	kg	6.57	97.86	0.067180325	Z
豆角	蔬菜	kg	5.76	90.35	0.063704459	Z
西红柿	蔬菜	kg	17.29	273.08	0.06332434	Z
小白菜	蔬菜	kg	2.54	40.20	0.063090417	Z
小油菜	蔬菜	kg	37.64	623.31	0.060387001	Z
蒿子杆	蔬菜	kg	73.97	1256.93	0.058846777	Z
长茄子	蔬菜	kg	5.61	95.78	0.058556752	Z
芹菜	蔬菜	kg	8.72	148.97	0.058508404	Y
苦瓜	蔬菜	kg	4.49	82.01	0.05472612	Y
南瓜	蔬菜	kg	5.69	107.20	0.053116634	Y
西芹	蔬菜	kg	20.50	432.85	0.047363453	Y
丝瓜	蔬菜	kg	14.30	315.69	0.045308822	Y
藕	蔬菜	kg	27.48	611.96	0.044896516	Y
韭菜	蔬菜	kg	11.61	264.75	0.043865014	Y
蒜黄	蔬菜	kg	18.67	476.10	0.039222235	X
心里美	蔬菜	kg	4.98	143.48	0.034696407	X

【任务拓展】

对存货采购需求预测的方法有很多，移动平均法、加权移动平均法与指数平滑预测法是其中常用的三种方法。

移动平均法通常用前几个月的实际需求的平均数对当月或下月的需求进行预测。例如，5 月份的预测需求取 2 月、3 月、4 月的实际需求量的平均数；6 月份的预测需求量则取 3 月、4 月、5 月实际需求量的平均数；7 月份的预测需求量取 4 月、5 月、6 月实际需求量平均数，以此类推。移动平均法能够有效解决实际需求量发生较大变化导致的预测偏差，但不适用于季节型模式，因为它对取值时间之外的数据完全不予以考虑。

加权移动平均法是指在移动平均法的基础上，为每个月增加了权重，这样可以更加突出权重大的月份需求。在实际应用时，通常越靠近预测时间的时间段会被赋予较大的权重，因为通常认为离的时间越近，和现在的情况就越相似。例如，2 月、3 月、4 月的实际需求量分别为 40、60、100，权重分别为 20%、30%、50%，则预测 5 月份的需求量为 76（40 × 20% +60 ×30% +100 ×50%）。

指数平滑预测法是一种特殊的加权移动平均法，兼容了简单平均法和移动平均法的优点，将近期数据和远期数据均纳入预测参考，设定一定的权重，这样就能更加灵活地运用历史数据，指数平滑法是生产预测中常用的一种方法。也用于中短期经济发展趋势预测，所有预测方法中，指数平滑是用得最多的一种。指数平滑法的基本公式为：

$S_t = ay_t + (1 - a) \times S_{t-1}$

式中，S_t为指时间的 t 平滑值；y_t为时间 t 的实际值；S_{t-1} 为时间 $t-1$ 的平滑值；a 为平滑常数，其取值范围为［0，1］。

下期预测数 = 本期预测数 + 平滑系数（本期实际数 – 本期预测数）

这个公式的含义是：在本期预测数上加上一部分用平滑系数调整过的本期实际数与本期预测数的差，就可求出下期预测数。一般说来，下期预测数常介于本期实际数与本期预测数之间。平滑系数的大小，可根据过去的预测数与实际数比较而定。差额大，则平滑系数应取大一些；反之，则取小一些。平滑系数愈大，则近期因素变动影响愈大；反之，则近期因素变动影响愈小，愈平滑。这种预测法简便易行，只要具备本期实际数、本期预测数和平滑系数三项资料，就可预测下期数。例如，某种产品销售量的平滑系数为 0.6，2020 年实际销售量为 35 万件，预测销售量为 40 万件。则 2021 年的预测销售量为 37 万件，计算公式为：350000 ×0.6 +400000 ×（1 –0.6）=370000（件）。

任务三　供应商分析

【任务案例】

在供应链相关财务指标分析的基础上，华瑞公司管理层要求分析人员对供应商的相关情况进行分析。

【任务处理】

企业采购业务实现的目标可以概括为：按照采购计划，选择合适的供应商，在合适的时间，以合适的价格，购买合适质量和合适数量的商品，并将其送到指定的地点。采购业务的管理核心是对供应商的管理，具体分析维度如图 6－8 所示。

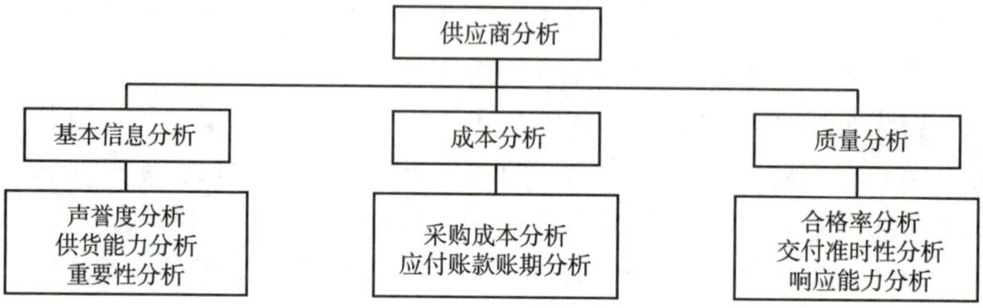

图 6－8　供应商分析

1. 供应商基本信息分析

供应商基本信息主要包括供应商声誉度分析、供货能力分析与供应商对于企业的重要度分析。将各供应商企业按照不同维度建立多个维度标签，并对这些特征进行统计分析，还原与整合供应商企业的信息全貌。关于声誉度分析，公司可以通过要求提供供应商相关供货资质认证资料来确认其声誉度水平。同时，公司可通过动态收集供应商相关新闻舆情信息等动态评价供应商声誉度水平。

供货能力分析主要通过公司采购金额占供应商销售金额比重来分析。如果公司采购金额占供应商销售金额越大，表明供应商对公司的依赖性越强，未来公司调整供应商的阻力相对越大，但好处在于公司可能会有相对较高的议价能力，对供应商的管理相对会更顺畅一些。

供货能力水平 = 销售给公司金额 ÷ 供应商全部销售金额

重要性分析是指对供应商对于公司重要性水平的分析，可以通过从某供应商采购金额与公司全部采购金额占比来分析。一般来说，重要性水平越高，表明公司越依赖于某供应商。当公司经过分析发现，关键备件只有唯一一个供应商供货时，就要考虑该供应商一旦不能按要求供货时可能存在的风险。通过供应商重要性水平的分析，公司可以判断供应商的重要程度，并可以据此对供应商进行分级管理。例如，有些供应商重要性水平很高，根本原因在于其有独特的技术、产品或工艺，通常很难被替代或更换。公司应与该类供应商建立长期战略合作关系，寻求共同发展，以便得到合适的合作条件。

重要性水平 = 从某供应商采购金额 ÷ 公司全部采购金额

分析供货能力水平与重要性水平指标时，可以在整体分析的基础上，分产品类别进行分析。

2. 采购成本分析

供应商成本分析主要指以供应商为对象，对其采购成本及应付账款账期分析。

采购成本包括采购存货本身发生的支出，即购置成本，还包括订货成本和储存成本。购置成本等于采购单价与采购数量的乘积。订货成本指取得订单的成本，如办公费、差旅费、邮资、电报电话费等支出。订货成本中有一部分与订货次数无关，如常设采购机构的基本开支等，称为订货的固定成本。由于固定成本可能用于多类存货订购且短期内不会有所变动，所以在本项目中不予考虑；另一部分与订货次数有关，如差旅费、邮资等，称为订货的变动成本，每次订货的变动成本用 K_d 表示；订货次数等于存货期间内需求量 D 与每次进货量 Q 之商。订货变动成本的计算公式为：

订货变动成本 =（D ÷ Q）× K_d

在任务案例中，简化起见，存货订货成本只考虑订购发生的差旅费、邮资、电报电话费等支出，汇总相关支出即可。

储存成本也分为固定成本和变动成本。固定储存成本与存货数量的多少无关，如仓库折旧、仓库职工的固定月工资等。变动储存成本与存货的数量有关，如存货占用资金的应计利息、存货的破损和变质损失、存货的保险费用等。由于固定储存成本短期内不会发生变化，所以本项目暂不予考虑。单位变动成本用 K_c 表示，变动储存成本的公式为：

变动储存成本 =［（期初存货余额 + 期末存货余额）÷ 2］× K_c

在任务案例中，简化起见，可以只计算存货占用资金的应计利息。K_c 可以用计算期间内活期存款利率替代计算。公司还可以通过各供应商应付账款账期长短分析，分析公司与供应商的关系。原则上，应付账款账期越长，公司占用供应商资金越多。公司可以通过分析应付账款账期在各期的变动情况，判定是否需要与供应商进行谈判，从而获取更好的付款条件和合作条件。

3. 质量分析

供应商质量可以基于合格率分析、交付准时性分析和响应能力分析三个维度进行分析。

（1）合格率分析。供应商合格率分析可以通过批退率和合格率两个指标进行测度分析。批退率是指根据一定期间内退货批次占全部交货批次的比率。

批退率 = 退货批次 ÷ 全部交货批次

例如，2021 年度某供应商交货 50 批次，退货 2 批次，其批退率为 4%（2 ÷ 50 × 100%），批退率越高，表明供应商产品品质越差。

合格率是一定期间内退货数量占全部交货数量的比率。

合格率 = 退货数量 ÷ 全部交货数量

例如，某供应商第一季度分 5 批，共交货 10000 件，总合格数为 9700 件，则其合格率为 97%（9700 ÷ 1000 × 100%），合格率越高，表明品质越好。

（2）交付准时性分析。交付准时性分析有两个指标：数量准时交付率和批次准时交付率。

数量准时交付率 =（实际准时交付数量 ÷ 要求准时交付数量）× 100%

批次准时交付率 =（实际准时交付批次 ÷ 要求准时交付批次）× 100%

以上两种考核指标都有企业采用，两个指标结合起来看会更客观。例如，一共下了两个订单 25000 件给供应商，第一个订单 5000 件，全部都准时交付；第二个订单 20000 件，准时交付 5000 件。数量准时交付率 40%，批次准时交付率 50%，但实际对生产计划的影响数量 15000 件，影响程度远超过 50%。

（3）响应能力分析。订单变化接受率是衡量供应商对订单变化响应能力的一个指标，是指在双方确认的交货周期中供应商可接受的订单增加或减少的比率。

订单变化接受率 =（订单增加或减少的交货数量 ÷ 订单原定的交货数量）×100%

供应商能够接受的订单增加接受率与订单减少接受率往往并不相同。其原因在于前者取决于供应商生产能力、生产计划安排、库存状态（原材料、半成品或成品）等，而后者则主要取决于供应商因减少订单引致损失的承受力。

【任务实施】

供应商分析系统实操

1. 供应商基本信息分析

任务案例中对供应商基本信息进行分析时，主要工作步骤如下：

步骤一：采集供应商基本信息，包括名称、资产规模、营业收入、生产规模等信息。

步骤二：利用 Python 等技术工具采集供应商新闻报道等信息，并绘制词云图，判断是否存在影响声誉度水平的负面信息。

步骤三：分别供应商计算近一年每一个月的供货能力水平，绘制折线图，分析波动原因。

步骤四：分别供应商计算近一年每一个月的重要性水平，绘制折线图，分析波动原因，并筛选重要性水平在 50% 以上的供应商。

2. 采购成本分析

对采购成本进行分析时，主要工作步骤如下：

步骤一：

（1）分供应商采集当年每月各存货品种单价等信息，如表 6－21 所示。

表 6－21　　分供应商各月各存货品种单价

供应商	商品名称	商品类别	规格	2021年1月	2021年2月	2021年3月	2021年4月	2021年5月	2021年6月	2021年7月	2021年8月	2021年9月	2021年10月	2021年11月	2021年12月
万象生鲜	白条猪	肉禽	kg	31	35.00	38	45.00	46	65.00	75	77	78.00	80	82.00	83.5
	牛肉	肉禽	kg	70	72	71.74	73	71.8	75	72	74	71.92	76	75	72.01
	整羊	肉禽	kg	73	80	75	73	76	77	78	70	75	77	76	74
大禹码头	白条鸡	肉禽	kg	23.94	23.75	24	25	27	28	35	31	33	32	30	34
	鸡蛋	蛋类	kg	9.4	10	10.53	11	12.6	13	9.85	8.54	10	8.35	9	11
零零食品	薯片A	零食	包	10.12	10.18	10.24	10.3	10.36	10.42	10.48	10.54	10.6	10.66	10.72	10.78
	虾条	零食	包	9.68	9.71	9.74	9.77	9.8	9.83	9.86	9.89	9.92	9.95	9.98	10.01
	芝芝脆	零食	包	21	21	21	21	21	22.5	23	23	23	23	23	23
恰乐家悦	西梅	零食	包	11.55	11.56	11.57	11.58	11.59	11.6	11.61	11.62	11.63	11.64	11.65	11.66
	西瓜子	零食	包	13.5	13.5	13.5	13.5	13.5	15.5	15.5	15.5	15.5	17.5	17.5	17.5
	花生米	零食	包	12	11.5	12.5	13	11	12.5	10	12.5	11	12	13	10
天峰食品	巧克力	零食	斤	30	32	34	31.5	29	28.5	37	40	42	37.5	55	51
	菠萝糖	零食	包	28.5	30	31	29.5	28	28.5	28.5	30	31	27	28	26.5
	蛋卷	零食	包	15.24	16	17.5	15	17.5	17.5	17.5	12.3	12.5	13	15	15.5

（2）根据各供应商各月商品单价，绘制折线图，如图 6－9 所示。

通过折线图可以看到，由于供应周期性效应的影响，生猪肉整体单价波动较大。其他零食类产品相对处于稳定区间，受季节等因素影响较小，受促销活动影响具有小幅度波动。

步骤二：订购成本。

（1）分供应商采集当年每月存货订购发生的差旅费、邮递费、通信费等支出数据，如表 6－22 所示。

（2）绘制可视化图形。

①以 2021 年 1—12 月为分析维度，差旅费用为指标，按时间进行差旅费用分析，选择柱形图进行绘制，如图 6－10 所示。

②以 2021 年 1—12 月为分析维度，邮递费用为指标，按时间进行邮递费用分析，选择折线图进行绘制，如图 6－11 所示。

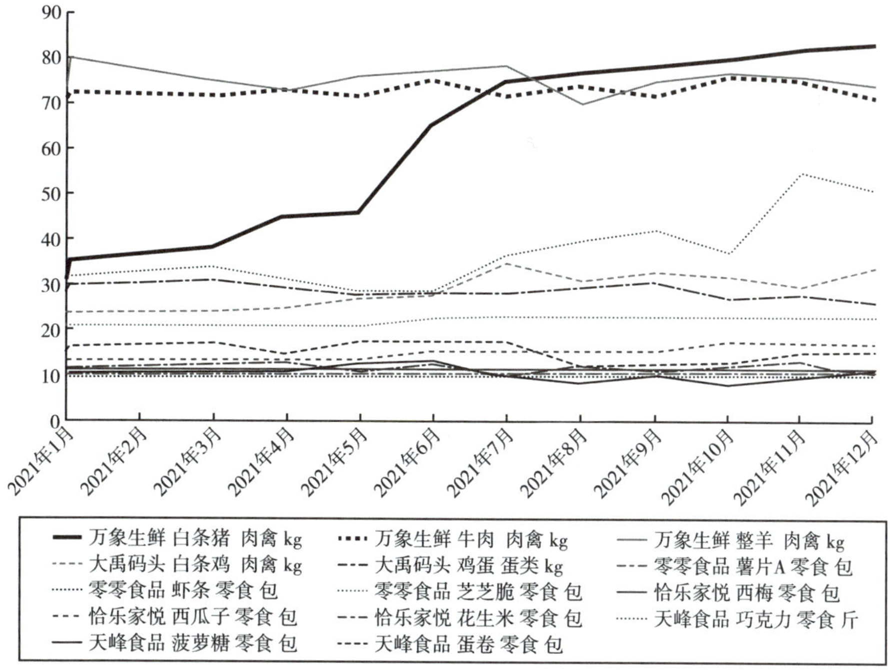

图 6 – 9　分供应商各月各存货品种单价折线图

表 6 – 22　　分供应商存货订购——费用支出

供应商	科目	2021年1月	2021年2月	2021年3月	2021年4月	2021年5月	2021年6月	2021年7月	2021年8月	2021年9月	2021年10月	2021年11月	2021年12月
万象生鲜	差旅费	5234.5	3218.3	3100	4120	1578.3	5671.2	3612.9	4572.3	8164.3	6218.2	3428	3125.5
	邮递费	375	350	415.23	468	214	327.5	268.5	293.4	621.7	513.5	227.8	264.5
	通信费	1250	1150	1050	950	864	1200	1210	850	1163	1080	684	1195
大禹码头	差旅费	3124.5	4128.5	3750	6500	7525	10275	14265.5	6350	4125.5	3275.3	3198.5	5624.5
	邮递费	400	425	428.5	562.5	412	398.5	625.5	726.25	837.5	632.5	388.5	527.5
	通信费	1100	850	965.5	800	785.5	825	785.5	759.5	1064.35	857.4	515	615.4
零零食品	差旅费	2150	1850.5	3126.4	5750	3510	6500	3460.5	3125	2864.5	3463.5	4100	1250
	邮递费	370	252.5	327.5	450.5	350.6	205	210	305	298	168	155	205
	通信费	850	450	350	375	360	340	400	378	289.5	120.35	425	300
恰乐家悦	差旅费	4125.5	3750	3625.5	4560.5	5280	5245.25	3175	0	0	2750	2780.5	4238.5
	邮递费	224.5	178.5	160	155.25	200	185.5	170	165.5	205	188	193.5	227.25
	通信费	455	437.5	528.35	380	365.2	620	322.5	429	315.5	495	224	415.2
天峰食品	差旅费	2750.5	3013.2	2100	5350.5	4325.5	6275	7500	3585.3	5040.4	4126.5	6350.5	5800
	邮递费	220	243	250	218.5	198	190.5	217.5	220	178	315	288	156.5
	通信费	515	231.2	178	165	180	195	200	203.5	175	160	150	145.5

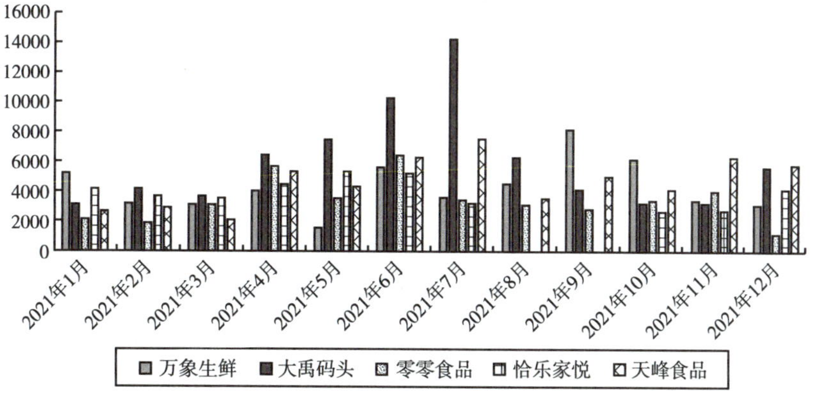

图 6 – 10　分供应商 2021 年差旅费用分析

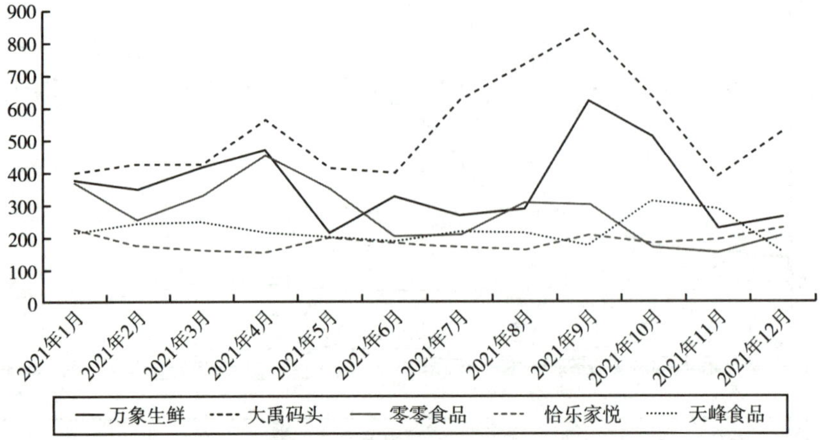

图 6-11　分供应商 2021 年邮递费用分析

③以 2021 年 1—12 月为分析维度，通信费用为指标，按时间进行通信费用分析，选择堆积面积图进行绘制，如图 6-12 所示。

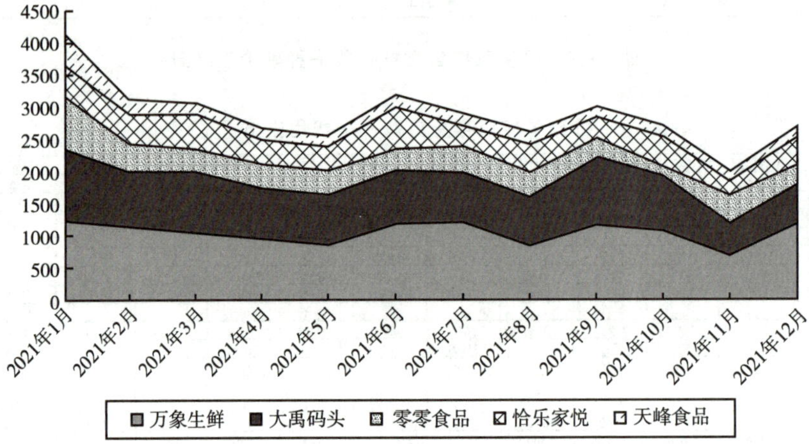

图 6-12　分供应商 2021 年通信费用分析

根据可视化图形，万象生鲜、大禹码头的各项费用支出相对较高，天峰食品的费用支出较低。需要根据整体销售收入进行进一步比率分析，客户因素、地区因素、产品品类差异等都会对差旅、邮递、通信等费用产生影响，需进行细分分析，寻找形成这样趋势的原因。整体观测，邮递费、通信费相对处于稳定区间，差旅费用随季节有一定波动趋势。

（3）汇总计算变动订购成本。

任务案例中，订购成本 = 差旅费 + 邮递费 + 通信费

以大禹码头 2021 年 1 月为例，订购成本为 4624.5 元（3124.5 + 400 + 1100），分供应商汇总 2021 年 1—12 月变动订购成本数据，如表 6-23 所示。

步骤三：数据处理。

（1）采集活期存款利率，分供应商采集当年每月存货期初与期末金额数据，如表 6-24 所示，计算存货资金占用的机会成本，分析波动原因，并绘制折线图。

表 6－23　　分供应商变动订购成本

供应商	2021年1月	2021年2月	2021年3月	2021年4月	2021年5月	2021年6月	2021年7月	2021年8月	2021年9月	2021年10月	2021年11月	2021年12月
大禹码头	4624.5	5403.5	5144	7862.5	8722.5	11498.5	15676.5	7835.75	6027.35	4765.2	4102	6767.4
万象生鲜	6859.5	4718.3	4565.23	5538	2656.3	7198.7	5091.4	5715.7	9949	7811.7	4339.8	4585
零零食品	3370	2553	3803.9	6575.5	4220.6	7045	4070.5	3808	3452	3751.85	4680	1755
恰乐家悦	4805	4366	4313.85	5095.75	5845.2	6050.75	3667.5	594.5	520.5	3433	3198	4880.95
天峰食品	3485.5	3487.4	2528	5734	4703.5	6660.5	7917.5	4008.8	5393.4	4601.5	6788.5	6102

表 6－24　　每月存货期初与期末金额数据

供应商	2020年12月	2021年1月	2021年2月	2021年3月	2021年4月	2021年5月	2021年6月	2021年7月	2021年8月	2021年9月	2021年10月	2021年11月	2021年12月
大禹码头	1,259,065.50	1,365,005.25	1,542,089.50	1,345,389.35	1,450,213.50	1,523,394.25	1,231,589.50	1,312,430.50	1,000,120.25	826,350.20	1,312,391.70	1,231,913.40	1,112,930.50
万象生鲜	1,005,250.35	1,240,628.50	1,524,102.30	1,023,944.52	1,121,349.20	932,810.50	852,091.30	1,023,931.40	784,532.50	853,250.70	1,121,930.85	1,023,194.70	981,358.20
零零食品	2,422,374.00	2,512,800.50	2,203,794.30	2,129,231.40	2,003,130.50	1,589,221.30	1,628,234.34	980,342.60	1,123,280.30	924,352.12	1,021,039.60	982,157.30	1,112,930.40
恰乐家悦	3,155,175.00	3,712,068.60	3,029,372.50	2,848,252.50	3,129,130.15	2,938,119.40	2,652,191.30	1,781,328.50	1,927,338.20	1,823,149.50	1,882,137.50	1,723,190.20	1,518,920.00
天峰食品	4,120,560.80	4,523,090.40	3,945,869.75	3,857,182.10	3,821,012.40	3,723,381.30	3,001,500.70	2,748,230.10	2,530,291.25	2,641,529.50	2,931,175.20	2,847,110.50	2,741,890.20

活期存款利率为 0.35%，

（2）计算存货资金占用的机会成本（见表 6－25）。

机会成本公式：机会成本＝订购成本×活期存款利率

以供应商大禹码头 2020 年 12 月为例：机会成本＝1259065.5×0.0035＝4406.73（元）

表 6－25　　每月库存资金占用机会成本

库存资金占用机会成本													
供应商	2020年12月	2021年1月	2021年2月	2021年3月	2021年4月	2021年5月	2021年6月	2021年7月	2021年8月	2021年9月	2021年10月	2021年11月	2021年12月
大禹码头	4,406.73	4,777.52	5,397.31	4,708.86	5,075.75	5,331.88	4,310.56	4,593.51	3,500.42	2,892.23	4,593.37	4,311.70	3,895.26
万象生鲜	3,518.38	4,342.20	5,334.36	3,583.81	3,924.72	3,264.84	2,982.32	3,583.76	2,745.86	2,986.38	3,926.76	3,581.18	3,434.75
零零食品	8,478.31	8,794.80	7,713.28	7,452.31	7,010.96	5,562.27	5,698.82	3,431.20	3,931.48	3,235.23	3,573.64	3,437.55	3,895.26
恰乐家悦	11,043.11	12,992.24	10,602.80	9,968.88	10,951.96	10,283.42	9,282.67	6,234.65	6,745.68	6,381.02	6,587.48	6,031.17	5,316.22
天峰食品	14,421.96	15,830.82	13,810.54	13,500.14	13,373.54	13,031.83	10,505.25	9,618.81	8,856.02	9,245.35	10,259.11	9,964.89	9,596.62

基于库存资金占用机会成本，绘制折线图，如图 6－13 所示

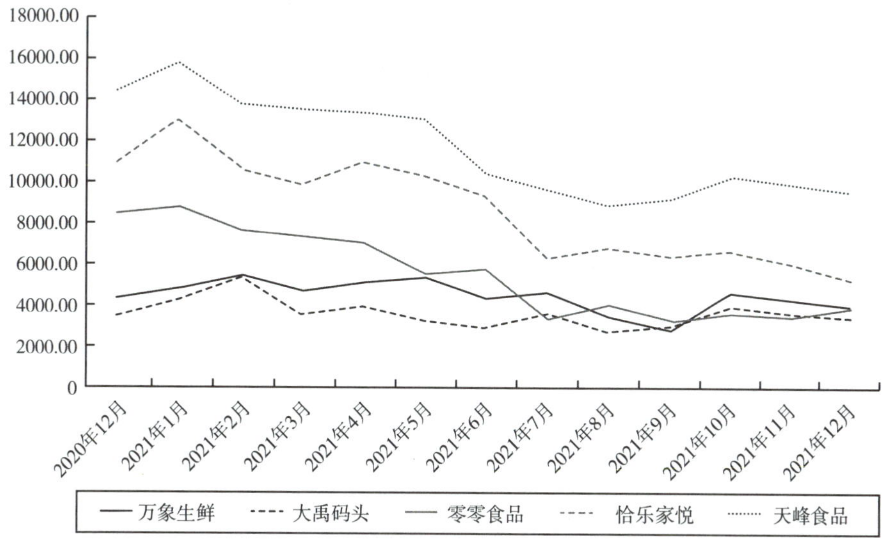

图 6－13　库存资金占用机会成本折线图

通过折线图趋势，可以看到全部供应商的资金占用机会成本逐渐收敛，证明接近年底库存占用资金越来越低，优化了库存管理，对于整体企业资金和运营起到了良性推动作用。

步骤四：数据汇总整理。

（1）根据前序步骤已经处理完成的数据资源，进行整体汇总，如表 6－26 所示，

表 6－26　　各供应商购置成本、订货成本、机会成本

供应商	2021年1月			2021年2月			2021年3月			2021年4月			2021年5月			2021年6月		
	购置成本	订货成本	机会成本	购置成本	订货成本	机会成本	购置成本	订货成本	机会成本	购置成本	订货成本	机会成本	购置成本	订货成本	机会成本	购置成本	订货成本	机会成本
大禹码头	1,365,005.25	4624.5	4,777.52	1,542,089.50	5403.5	5,397.31	1,345,389.35	5144	4,708.86	1,450,213.50	7862.5	5,075.75	1,523,394.25	8722.5	5,331.88	1,231,589.50	11498.5	4,310.56
万象生鲜	1,240,628.50	6859.5	4,342.20	1,524,102.30	4718.3	5,334.36	1,023,944.52	4565.23	3,583.81	1,121,349.20	5538	3,924.72	932,810.50	2656.3	3,264.84	852,091.30	7198.7	2,982.32
零零食品	2,512,800.50	3370	8,794.80	2,203,794.30	2553	7,713.28	2,129,231.40	3803.9	7,452.31	2,003,130.50	6575.5	7,010.96	1,589,221.30	4220.6	5,562.27	1,628,234.34	7045	5,698.82
恰乐家悦	3,712,068.60	4805	12,992.24	3,029,372.50	4366	10,602.80	2,848,252.50	4313.85	9,968.88	3,129,130.15	5095.75	10,951.96	2,938,119.40	5845.2	10,283.42	2,652,191.30	6050.75	9,282.67
天峰食品	4,523,090.40	3485.5	15,830.82	3,945,869.75	3487.4	13,810.54	3,857,182.10	2528	13,500.14	3,821,012.40	5734	13,373.54	3,723,381.30	4703.5	13,031.83	3,001,500.70	6660.5	10,505.25

供应商	2021年7月			2021年8月			2021年9月			2021年10月			2021年11月			2021年12月		
	购置成本	订货成本	机会成本	购置成本	订货成本	机会成本	购置成本	订货成本	机会成本	购置成本	订货成本	机会成本	购置成本	订货成本	机会成本	购置成本	订货成本	机会成本
大禹码头	1,312,430.50	15676.5	4,593.51	1,000,120.25	7835.75	3,500.42	826,350.20	6027.35	2,892.23	1,312,391.70	4765.2	4,593.37	1,231,913.40	4102	4,311.70	1,112,930.50	6767.4	3,895.26
万象生鲜	1,023,931.40	5091.4	3,583.76	784,532.50	5715.7	2,745.86	853,250.70	9949	2,986.38	1,121,930.85	7811.7	3,926.76	1,023,194.70	4339.8	3,581.18	981,358.20	4585	3,434.75
零零食品	980,342.60	4070.5	3,431.20	1,123,280.30	3808	3,931.48	924,352.12	3452	3,235.23	1,021,039.60	3751.85	3,573.64	982,157.30	4680	3,437.55	1,112,930.40	1755	3,895.26
恰乐家悦	1,781,328.50	3667.5	6,234.65	1,927,338.20	594.5	6,745.68	1,823,149.50	520.5	6,381.02	1,882,137.50	3433	6,587.48	1,723,190.20	3198	6,031.17	1,518,920.00	4880.95	5,316.22
天峰食品	2,748,230.10	7917.5	9,618.81	2,530,291.25	4008.8	8,856.02	2,641,529.50	5393.4	9,245.35	2,931,175.20	4601.5	10,259.11	2,847,110.50	6788.5	9,964.89	2,741,890.20	6102	9,596.62

（2）采用绘制可视化图形。

①绘制购置成本图形，以 2021 年 1—12 月为分析维度，购置成本为指标，按时间进行购置成本分析，选择柱形图进行绘制，如图 6－14 所示。

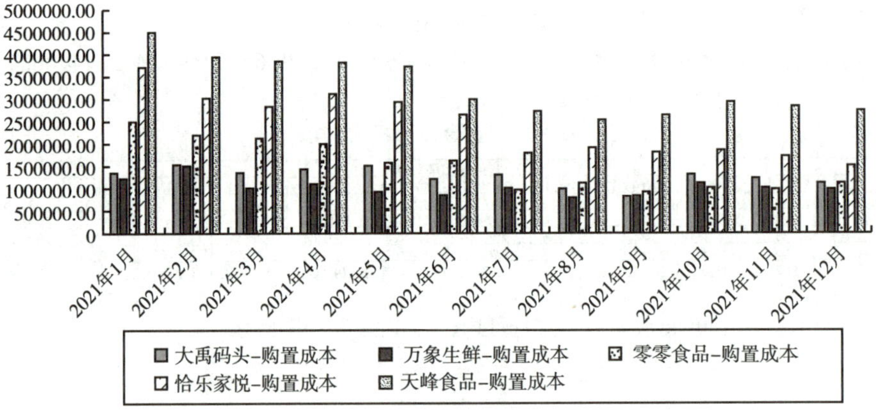

图 6－14　分供应商购置成本分析

②绘制订货成本图形，以 2021 年 1—12 月为分析维度，订货成本为指标，按时间进行订货成本分析，选择折线图进行绘制，如图 6－15 所示。

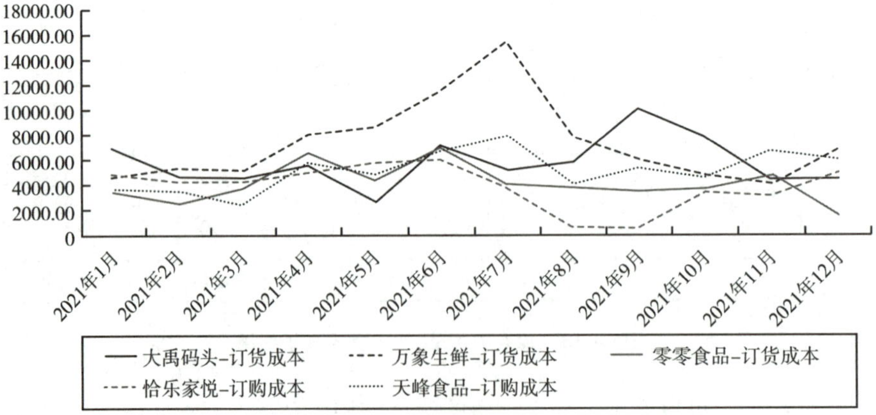

图 6－15　分供应商订货成本分析

③绘制机会成本图形，以 2021 年 1—12 月为分析维度，机会成本为指标，按时间进行机会成本分析，选择条形图进行绘制，如图 6－16 所示。

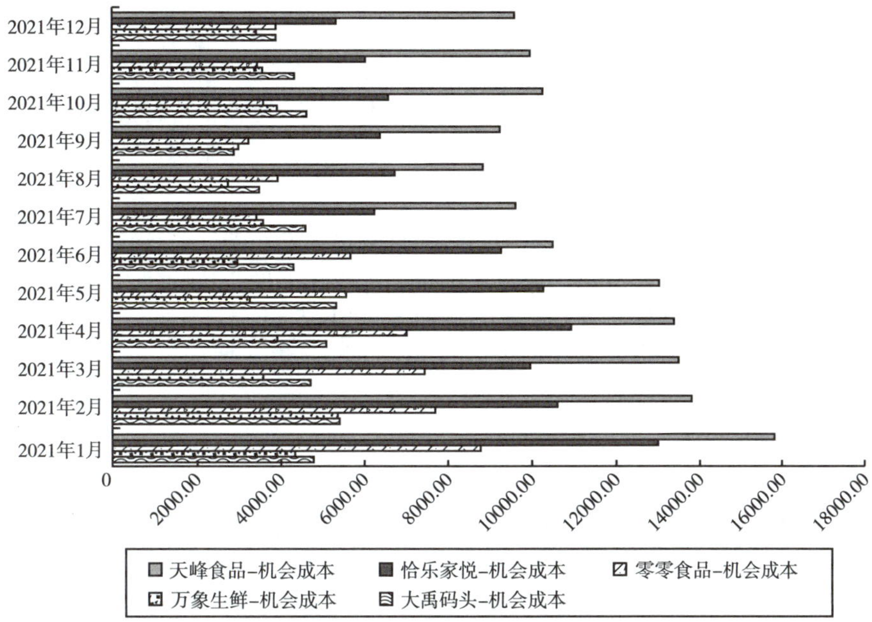

图 6－16 分供应商机会成本分析

步骤五：分析采购成本。

（1）购置成本远远大于订货成本及机会成本，购置成本的占比最重，在控制采购成本时，需要重点关注并合理优化购置成本。

（2）通过可视化图形，可以看出购置成本呈现一定波动性，各供应商的购置成本相对稳定，随季节有一定变化。

（3）机会成本与购置成本成正相关关系。

（4）订购成本在当年整体相对比较稳定，可以通过不同供应商进行针对性调整及优化。

3. 质量分析

对质量进行分析时，主要工作步骤如下：

步骤一：针对不同供应商采集当年每月批退率、合格率等信息，绘制折线图进行时序分析，分析并指出波动原因；

步骤二：针对不同供应商采集当年每月交付准时性信息，绘制柱形图，给出交付准时性平均线，分析未达到平均线的月份及原因；

步骤三：针对不同供应商采集当年每月订单增加或减少的交货数量、订单原定交货数量信息，计算订单变化接受率，绘制柱形图，分析订单变化接受率最高、最低的企业，并对最低的供应商进行预警。

【任务拓展】

随着供应链管理日益受到重视，实现供应链上各企业信息流、物流、资金流的三流协同管理，打造供应链领域的数智决策平台，显得愈发重要。供应链领域的数智决策平台其实就是最近几年来在供应链领域屡被提及的供应链控制塔。埃森哲将供应链控制塔定义为一个共享服务中心，负责监控和指导整个端到端供应链的活动，使之成为协同的、一致的、敏捷的和需求驱动的供应链。

在供应链管理过程中，存在一些可能无法在企业层面完全解决的问题。例如，销售需求的波动和预测准确性，供应商保质保量如期交付问题，如何降低供应链成本问题，如何优化预测降低需求波动。基于供应链控制塔，可实现供应链的计划、采购、库存、仓储、物流等多系统数据互联互通，并集成可视、预警、分析等功能。

专家普遍认为供应链控制塔应具备如下功能：规范建立标准的指标体系；实现端到端数字化场景的可视化设计，即会形成供应链全场景的可视化大屏；完成全产业链智能预警及分析诊断。目前，供应链控制塔已在一些产业中得以应用。

请思考，供应链控制塔与通常我们提及的 BI 可视化有什么不同？

思政拓展：提升产业链供应链现代化水平

党的十九届五中全会强调，要提升产业链供应链现代化水平，推进产业基础高级化、产业链现代化，提高经济质量效益和核心竞争力。这为“十四五”时期推动我国产业发展指明了方向，具有重要而深远的战略意义。十九届五中全会通过的《中共中央关于制定国民经济和社会发展第十四个五年规划和二〇三五年远景目标的建议》关于“加快发展现代产业体系，推动经济体系优化升级”的相关论述如下：

> 提升产业链供应链现代化水平。保持制造业比重基本稳定，巩固壮大实体经济根基。坚持自主可控、安全高效，分行业做好供应链战略设计和精准施策，推动全产业链优化升级。锻造产业链供应链长板，立足我国产业规模优势、配套优势和部分领域先发优势，打造新兴产业链，推动传统产业高端化、智能化、绿色化，发展服务型制造。完善国家质量基础设施，加强标准、计量、专利等体系和能力建设，深入开展质量提升行动。促进产业在国内有序转移，优化区域产业链布局，支持老工业基地转型发展。补齐产业链供应链短板，实施产业基础再造工程，加大重要产品和关键核心技术攻关力度，发展先进适用技术，推动产业链供应链多元化。优化产业链供应链发展环境，强化要素支撑。加强国际产业安全合作，形成具有更强创新力、更高附加值、更安全可靠的产业链供应链。

中国经济已经从高速增长阶段转向高质量发展阶段。在新发展阶段中，持续提高我国产业链供应链的现代化水平，在高质量发展中不断提升价值水平，需要我们共同努力。

项目七
产品运营分析

【学习目标】

- □ 了解企业产品运营数据分析的常用方法
- □ 具备利用大数据工具进行产品运营数据分析的能力
- □ 能够完成产品销售维度数据分析、价格数据分析，给出产品运营决策建议
- □ 能够选择恰当可视化图形，完成产品运营可视化呈现
- □ 具备精益求精的工匠精神和多维度管理分析思维

【知识框架】

产品运营的目标就是以适当的产品、适当的价格、适当的渠道和适当的促销，将适当的产品和服务投放到特定市场的行为。产品运营分析既包括对毛利率、关键资源约束指标的现状分析，也包括对未来订单储备的分析。未来订单储备反映了未来的销售与盈利能力。为更好分析产品运营效果，并提供产品运营指标变化动因，还需对销售策略与用户行为进行分析。产品运营分析知识框架如图 7 – 1 所示。

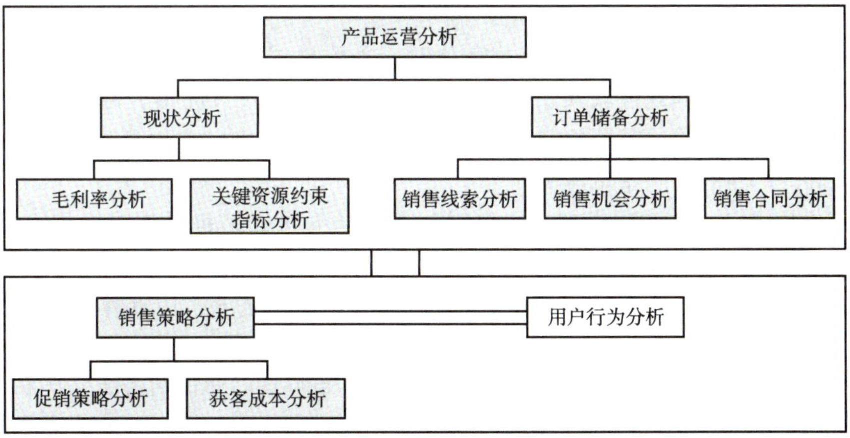

图 7 – 1　产品运营分析知识框架

任务一　产品运营现状分析

【任务案例】

公司管理层根据企业实际业务需求，要求分析人员对公产品运营情况进行分析。

【任务处理】

1. 毛利率分析

项目五的任务已经在报表层面对毛利率指标进行分析。由于报表中只能获得公司营业收入与营业成本的数据，因而在计算毛利率指标时只能基于营业成本与营业收入计算分析。但在产品运营层面，可以进一步基于产品、地区、客户与渠道等维度进行分析。影响毛利率的因素很多，销售单价与单位成本是影响毛利率的直接因素。行业、品牌、产品结构布局、销售策略、技术水平、产能利用率则是影响销售单价与成本的重要因素。

（1）行业。企业所处行业不同，毛利率就会有所不同，如农产品行业与手机行业毛利率会有所不同。在手机行业，手机零售商与手机芯片制造商的毛利率也会有所不同。不同行业间毛利率不同的根本原因在于竞争格局的不同。行业内竞争越激烈，行业内各企业在与上下游企业谈判时，就会处于相对劣势的地位，因而毛利率水平相对就越低。

（2）品牌。在行业内部，如果企业拥有客户认可的品牌，知名度较高就可以凭借品牌效应拥有较高的议价能力，因而定价会相对较高些，从而毛利率就会相对较高些。反之，企业的产品定价权就会相对较低，毛利率就会较低些。

（3）产品结构布局。企业经营的产品类别与结构不同，整体的毛利率水平也会有所不同。例如，经营生鲜品的电商企业，蔬菜的毛利率水平低于预制菜。蔬菜与预制菜在企业内所占结构不同，整体毛利率水平就会有所不同。

（4）采购模式。企业采购原材料等存货时，采购模式不同，成本也可能不同。例如，企业集中采购，因为采购规模较大，可能在价格上就会获得较大优惠。再如，生鲜电商企业在原产地进行农产品直采，就要比从批发商进货成本更低一些。在销售价格不变的情况下，采购成本越低，产品的毛利率就越高。

（5）销售渠道。企业在进行产品销售时，会选择不同的销售渠道。例如，企业采取直销还是经销商分销，毛利率肯定会有所不同。企业产品由经销商分销时，由于销售规模较大，可能定价就会相对较低，从而毛利率水平会低一些。当企业采用直营方式销售时，客户相对分散，单价会相对较高，因而毛利率会相对较高些。

为了扩大影响力，增加销售规模或者拓展新市场，会开展一些促销活动，对于有促销活动的产品，通常会下调价格，进而会影响到毛利率水平。有的企业，尤其是零售企业，常年会用几种产品进行引流促销，在分析这些产品时会发现产品的毛利率偏低，但这是由于企业的促销策略导致的，只要这些产品的促销能够引起企业整体利润水平的上升，就是可以接受的。

（6）技术水平。随着技术水平的提高，企业的毛利率也会有所提升。一方面，公司技术水平越高，生产效率越高，单位产品的生产成本就会降低，从而会提升毛利率；另一方面，公司也可以凭借较高技术水平形成谈判优势，具有更高的议价能力，从而降低原材料购入成本，提升产品销售价格，进而提升了毛利率水平。

（7）产能利用率。按现有的成本核算要求，产能利用率越低，意味着生产的产品数量越少，单位产品分担的固定资本就越高，从而提高了产品的单位成本，在价格一定的前提下，就会降低产品的毛利率。

在成熟的行业市场上，如果企业产品结构相对稳定，理论上毛利率也会呈现相对稳定的态势。如果企业的毛利率水平呈现上升或下降趋势，就要分析原因。尽管一般情况下毛利率水平高，意味着企业盈利能力强。但如果企业毛利率高是企业定价偏高导致的，就有可能会影响企业的销售数量及利润水平。例如，一件产品定价 10 元，成本 5 元，可以卖 100 件，企业的利润是 500 元，毛利率为 50%。但如果定价 8 元，成本不变，可以卖 1000 件，企业毛利率为 37.5%，利润是 3000 元。尽管第一种情况的毛利率更高些，但第二种情况企业的利润更高些。所以在分析毛利率指标时应结合其他指标进行综合分析。

在实际分析时，可以分产品、地区、客户与渠道等维度对毛利率、销售收入与销售成本进行分析。产品类别分析时可以先按大类进行分析，如生鲜电商可以分为蔬菜豆制品、水产海鲜、预制菜等大类进行分析。在此基础上，再基于产品的具体品种进行分析，如对水产海鲜类别中的鱼类产品进行分析。在分地区进行分析时，可以首先基于企业销售区域进行分析。销售区域划分最好与企业内部的组织架构保持一致，如公司销售部门划分为华东大区、华南大区等，则可以基于划分好的销售区域进行分析，并对于每一区域再分产品进行分析。对于企业客户而言，公司需要判断哪些客户是公司重要客户，并分析重要客户的毛利额的贡献比重及变化趋势。如果企业面向的是个人客户且人数众多，如电商零售企业主要面对个人消费者，则可通过对用户画像的方式完成用户分析。

2. 关键资源要素与资源约束指标

分析人员在设计产品运营分析指标时，除了需要考虑本企业所在行业的特性和企业不同业务单元的管理特点及管理者需求外，还可以围绕本行业的“关键资源要素”设计不同的资源约束指标。关键资源要素是指在运营中投入的关键资源项目或驱动收入增长的外部变量。关键资源要素常常决定着企业的生产能力或市场份额。资源约束指标即指每单位关键资源要素下的项目金额（收入、费用或利润）。部分行业的关键资源要素与可选的资源约束指标如表 7-1 所示。

表 7-1　　资源约束指标表

行业	关键资源要素	资源约束指标
电商销售	人工	客单价/人均收入
卖场零售	面积	每平方米收入
客运	座位数	每客座成本
社交网站	用户数	每用户收入
能源分销（石油等）	管道长度	每公里管道运营成本

在实际分析时，分析师应基于行业特点，确定不同行业的资源约束指标。华瑞公司为生鲜电商，所以可以确定资源约束指标为客单价。

【任务实施】

在大数据分析系统中完成如下工作任务：

（1）按月完成营业收入与毛利的对比分析；

（2）按月完成各销售渠道的营业收入分析；

（3）分析各销售渠道毛利占比；

（4）分地区完成营业收入与毛利的对比分析；

（5）完成各产品收入排名分析；

（6）基于客户维度完成收入分析；

（7）完成产品运营可视化大屏设计。

步骤一，新建项目进行数据准备。

（1）在大数据财务分析系统中，新建项目，命名为“产品运营现状分析”，点击“保存”按键，如图 7－2 所示。

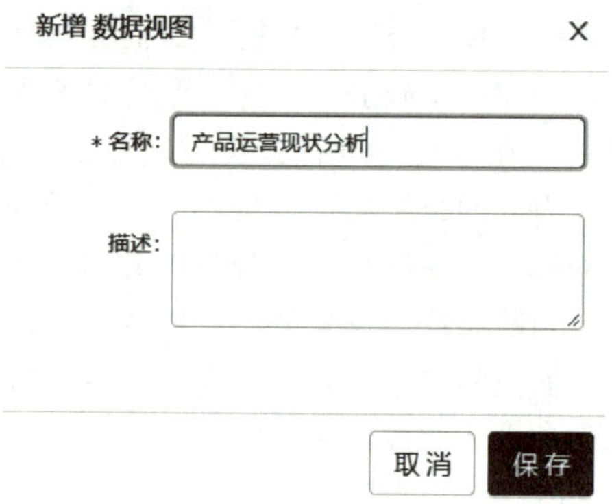

图 7－2　新建“产品运营现状分析”项目

（2）挂载“大数据财务数据集”数据。

步骤二，数据处理及建模。

①进入数据视图，切换到智能模式中。

②选择大数据财务数据集，选择“销售订单数据”作为主表，选择全部字段信息，点击“执行”按键，如图 7－3 所示。

③建立表连接，将“销售订单数据”表中的客户 ID 与“客户表”中的客户 ID 字段连接。点击选字段下方的“＋”按键，选择“左右合并”。选择合并“客户表”，并将字段选择为“客户 ID”，选择完成后，点击“执行”按键，如图 7－4 所示。

④建立表连接，将上步以合并的数据表中的产品 ID 与“产品表”中的产品 ID 字段连接。点击选字段下方的“＋”按键，选择“左右合并”。选择合并“产品表”，并将字段选择为“产品 ID”，选择完成后，点击“执行”按键，如图 7－5 所示。

⑤建立表连接，将上步以合并的数据表中的城市 ID 与“城市表”中的城市 ID 字段连

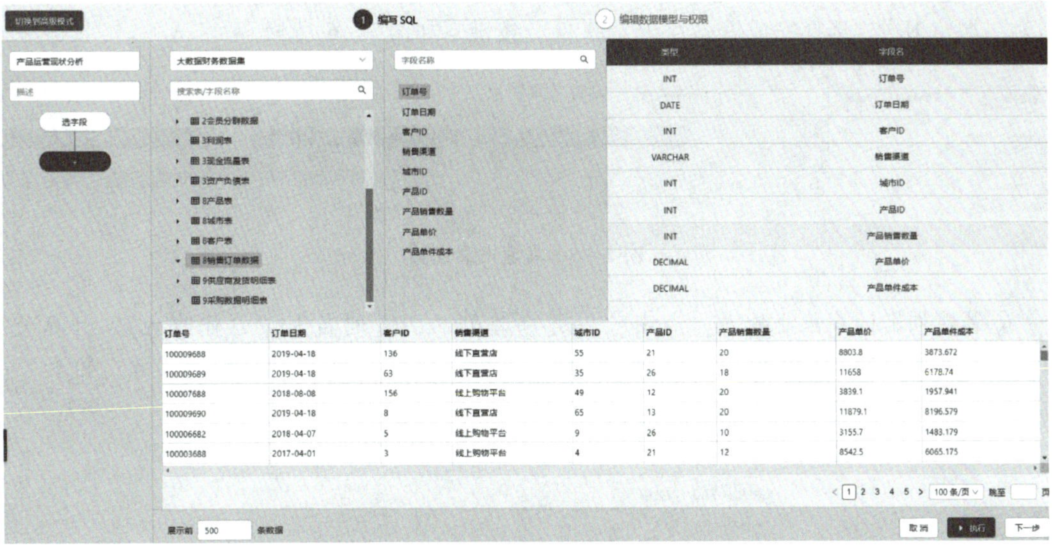

图 7－3　主表数据选择

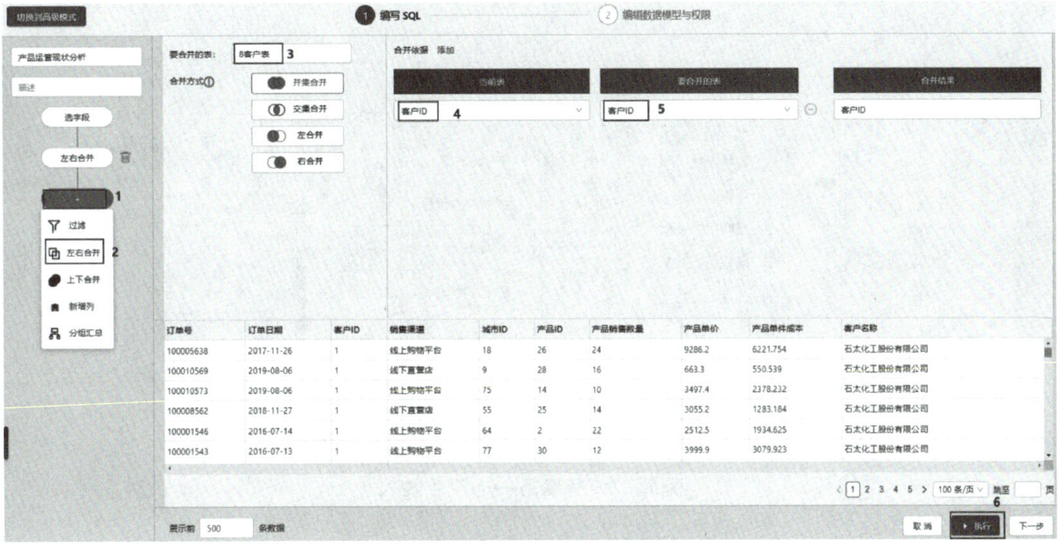

图 7－4　销售订单数据表与客户表连接

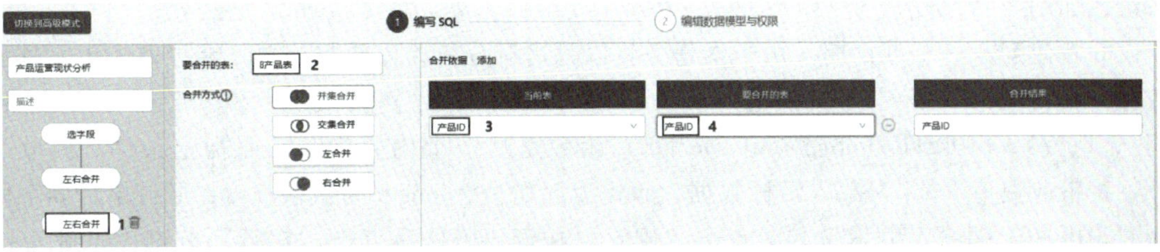

图 7－5　与产品表连接

接。点击选字段下方的“+”按键，选择“左右合并”。选择合并“城市表”，并将字段选择为“城市 ID”，选择完成后，点击“执行”按键，如图 7-6 所示。

图 7-6　与城市表连接

⑥新建列，计算营业收入。点击“+”新建列，新增列名为“营业收入”，计算公式为：产品销售数量×产品单价。点击“确定”按键，确认后点击“执行”按键，如图 7-7 所示。

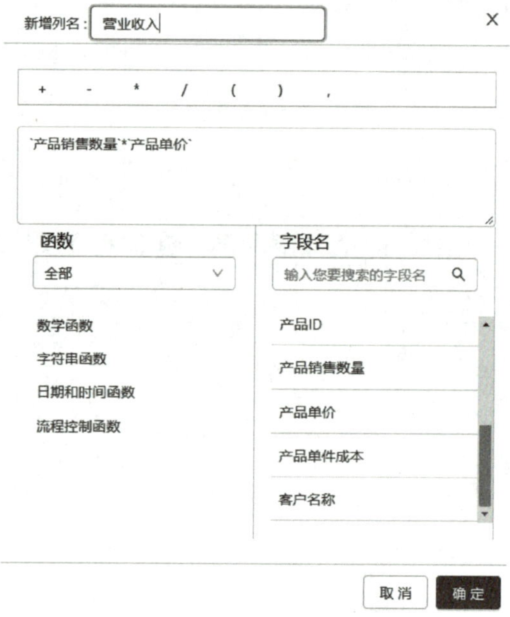

图 7-7　新建列——营业收入

⑦新建列，计算毛利润。点击“+”新建列，新增列名为“毛利润”，计算公式为：(产品单价 - 产品单件成本) ×产品销售数量。点击“确定”按键，确认后点击“执行”按键，如图 7-8 所示。

⑧新建列——年月日期。由于本任务将以月进行分析，需要将订单日期提取为年、月的数据。点击“+”新建列，新增列名为“年月日期”，计算公式为：SUBSTR（‘订单日期’，1，7），SUBSTR（obj，start，length）函数是从一个内容中，按照指定条件，截取一个字符串或数值。obj 为截取目标数据，start 为起始位，length 为截取长度，原订单日期字段为“2019-01-10”，截取 7 位。点击“确定”按键，确认后点击“执行”按键，如图 7-9 所示。

⑧设置并确认数据模型。新增营业收入及毛利润为指标项，可视化类型为“数据”用

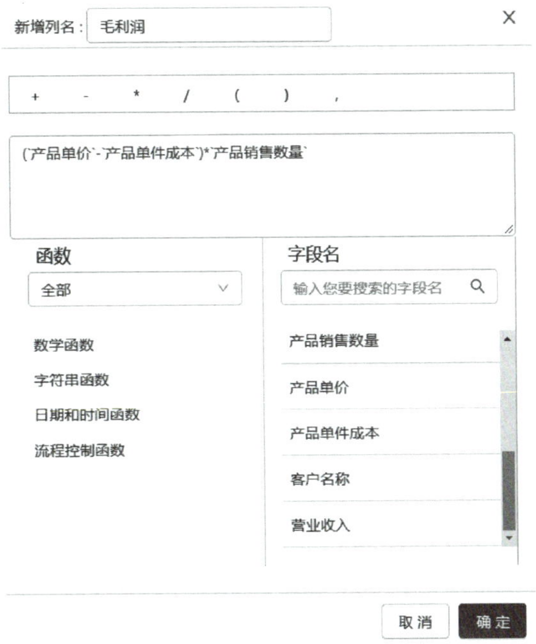

图 7－8　新建列——毛利润

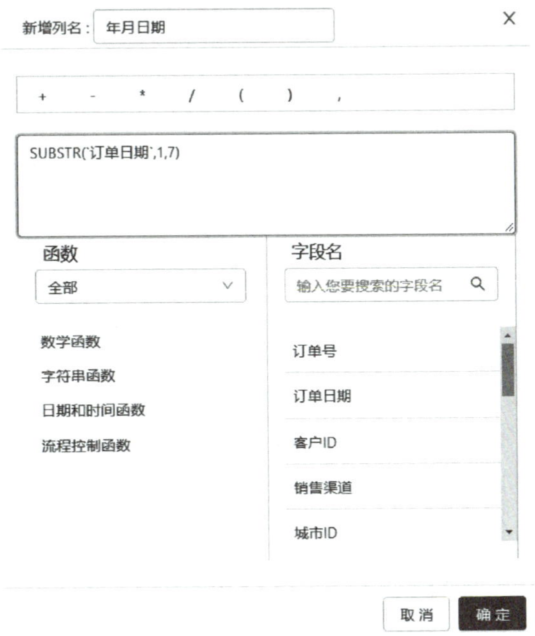

图 7－9　新建列——截取年月

于具体数据指标分析。年月日期设置为维度，可视化类型为“日期”，用于分析维度。城市、省设置为维度，城市的可视化类型设置为“地理城市”，省的可视化类型设置为“地理省份”，点击“保存”按键，如图 7－10 所示。

图 7－10　编辑数据模型与权限

步骤三，绘制产品运营数据可视化图形。

（1）按月分析营业收入与毛利润对比。

①点击进入“可视化分析”菜单，并点击“新增”按键。

②选择数据视图为“产品运营现状分析”。

③选择柱形图进行绘制，将“年月日期”拖动到维度，“营业收入”“毛利润”拖动到指标。

④将可视化视图名称命名为“按月分析营业收入与毛利润对比”，点击“保存”，如图 7－11 所示。

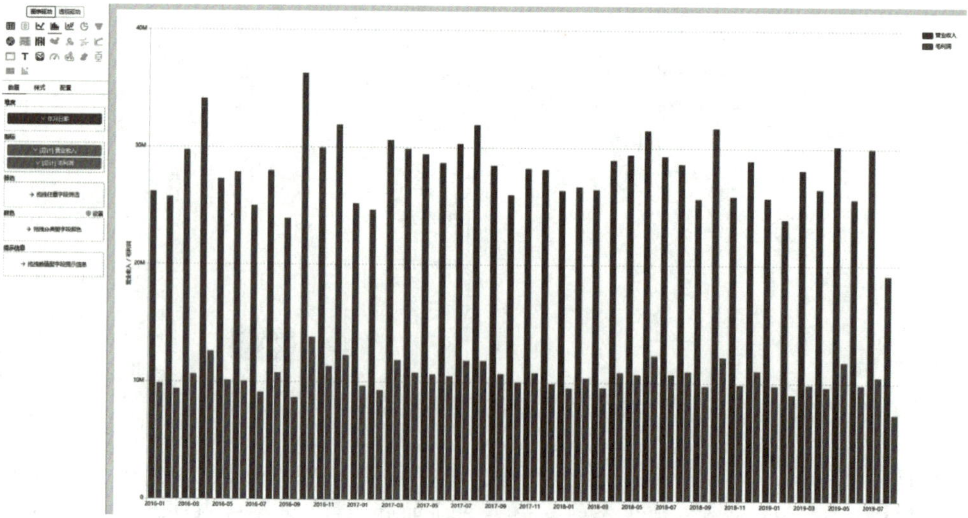

图 7－11　按月分析营业收入与毛利润对比

（2）按月分析各销售渠道的营业收入。

①点击进入“可视化分析”菜单，并点击“新增”按键。

②选择数据视图为“产品运营现状分析”。

③选择桑基图进行绘制，将“年月日期”“销售渠道”拖动到维度，“营业收入”拖动到指标。

④将可视化视图名称命名为“按月分析各销售渠道营业收入”，点击“保存”，如图 7－12 所示。

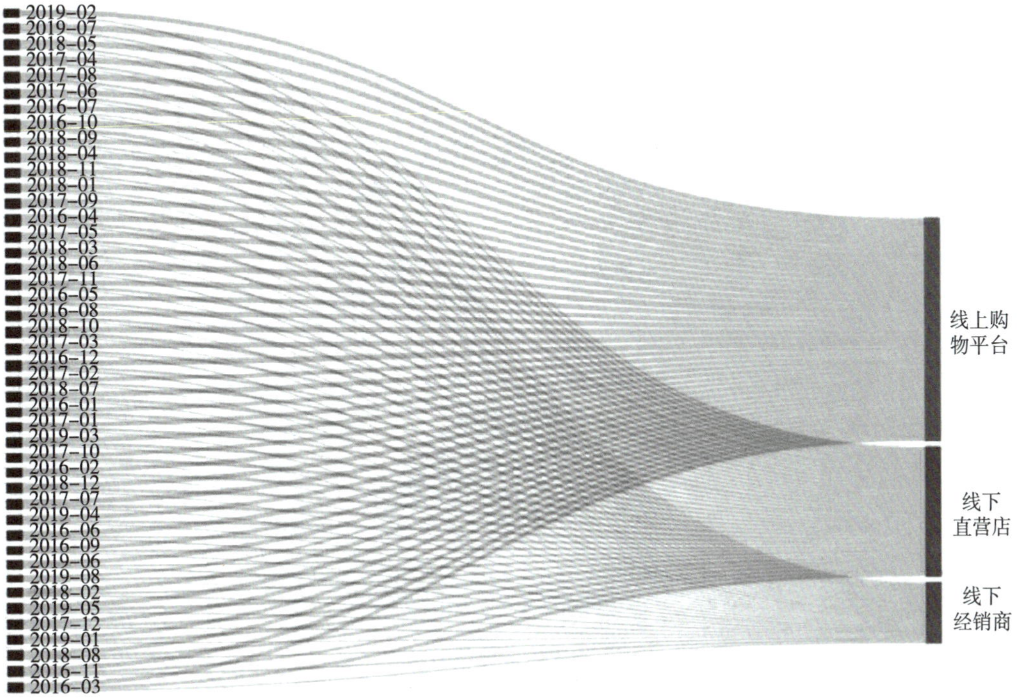

图 7－12　按月分析各销售渠道营业收入

（3）分析各销售渠道毛利占比。

①点击进入“可视化分析”菜单，并点击“新增”按键。

②选择数据视图为“产品运营现状分析”。

③选择饼图进行绘制，将“销售渠道”拖动到维度，“毛利润”拖动到指标。

④在样式中勾选显示标签，以方便展示不同区域的具体数据，如图 7－13 所示。

⑤将可视化视图名称命名为“分析各销售渠道毛利润占比”，点击“保存”，如图 7－14 所示。

（4）分地区完成营业收入与毛利的对比分析。

①点击进入“可视化分析”菜单，并点击“新增”按键。

②选择数据视图为“产品运营现状分析”。

③选择条形图进行绘制，将“省”拖动到维度，“毛利润”“营业收入”拖动到指标。在样式中选择条形图，如图 7－15 所示。

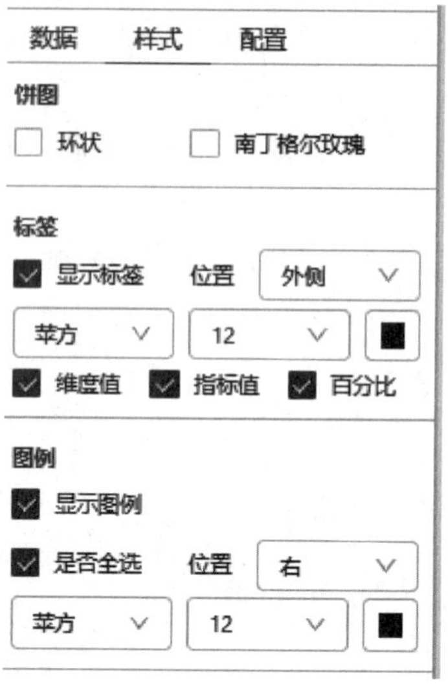

图 7－13　饼图样式设置

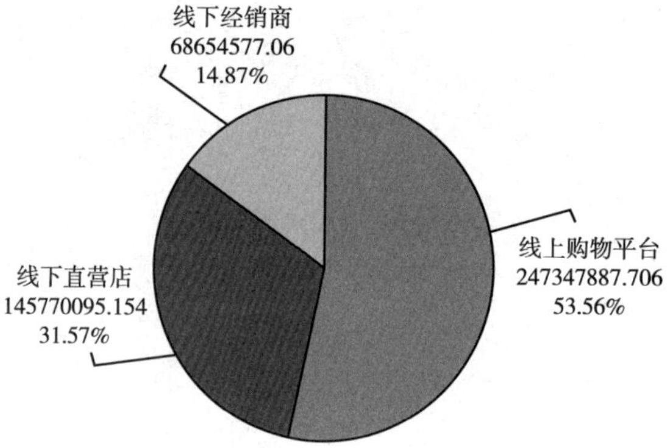

图 7－14　分析各销售渠道毛利润占比

图 7－15　设置条形图

④将可视化视图名称命名为“分地区完成营业收入与毛利的对比分析”，点击“保存”，如图 7－16 所示。

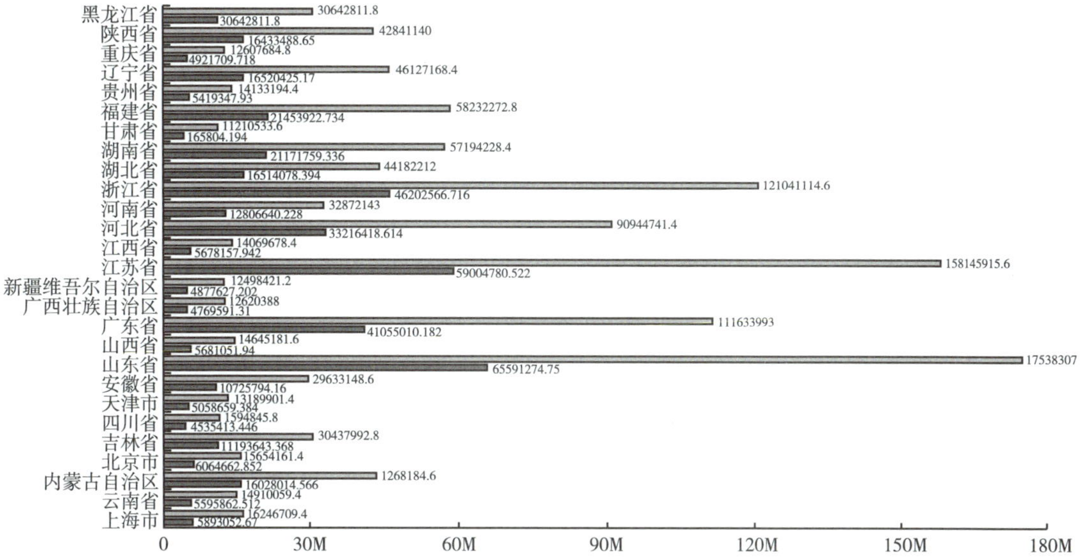

图 7－16　分地区完成营业收入与毛利的对比分析

（5）各产品收入排名分析。

①点击进入“可视化分析”菜单，并点击“新增”按键。

②选择数据视图为“产品运营现状分析”。

③选择折线图进行绘制，将“产品名称”拖动到维度，“营业收入”拖动到指标。

④在指标“营业收入”数据左侧点击下三角图表，点击“排序”，进行降序排列，如图 7－17 所示。

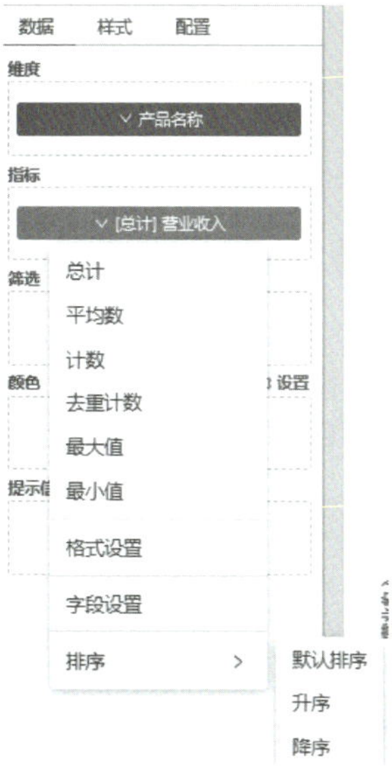

图 7－17　设置降序排列

⑤将可视化视图名称命名为“各产品收入排名分析”，点击“保存”，如图 7－18 所示。

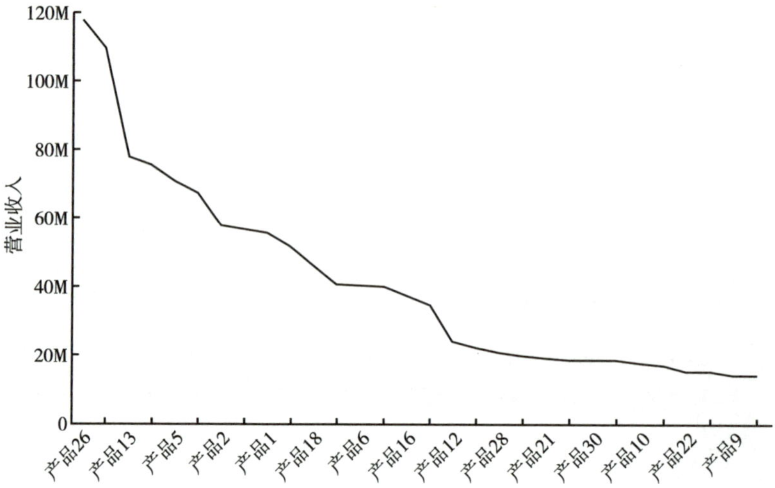

图 7－18　各产品收入排名分析

（6）按客户进行营业收入分析。

①点击进入“可视化分析”菜单，并点击“新增”按键。

②选择数据视图为“产品运营现状分析”。

③用玫瑰图进行展示，首先选择饼图进行绘制，将“客户名称”拖动到维度，“营业收入”拖动到指标。

④进入样式选项卡，勾选“南丁格尔玫瑰图”，如图 7－19 所示。

⑤在指标“营业收入”数据左侧点击下三角图表，点击“排序”，进行降序排列，如图 7－20 所示。

图 7－19　设置玫瑰图

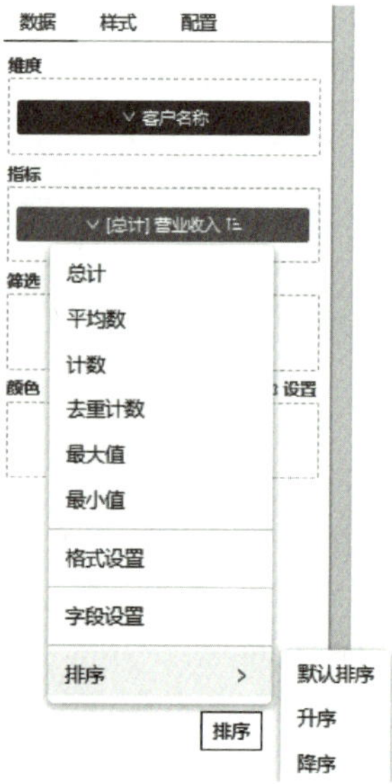

图 7－20　营业收入降序排列

⑥可视化视图名称命名为“按客户进行营业收入分析”，点击“保存”，如图 7－21 所示。

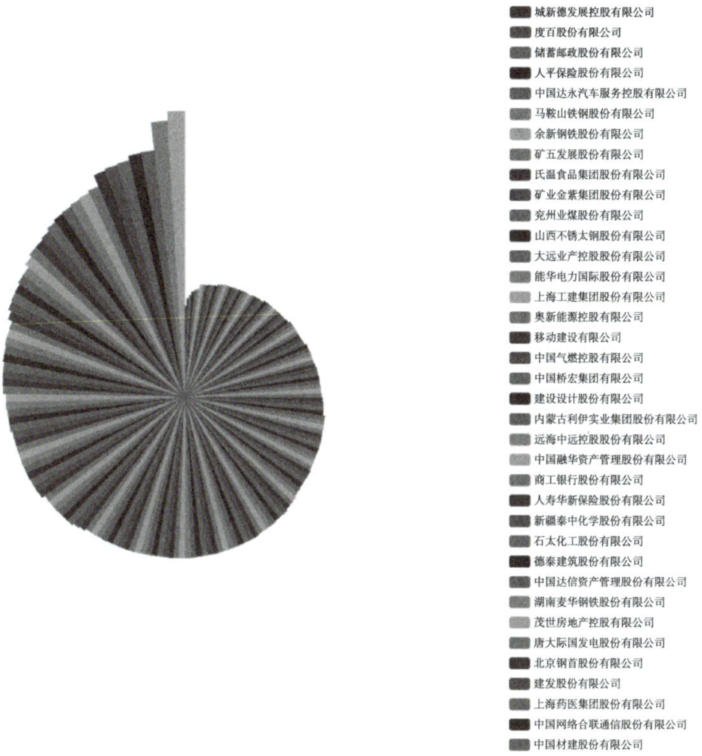

图 7－21　按客户进行营业收入分析

步骤四　完成产品运营可视化大屏设计。

（1）点击进入“可视化应用”菜单，并点击创建数据大屏的“新增”按键，新增可视化大屏命名为“产品运营现状分析”，点击“保存”按键，如图 7－22 所示。

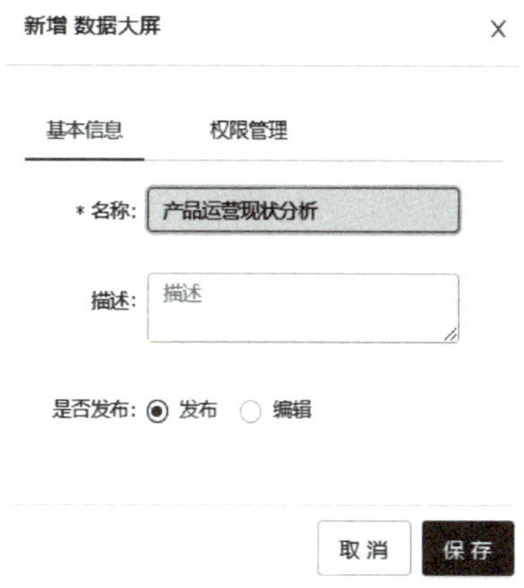

图 7－22　新增数据大屏

（2）选择大屏模板。

点击导航栏大屏模板，选择大数据模板，基础模板二，如图 7－23 所示。

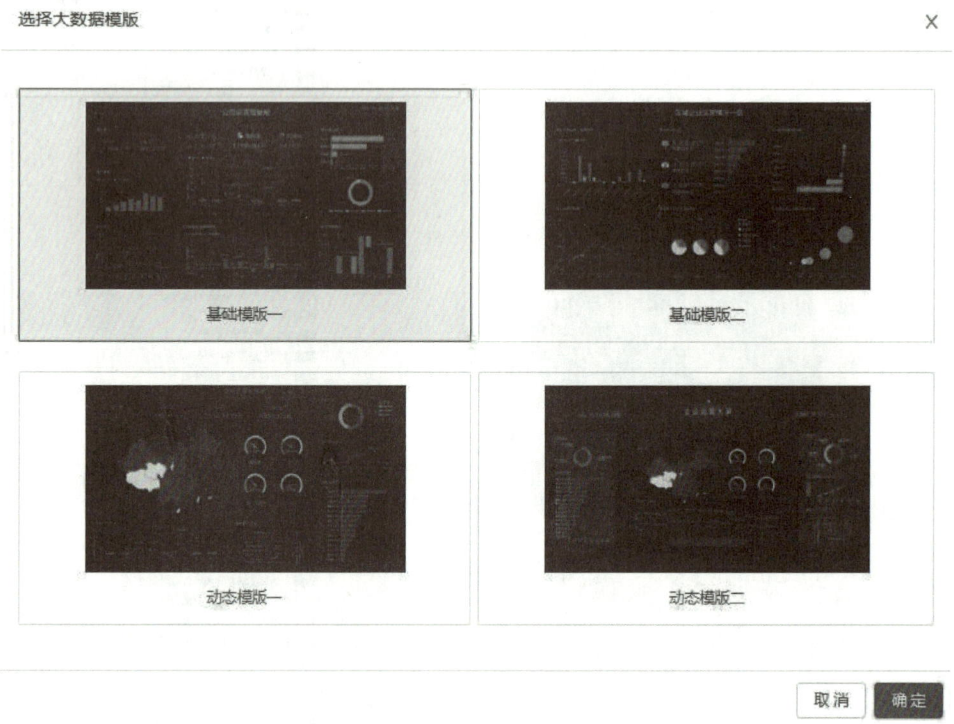

图 7－23　选择大屏模板

（3）选择图表。选择在步骤三中已经完成设计的可视化图形，点击“下一步”按键，进行导入，如图 7－24 所示。

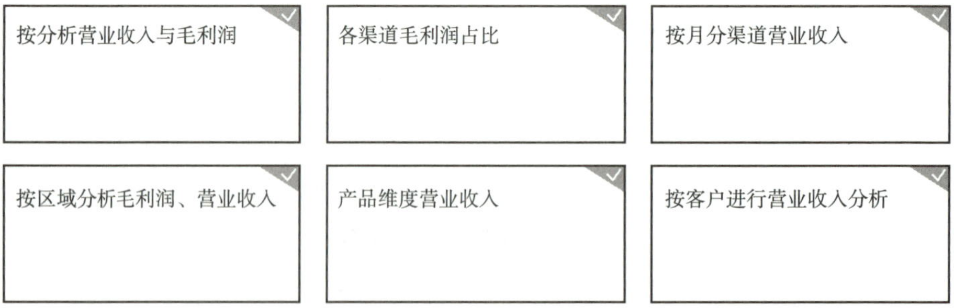

图 7－24　产品现状分析——可视化图形

（4）进行可视化布局。

①添加标题栏，命名为“产品运营现状分析”，由于大屏背景为深色，为了方便视觉聚焦，字体颜色设置为白色或浅灰色。

②将可视化图形进行合理布局，如图 7－25 所示。

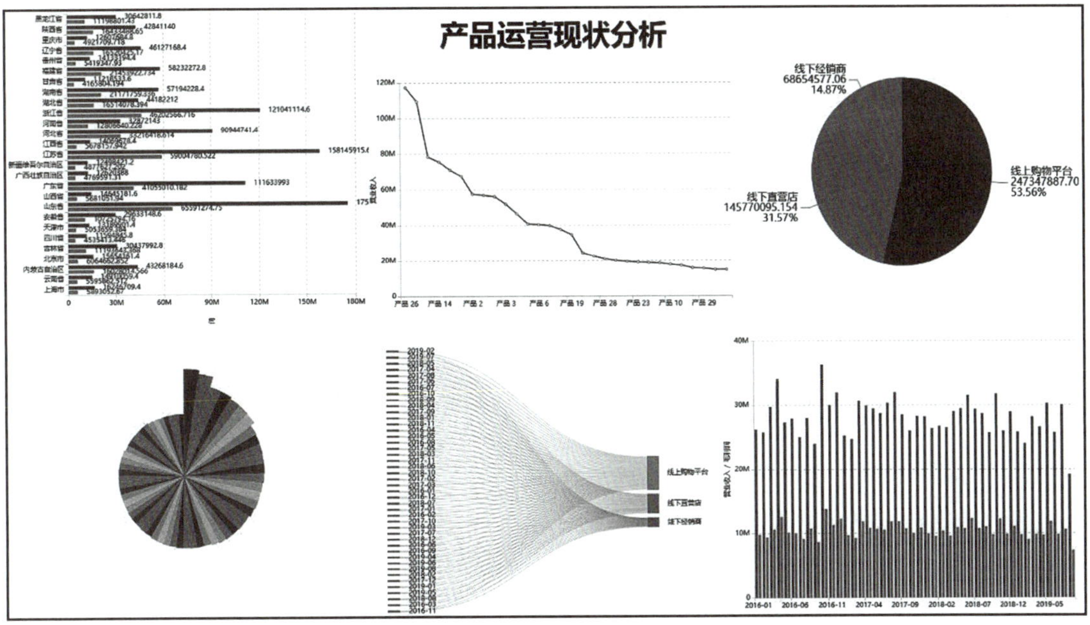

图 7－25　产品运营现状分析

【任务拓展】

产品运营现状分析

（图 7－25）

由于上下游企业博弈能力的不同，产业链各个环节企业的利润水平也会有所不同。除了企业自身运营水平外，企业利润水平还取决于其所处产业链位置。

著名的微笑曲线就是对产业链各环节利润水平差异化现象的描述。微笑曲线由施振荣先生于 1992 年提出，他指出：在个人电脑产业链中，上游的研发端掌握核心技术，具有绝对的话语权，因此可以获得较高利润；下游的营销环节面向市场，具有巨大的溢价能力，因此利润水平也较高；中间的生产制造行业利润水平较低。因此，企业可以通过向附加价值高的行业移动，获得较高利润水平。

微笑曲线蕴含三个假设，一是研发等技术创新与生产制造是可以分开的，且二者并无关系；二是研发设计是不可替代的，而生产制造是标准化的；三是品牌是客户认可产品的关键。

尽管在很多产业里都发现了微笑曲线的规律，但从产业发展的长周期来看，技术创新最终源于生产制造，而非完全独立关系。当制造业存在技术壁垒时，也会有较高利润水平。例如，在芯片相关产业中，由于制造工艺水平直接决定了芯片精度等级与良品率，因而制造环节的附加值与利润水平也是较高的。所以，在具体分析时还是要关注不同产业链在不同发展阶段的特点，在此基础上，分析企业在产业链上位置对其盈利能力的影响。

任务二 订单储备分析

【任务案例】

订单储备对于零售企业的运营起到核心作用，公司管理层根据定期产品运营情况，要求分析人员对公司的订单储备指标进行分析，并预测未来一段时间内可实现的销售收入额。

【任务处理】

会计准则对于收入的确认有非常严格的认定条件。毛利率等指标均基于会计准则的要求来确认与计量。但在一些情形下，即使会计上不确认收入，但对销售部门而言也可视为收入实现。例如，当公司收到客户预付的订单定金，尤其当定金比例足够高时，基本上就已锁定了该订单的销售。

从销售部门的视角来看，销售管理流程包括“发现销售线索—培育线索—将线索转化为订单—管理订单执行/回款”的流程。

首先要重视市场研究和前期拓展，收集和生成项目线索，然后形成机会点，发展成与客户的合同，通过合同执行把产品和服务交付给客户，实现客户价值创造，客户为获取到的价值而支付对价，企业收回款项，最后关闭合同。这是一个完整的价值创造的端到端流程。从业务层面来看，销售线索、销售机会通常是签订销售合同的基础，所以也成为很多公司进行销售管理的起点。销售线索、销售机会与销售合同的分析，构成了订单储备分析的内容，也奠定了未来销售收入预测的基础。

在接单生产的制造业企业的收入分析中，销售订单常容易被财务分析人员视为非财务项而被忽视，因此，在多维度收入分析之外，财务分析师需要分析订单储备指标的变动状况。

部分运营较好的公司会分析“订单储备”这个指标，其含义是销售部门已与客户签订销售合同、尚未履行发货交付、未实现销售收入的订单金额。尽管订单储备并不反映在财务报表上，但在经营分析中销售订单是非常重要的收入分析指标，因为它会影响企业未来期间销售收入的高低，跟踪分析销售订单额可前瞻性地预计未来可实现的销售收入。该指标可以按照区域、产品类别、客户等维度进行多维度数据分析。如果企业当期销售收入指标完成很好，但订单储备指标呈现减少的趋势，表明未来收入业绩成长性不足，可以起到一定预警作用。期末订单储备额的公式计算如下：

期末订单储备额 = 期初订单储备额 + 本期新增订单额 − 本期确认销售收入 ± 本期订单储备额调整

为了更完整地对订单进行分析，很多公司建立了从销售机会到订单履行的完整定量分析体系，并依靠整合的信息系统来管理所有销售、客户与产品的多元信息，为“订单储备”提供整合的数据基础。通常包括如下四个模块。

（1）产品报价：由产品经理维护可供销售的产品的信息，包括每种产品的对外标准报价、标准成本、对内转移价格以及限制销售的条件。

（2）销售线索：由销售人员根据销售情况实时输入数据信息，包括所有在洽谈的客户信息。

（3）销售进展：主要用于收集与记录销售机会的进展状态，包括分析每个销售机会进展到哪一步、下一步该采取什么行动、实现下一步目标的时间等流程。凡进展状态为“合同签订”的记录将成为“订单储备”数据库的数据源。

（4）销售预测：由分析人员评价每个销售机会实现的可能性，以百分比表述，销售机会的金额乘以可能性即为预计可实现销售收入额。

为了深入了解和预测销售收入，分析师需要了解以上销售管理的基本业务流程和信息流，并与销售部门保持紧密沟通，检验确认每个销售机会的真实性与实现的可能性，从而掌握对“订单储备”未来增减趋势的影响。

如果企业没有建立信息系统对销售管理流程进行管理，也可以通过财务报表的“合同负债”项目进行简化分析。“合同负债”项目主要用以核算企业为了销售商品而向客户收取的预收款项，未来需以产品或服务偿还。所以，企业的合同负债项目在一定程度上可以反映未来的销售收入。合同负债余额和发生额越大，表明客户预付款项越多，未来的销售收入就越多。

【任务实施】

步骤一，通过内部系统，获取华瑞公司 2020 年 8 月—2021 年 7 月意向客户信息、销售机会的进展状态信息，提取处于合同签订状态的订单基础数据、订单金额等信息，如表 7－2 所示。

订单储备分析系统实操

表 7－2　　订单数据

订单号	订单日期	客户ID	销售渠道	订单状态	城市ID	产品ID	产品销售数量	产品均单价	销售金额	销售预期
100003419	2021/8/20	17590	线下经销商	合同签订	37	101195	14	9.6	134.4	
100003420	2021/8/20	11365	线下经销商	合同签订	59	100594	24	4.27	102.48	
100003421	2021/8/20	16120	线上购物平台	合同签订	10	100411	12	2959	35508	
100003422	2021/8/20	14545	线下直营店	订单储备	56	101488		5.04		7000.56
100010675	2021/8/20	19735	线下直营店	订单储备	85	101204		9.78		13600.92
100010676	2021/8/20	16090	线上购物平台	合同签订	59	101154	14	9.9	138.6	
100010677	2021/8/20	12055	线下直营店	订单储备	7	100394		190		4560
100010678	2021/8/20	21370	线上购物平台	合同签订	52	101195	22	6.3	138.6	
100010679	2021/8/20	10720	线上购物平台	合同签订	80	101026	20	8.9	178	
100010680	2021/8/20	10690	线上购物平台	合同签订	22	101576	14	20.51	287.14	
100010681	2021/8/20	10480	线下直营店	订单储备	46	100632		18.43		258.02
100010682	2021/8/20	11515	线上购物平台	合同签订	30	101329	18	32.97	593.46	
100010683	2021/8/20	11620	线下直营店	订单储备	60	101077		33.4		6680
100010684	2021/8/20	15745	线上购物平台	合同签订	65	101213	22	980	21560	
100010673	2021/8/19	20080	线上购物平台	合同签订	66	100623	22	9.6	211.2	
100010674	2021/8/19	21205	线上购物平台	合同签订	15	100786	18	7.76	139.68	
100010669	2021/8/18	20170	线上购物平台	合同签订	70	101308	18	22.9	412.2	
100010670	2021/8/18	11785	线下经销商	订单储备	65	101488		16		1600
100010671	2021/8/18	17125	线上购物平台	合同签订	42	101543	14	11.15	156.1	
100010672	2021/8/18	12265	线下经销商	合同签订	39	101204	12	3.61	43.32	
100010661	2021/8/17	20020	线上购物平台	合同签订	24	100667	22	21.24	467.28	
100010662	2021/8/17	21550	线下直营店	订单储备	79	100494		341		6820
100010663	2021/8/17	10570	线上购物平台	合同签订	36	101094	24	19.21	461.04	
100010664	2021/8/17	21745	线下直营店	订单储备	51	101457		19.4		2716
100010665	2021/8/17	13360	线下直营店	订单储备	15	101298		12.95		284.9

步骤二，基于数据，分月统计合同负债余额数据，如表 7－3 所示。

表 7－3　　合同负债余额汇总数据

单位（元）	2020年8月	2020年9月	2020年10月	2020年11月	2020年12月	2021年1月	2021年2月	2021年3月	2021年4月	2021年5月	2021年6月	2021年7月
销售合同金额	787,667.24	473,223.44	438,491.70	480,012.26	429,077.14	440,884.58	2,841,801.94	566,928.26	930,256.58	1,839,555.64	1,012,857.98	915,242.78
合同负债余额	135,330.60	55,303.53	39,206.95	53,879.40	42,802.43	46,782.48	783,313.98	100,014.30	194,125.18	462,482.76	183,017.33	176,371.95

根据已分析处理的合同负债余额数据，绘制柱形图按时间维度进行比较和趋势分析，如图 7－26 所示。

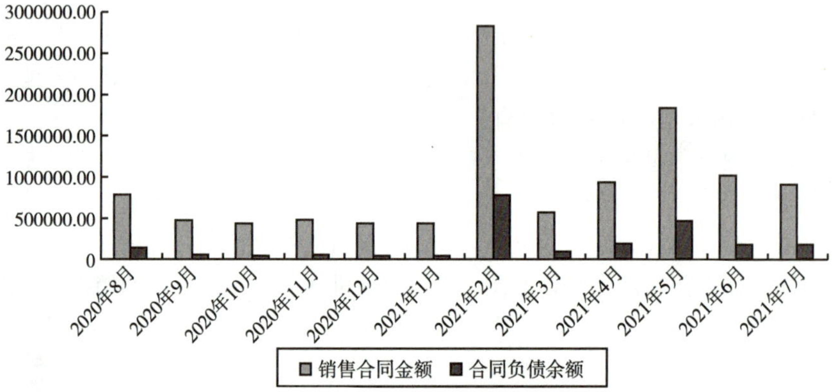

图 7－26　2020 年 8 月—2021 年 7 月合同负债余额趋势比较图

通过可视化图形可以看出，从 2020 年 8 月—2021 年 1 月整体订单数量及销售金额处于较低水平，且合同负债余额与整体合同订单金额基本持平。2021 年 2 月出现大幅增高，后续 2021 年 3 月—2021 年 7 月呈现上涨趋势，明显看到合同负债金额占比随时上升，未来的销售收入会随之增加。

【任务拓展】

据永太科技（002326. SZ）发布公告称，2021 年 7 月 31 日，公司与宁德时代签订了《物料采购协议》，约定在协议有效期内，宁德时代向公司采购六氟磷酸锂、双氟磺酰亚胺锂（LIFSI）和碳酸亚乙烯酯（VC）产品。协议签订后 10 日内，宁德时代将向永太科技预付产品货款合计 6 亿元。

协议部分内容摘录如下：

（1）六氟磷酸锂：宁德时代在 2021 年 7 月 31 日—2026 年 12 月 31 日的合计最低采购量为 24150 吨；

（2）双氟磺酰亚胺锂（LIFSI）：宁德时代在 2021 年 7 月 31 日—2022 年 12 月 31 日的合计最低采购量为 3550 吨，2023 年 1 月 1 日—2026 年 12 月 31 日最低采购量为永太科技实际产能的 80%；

（3）碳酸亚乙烯酯（VC）：永太科技投产且达产 200 吨/月后，协议期间内宁德时代的最低采购量不低于 200 吨/月。

请思考，永太科技 2021 年度预收的宁德时代款项，是否可以作为未来年度收入预测的重要影响因素？

任务三　销售策略分析

【任务案例】

销售策略在产品运营分析中起到非常关键的作用，华瑞公司管理层以企业综合盈利为目标，希望通过促销策略、获客成本进行销售策略分析，有效增加销售收入额。要求财务数据分析人员对企业销售环境及相关销售数据进行系统分析，并预测可实现的销售收入额。

【任务处理】

1. 促销策略分析

企业为了增加销售规模与利润，会采取一系列的促销活动与方案。在评估促销活动方案时，分析师除了考虑盈利性以外，还需要考虑促销的目标。促销的目标不同，分析的侧重点也会有所不同。例如，公司促销是为了推广新产品，那么是否通过促销提高了市场份额是分析师需要重点考虑的。但如果企业促销的目的是提升利润水平，则除了分析销售规模是否增长外，主要考虑公司毛利额是否有所提升。如果企业促销的目的是引流，则要分析是否提升了订单规模，客户渗透率是否有所提升。一般情况下，当公司促销时，如采取商品打折、买一送一等促销策略时，促销商品的毛利率水平都会有所下降，但商品的毛利额有可能上升，即为通常所说的薄利多销。通常分析公司促销策略是否有效的常见指标有毛利额增长率、销售收入增长率、销售订单增长率、客户渗透率等。其计算公式如下：

毛利额增长率 =（本期毛利额 − 上期毛利额）/上期毛利额

销售收入增长率 =（本期销售收入 − 上期销售收入）/上期销售收入

销售订单增长率 =（本期销售订单数量 − 上期销售订单数量）/上期销售订单数量

客户渗透率 = 促销商品订单规模/所有商品订单规模

在对上述指标进行分析时，可以通过同行业对比分析、时间趋势分析、与全部商品（同类商品）比较分析等多个维度进行深入分析。在分析毛利额增长率、销售收入增长率、销售订单增长率三个指标时，可以分别促销商品与全部商品（或者同类商品）进行分析，通过促销商品各指标增长率与全部（同类）商品比较来分析促销政策的效果，也可以通过促销商品不同期间各指标增长率变化来分析促销政策的效果。客户渗透率可以采用上述公式中的比率指标，也可以通过各期的变化来分析。

2. 获客成本分析

获客成本（CAC）是企业为获得新的客户而投入的成本。无论对于 B（企业）端客户，还是 C（消费）端客户，获客成本都是重要的。前面所讲的从销售机会到合同签订的流程，其实就是获得客户的过程。对于面向消费端客户的电商企业而言，获客成本更加重要。从近年来各类电商平台、社交平台的经验来看，获客成本也确实呈现上升趋势，而这均会成为企业的成本费用构成，进而影响企业的盈利能力。

理论上获客成本计算公司比较简单，但目的不同，计算口径也会有所不同。下面以某月某电商企业获客成本的计算予以说明。假定相关数据如下：

- 付费渠道新用户：1000 人
- 自然/入站/免费/无接触新客户：4000
- 直接市场推广费用：50000 元
- 间接人工及其他费用：30000 元

基于不同的计算口径，获客成本有如下四种计算方法：

方法一：获客成本 = 直接市场推广费用 ÷ 所有新客户数

= 50000 ÷ (4000 + 1000) = 10 （元/人）

方法二：获客成本 = 所有相关费用 ÷ 所有新客户数

= (50000 + 30000) ÷ (4000 + 1000) = 16 （元/人）

方法三：获客成本 = 直接市场推广费用 ÷ 付费渠道新用户

= 50000 ÷ 1000 = 50 （元/人）

方法四：获客成本 = 所有相关费用 ÷ 付费渠道新用户

= (50000 + 30000) ÷ 1000 = 80 （元/人）

在方法一情形下，公司会认为只有直接市场推广费用才与取得客户相关。利用方法一计算的获客成本最低。在方法二情形下，管理层认为所有费用都与取得客户相关。无论方法一还是方法二，都将成本分摊至所有客户，而不考虑自然增长的客户，当无需推广即可获得的自然增长客户规模较大时，这两种方法其实是低估了获客成本，从另外一个角度而言，是高估了市场推广的收益。

方法三和方法四适用于自然增长客户较多的情形，当然前提是公司可以获得数据，能明确区别哪些客户是源于市场推广而来，哪些新客户是自然增长，即没有市场推广也会获得的客户。在方法四情形下，获客成本计算值最高，目的是让市场推广部门清楚看到最不利的情形。

尽管上文列示了四种计算方法，但企业只要在考虑行业惯例的基础上，确定计算口径，保持指标的可比性即可。实际工作中最为常用的是方法一，因为数据相对容易取得。公司可以对不同年度获客成本进行比较分析，并分析波动原因，为管理层提供决策建议。

在关注获客成本的同时，还需关注获得新客户的消费金额，单位客户的消费金额即为客价。最基本的要求应该是客单价至少要高于获客成本。表 7 – 4 为某公司客单价与获客成本数据。

表 7 – 4　　某公司客单价及获客成本数据

	2021 年	2020 年	2019 年	2018 年
宣传推广费（万元）	272.52	573.04	541.21	377.36
新增客户数（万个）	19.26	23.4	23.92	22.71
新增客户消费金额（万元）	12317	17359.23	23674.48	20203.96
新增客户人均消费（元）（客单价）	639.51	741.85	989.74	889.65
宣传推广费/新增客户数（获客成本）	14.15	24.49	22.63	16.62
宣传推广费/新增客户消费金额	2.21%	3.30%	2.29%	1.87%

从表 7－4 中可以看出，2021 年新增客户数有所减少，应该是推广费减少所致，但获客成本有所下降，表明推广是有效的。但新增客户人均消费有所降低，经分析是因为自有平台针对部分产品开展低价促销引流活动，从而显著降低了客单价水平。

【任务实施】

销售策略分析系统实操

步骤一：数据采集。

（1）通过内部系统，获取华瑞公司 2019 年 1 月—2021 年 12 月期间内，付费渠道新用户、自然/入站/免费/无接触新客户、上月新客户总数、销售和市场费用、其他费用开支等相关数据，如表 7－5 所示。

表 7－5 客户信息数据统计

	2019年1月	2019年2月	2019年3月	2019年4月	2019年5月	2019年6月	2019年7月	2019年8月	2019年9月	2019年10月	2019年11月	2019年12月
付费渠道新用户（人）	3387	3562	3415	3928	4183	4599	4284	5100	4124	2785	3747	3823
自然/入站/免费/无接触新客户（人）	1558	624	637	690	623	365	337	423	1425	1354	1246	1207
上月新客户总数（人）	4457	4945	4186	4052	4618	4806	4964	4621	5523	5549	4139	4993
销售和市场费用（万元）	18.38	18.38	15.37	16.25	16.76	18.46	17.22	25.98	24.74	24.50	25.26	26.49
其他相关费用开支（万元）	3.16	4.03	3.23	3.14	3.51	3.66	3.81	3.96	3.11	3.26	7.41	7.56
获客总费用（万元）	21.54	22.41	18.60	19.39	20.27	22.12	21.03	29.94	27.85	27.76	32.67	34.05
	2020年1月	2020年2月	2020年3月	2020年4月	2020年5月	2020年6月	2020年7月	2020年8月	2020年9月	2020年10月	2020年11月	2020年12月
付费渠道新用户（人）	4285	5358	6720	7235	7500	8172	6123	7742	6378	7219	7356	5729
自然/入站/免费/无接触新客户（人）	1273	323	229	364	321	237	284	228	319	425	421	496
上月新客户总数（人）	5030	5558	5681	6949	7599	7821	8409	6407	7970	6697	7644	7777
销售和市场费用（万元）	24.72	25.95	27.18	38.41	29.64	26.87	25.52	25.17	29.82	25.47	27.12	25.77
其他相关费用开支（万元）	8.71	8.66	7.66	7.27	3.98	3.57	3.92	3.12	3.98	2.78	2.67	3.89
获客总费用（万元）	33.43	34.61	34.84	45.68	33.62	30.44	29.44	28.29	33.80	28.25	29.79	29.66
	2021年1月	2021年2月	2021年3月	2021年4月	2021年5月	2021年6月	2021年7月	2021年8月	2021年9月	2021年10月	2021年11月	2021年12月
付费渠道新用户（人）	6238	5129	6219	7345	7092	5175	4525	6036	5217	5147	4418	3522
自然/入站/免费/无接触新客户（人）	314	376	317	321	282	203	295	429	475	353	225	282
上月新客户总数（人）	6225	6552	5505	6536	7666	7374	5378	4820	6465	5692	5500	4643
销售和市场费用（万元）	24.42	24.07	24.72	34.37	24.02	24.67	24.32	24.97	23.62	20.27	23.92	23.57
其他相关费用开支（万元）	2.11	2.05	1.08	1.25	1.23	2.56	2.98	3.22	3.75	3.27	3.11	3.85
获客总费用（万元）	26.53	26.12	25.80	35.62	25.25	27.23	27.30	28.19	27.37	23.54	27.03	27.42

步骤二：数据处理及建模。

（1）请根据以处理的相关数据，建立数据模型。基于获客成本算法模型进行指标计算，如表 7－6 所示。

方法一：获客成本＝销售和市场费用÷上月新客户总数，由于客户信息数据中销售和市场费用、其他相关费用以万元为单位，则在获客成本计算时，需要再乘 10000，将获客成本单位转化为元。以 2019 年 1 月为例，获客成本（方法一）＝18.38÷4457×10000＝41.23（元/人）。

方法二：获客成本＝获客总费用÷上月新客户总数。以 2019 年 1 月为例，获客成本（方法二）＝21.54÷4457×10000＝48.42（元/人）。

方法三：获客成本 = 销售和市场费用 ÷ 付费渠道新用户。以 2019 年 1 月为例，获客成本（方法三） = 18.38 ÷ 3387 × 10000 = 54.25（元/人）。

方法四：获客成本 = 获客总费用 ÷ 付费渠道新用户。以 2019 年 1 月为例，获客成本（方法四） = 21.54 ÷ 3387 × 10000 = 63.58（元/人）。

表 7 - 6　　获客成本指标计算　　单位：元/人

	2019年1月	2019年2月	2019年3月	2019年4月	2019年5月	2019年6月	2019年7月	2019年8月	2019年9月	2019年10月	2019年11月	2019年12月
方法一	41.23	37.16	36.72	40.10	36.29	38.41	34.69	56.22	44.79	44.15	61.03	53.05
方法二	48.32	45.31	44.43	47.85	43.89	46.03	42.37	64.79	50.43	50.03	78.93	68.20
方法三	54.25	51.59	45.01	41.37	40.07	40.14	40.20	50.94	59.99	87.97	67.41	69.29
方法四	63.58	62.90	54.47	49.36	48.46	48.10	49.09	58.71	67.53	99.68	87.19	89.07
	2020年1月	2020年2月	2020年3月	2020年4月	2020年5月	2020年6月	2020年7月	2020年8月	2020年9月	2020年10月	2020年11月	2020年12月
方法一	49.15	46.69	47.84	55.27	39.01	34.36	30.35	39.29	37.42	38.03	35.48	33.14
方法二	66.46	62.27	61.33	65.74	44.24	38.92	35.01	44.15	42.41	42.18	38.97	38.14
方法三	57.69	48.43	40.45	53.09	39.52	32.88	41.68	32.51	46.75	35.28	36.87	44.98
方法四	78.02	64.59	51.85	63.14	44.83	37.25	48.08	36.54	52.99	39.13	40.50	51.77
	2021年1月	2021年2月	2021年3月	2021年4月	2021年5月	2021年6月	2021年7月	2021年8月	2021年9月	2021年10月	2021年11月	2021年12月
方法一	39.23	36.74	44.90	52.59	31.33	33.46	45.22	51.80	36.54	35.61	43.49	50.76
方法二	42.62	39.87	46.87	54.50	32.94	36.93	50.76	58.49	42.34	41.36	49.15	59.06
方法三	39.15	46.93	39.75	46.79	33.87	47.67	53.75	41.37	45.28	39.38	54.14	66.92
方法四	42.53	50.93	41.49	48.50	35.60	52.62	60.33	46.70	52.46	45.74	61.18	77.85

步骤三：获客成本可视化图形设计。

按时间维度，根据获客成本指标绘制折线图，进行比对分析，如图 7 - 27 所示。

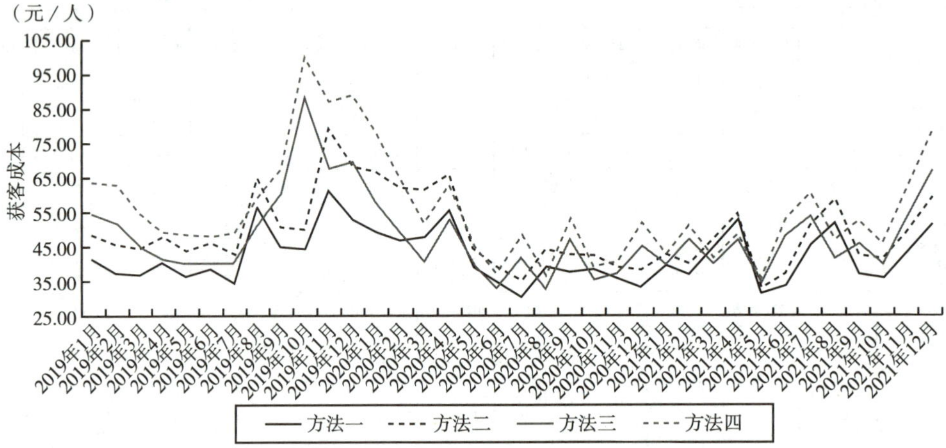

图 7 - 27　2019 年 1 月—2021 年 12 月获客成本

2019 年 1 月—2021 年 12 月整体获客成本相对处于稳定区间范围。在 2019 年 10 月—2020 年 1 月获客成本偏高。相对来讲，市场推广对于获客产生的影响是正向的，自然获客的机会相对较低，可以逐步调整获客及营销策略，逐步平稳并控制获客成本。

【任务拓展】

A/B 测试方法最早运用在医疗行业，通过分组对照，判断新药物的疗效。近年来，A/B 测试被用于支持互联网公司选择最有效的产品与服务策略。简单地说，A/B 测试就是在控制其他因素的前提下，通过实验组和对照组的对比评测，经过分析，选择较优的方案与策略。A/B 测试主要包括如下五个流程环节。

（1）确定目标。确定目标要从业务着手，看要解决的问题是什么，是否必须要进行 A/B 测试。例如，A 电商平台在设计时，存在“有购物车按钮”和“没有购物车按钮”两个策略设计选择。“有购物车按钮”方便消费者进行一并结算，但会延长消费者购买时间；“没有购物车按钮”尽管不利于消费者结算，但却会加速消费者下单时间，提高下单转化率。尽管绝大多数购物网站都有购物车按钮，但针对本平台，由于产品定位、消费者群体有不同，所以需要进行 A/B 测试。

（2）确定指标。核心指标主要用来测度试验效果，同时还会影响样本量。核心指标需要能驱动业务增长与企业核心价值，并且简单易理解。比如，在上述 A 电商平台案例中，下单转化率可以作为核心指标。核心指标之外还可以有辅助指标。在上述案例中，可以使用人均下单次数、退货率等作为辅助指标。辅助指标能够帮助企业从更多、更全面的角度来观察试验给业务带来的影响，尤其是当发现问题时，能够帮助企业及时分析原因、调整策略，通过不断优化达到最终的试验目的。

（3）正确选择投放目标。试验过程中，投放数量与投放给谁至关重要。投放数量并不是多多益善，但如果少了，则观测指标有可能受偶然因素影响，投放过多又有可能会引起市场的不良反应，加大测试风险。关于投放量的计算相对复杂，网络上也有很多 AB Test 样本量计算器，如有兴趣，可自行检索学习。

关于投放人群，通常有两种选择：一种是随机从网络用户里抽样；另一种是定向，针对特定用户群体下发策略。例如，结合用户画像标签或自定义规则筛选用户。例如，A 电商平台由于目标定位客户是 30—59 岁、有一定经济实力的用户群体，则可定向这一用户群体进行测试。

（4）运行测试。在运行测试时，测试时长也是个关键因素。在测试时，需要充分考虑试验指标的周期性波动等特殊因素的影响。

在实际业务运行过程中，往往需要考虑周期性带来的指标变化。比如，办公软件的各项指标都证明在节假日的使用频率远低于工作日。因此，当需要考察的指标自身带有周期性特征时，那么在试验中就必须要考虑到周期性影响，不能单纯根据结果显著性来做决策。所以，在实际测试过程中，试验时间至少包含一个完整的数据波动周期。

此外，在试验的初始阶段，可能会产生一些明显的效应，并在接下来的一段时间内趋于稳定。原因在于刚上线新策略时用户的兴趣值较高，从而引发新奇效应；随着时间推进，用户的新奇感会逐渐消失。所以，在做 A/B 测试时，需要评估引入的新策略能否引发新奇效应，从而判断当获得显著结果时，是否需要延长试验周期以得到稳定的结果。

（5）分析与驱动决策。运行 A/B 测试的终极目的是提升业务指标。那么在收集试验数据到最终决策的过程中需要考虑试验结果差异是否真实可信、是否具备统计显著性，试验放量之后会带来哪些风险，风险处理的预备方案是什么。

在此基础上，出具相关建议以支持管理层决策。

任务四 用户行为分析

【任务案例】

在大数据时代，每个用户都被标签化，商家通过用户画像的方式来精准掌握客户特征，推送相关的广告、营销策略或促销信息，增强用户黏性以及消费频次。不论哪个行业或类型的企业，用户对于他们都非常重要，对于用户行为的分析是了解用户的主要方式之一。

华瑞公司近年来启动了整体业务线拓展，除了传统的生鲜商超、生鲜产品等业务外，积极扩展线上商城，并且在国内知名大型的电商平台开辟门户，形成了线上、线下立体化的销售网格布局。随之而来的是对于用户的管理，这也是传统商超企业转型的一个难题。

公司目前除了传统门店外，线上有以下入口：APP 商城、微信小程序以及两大电商平台，在两大电商平台主要提供标准产品销售。请你根据公司目前的渠道结构，设计用户分析的指标体系。在分析过程中，需要体现用户特征，并根据用户行为进行趋势分析，进行数据分析及可视化设计，提出合理化解决建议，帮助业务部门进行精准营销，提升销售业绩。

【任务处理】

无论是企业端用户还是消费端用户，了解与分析用户的行为都非常重要，只有满足用户价值需求的产品与服务，才能有好的销售业绩。分析用户的行为是为了更好地对用户进行管理。当然，企业端用户与消费端用户在分析指标与价值管理上仍然存在显著差异。

1. 分析指标

一般而言，在成熟的产业链上，企业端用户相对稳定。例如，华为的设备会有相对固定的客户，尽管会拓展新的客户，但目标群体相对明确而且稳定。相关分析的指标包括特征性指标与过程性指标。特征性指标主要包括用户规模、经营范围、经营及财务状况、信誉度水平、行业排名、风险事件等。企业可以通过关键的财务、经营、风险指标对用户进行画像。过程性指标主要用以测度用户与公司的交易过程，包括交易规模、在公司销售额中所占比重、付款周期、退货率等。当然，在完善的信息系统支持下，亦可测度分析从销售机会到合同签订、产品发出、收回货款及至保修的销售全生命周期过程。

消费端客户由于数量庞大，所以具有很大程度的不稳定性。而且由于消费端部分产品功能细分呈现迭代升级状态，于是产品的目标消费群体也呈现逐步细分特征。例如，不同品牌、不同价位的手机，事实上都有相对细分的消费群体。消费端客户的特征性指标主要包括个人特征（年龄、性别、位置信息、消费偏好）、关联的社交圈或朋友圈等社交特征。行为类特征又可以分为两类：第一类是浏览类指标，如访问入口、停留时间、访问内容等；第二类是消费类指标。即消费间隔、消费频率、消费金额、支付方式、购买渠道等。

2. 用户价值管理

用户价值管理，是在对企业用户分类的基础上，给予不同类别用户不同的资源投入，从而实现对用户价值的有效管理。

(1) 企业端用户价值管理。对于企业端用户分类，不能只考虑企业的历史收入，还要综合考虑企业的战略目标、客户的行业地位、业务规模（潜在合作空间）。在对用户进行价值管理时，不仅要考虑用户的现有价值，还要考虑未来的潜在价值。

在进行用户价值分类时，有两类划分维度：影响力—销售规模，当前价值—潜在价值。基于“影响力—销售规模”，对客户分类如表 7-7 所示。

表 7-7　“影响力—销售规模”分类矩阵

销售规模 / 影响力	高	低
高	A	B
低	C	D

从客户行业影响力和企业当前获得的销售规模两个方面进行评估，将用户可以分为四类。其中 A 类客户（影响力大、业务量大）、B 类客户（影响力大、业务量小）、C 类客户（影响力小、业务量大）、D 类客户（影响力小、业务量小）。在进行管理时，采取的策略是，将 A 类客户界定为战略客户，应予以相应销售资源投入与支持；对 B 类潜在大客户采取销售跟进策略，以获得认同、促成合作。对 C 类客户采取快速响应、盈利导向策略。针对 D 类客户，采取维持关系、挖潜机会的策略。

基于“当前价值-潜在价值”，对客户分类如表 7-8 所示。

表 7-8　“当前价值—潜在价值”分类矩阵

潜在价值 / 当前价值	高	低
高	Ⅰ	Ⅱ
低	Ⅲ	Ⅳ

“当前价值—潜在价值”分类矩阵从当前价值、潜在价值两个维度对客户进行评估，按客户价值高低分为四类客户：Ⅰ类高价值客户（当前价值高、潜在价值高）、Ⅱ类价值客户（当前价值高、未来价值低）、Ⅲ类潜在价值客户（当前价值低、未来价值高）、Ⅳ类低价值客户（当前价值低、未来价值低）。对于Ⅰ类客户，应作为企业战略客户，重点投入销售相关资源；对于Ⅱ类客户，通过客户关系管理，延长客户稳定期；对于Ⅲ类客户，采取培育策略，促使其未来成为高价值客户；对于Ⅳ类客户，看是否可以转化为Ⅱ类或Ⅲ类客户，如果不能，则需要放弃或淘汰。

(2) 消费端用户价值管理。对于消费端用户进行分类，有利于对不同的消费者更精准地制定营销策略。零售电商行业通常会基于 RFM 模型，对用户进行分类。

R (Recency)（用户黏性，越小越好）：用户最近一次交易时间的间隔。R 值越大，表示用户交易发生的日期越久，反之则表示用户交易发生的日期越近。

F（Frequency）（用户忠诚度，越大越好）：用户在最近一段时间内交易的次数，F 值越大，表示客户交易越频繁，反之则表示用户交易不够活跃。

M（Monetary）（用户贡献度，越大越好）：用户在最近一段时间内交易的金额。M 值越大，表示用户价值越高，反之则表示用户价值越低。

在实际工作中，为了更有效地对用户进行分类，通常会对 RFM 进行定量分析。表 7－9 是某电商企业对 RFM 指标进行评分的示例。在表 7－9 中，根据零售行业特性，设计打分原则，R、F、M 每个分数等级为 5 分。

表 7－9　　RFM 打分表

	R	F	M
5 分	30 天以内	10 单以上	5000 元以上
4 分	30—60 天	7—10 单	2000—5000 元
3 分	60—90 天	3—7 单	1000—2000 元
2 分	90—120 天	1—3 单	500—1000 元
1 分	120 天以上	1 单	500 元以下

【任务实施】

步骤一：数据挂载。

（1）进入大数据财务分析系统中，新建项目并命名为“用户数据分析”。切换到数据源列表页，点击右上角“挂载数据集”，选择“大数据财务数据集”，点击“确定”，查看并确认挂载成功。

步骤二：数据处理及建模。

（1）切换到数据视图界面，点击“＋”按键，进入数据视图新增页面，切换到智能模式。选择“财务数据集”，如图 7－28 所示。

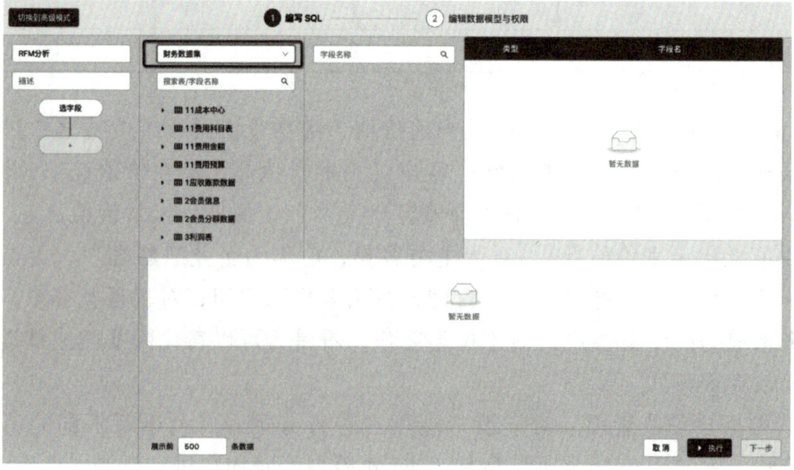

图 7－28　选择财务数据集

（2）选择“5RFM 分析”中的全部字段，点击“确定”按键，选择完成后点击“执行”按键，如图 7－29 所示。

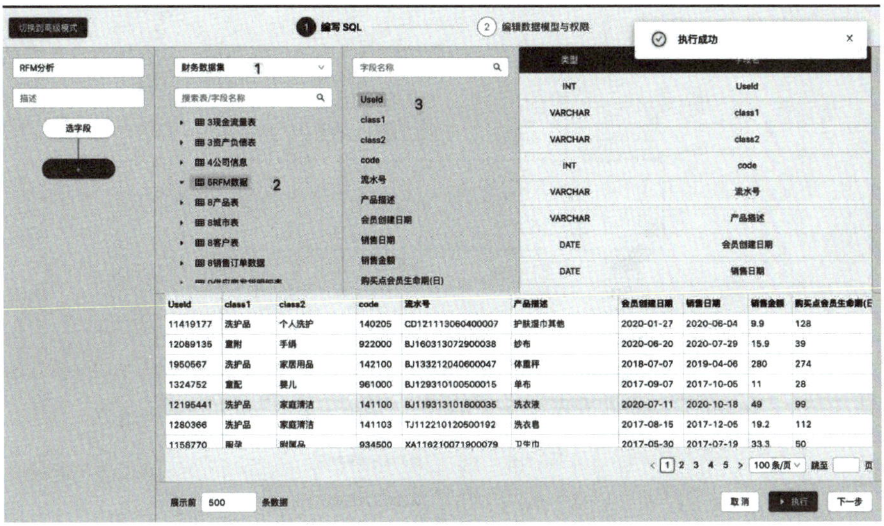

图 7－29　选择字段

（3）新增最后购买点生命期（日）、记录数，用于分析用户消费间隔数据。点击左侧“＋”按键，添加步骤“新增列”。输入新增列名“最后购买日期”，框内选择字段及符号，输入公式为：FLOOR（‘最后购买点生命期（日）’/30）＊30，即以 30 为大小创建数据桶，点击“确定”按键后，再点击“执行”如图 7－30 所示。

数据分桶是一种数据预处理技术，用于减少次要观察误差的影响，是一种将多个连续值分组为较少数量的“桶”的方法。将 30 作为一个数据桶以进行后续数据处理。

图 7－30　新增列——最后购买点生命期（日）（数据桶）

（4）新增记录数，用于统计分析。继续添加步骤“新增列”，输入新增列名“记录数”，框内填入“1”，点击“确认”，并执行。通过记录数可以统计分析全部的销售订单数量，如图 7－31 所示。

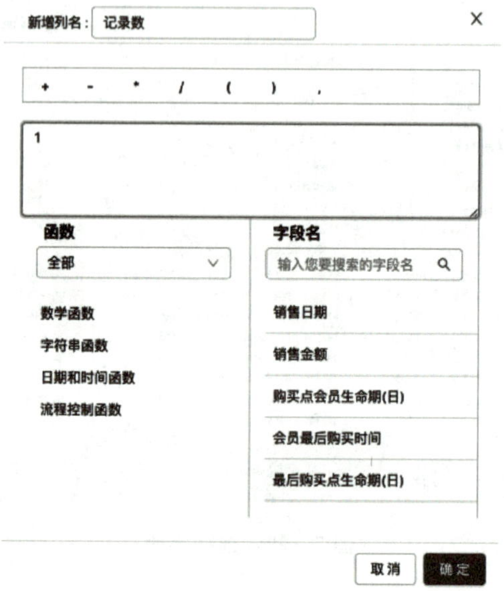

图 7－31 新增列——记录数

（5）计算 Recency，即 RFM 模型中的 R 值。点击左侧“＋”按键，添加步骤“新增列”。输入新增列名“Recency”，框内选择字段及符号，形成公式“datediff（‘2021－07－30’，‘会员最后购买时间’）”，其中选择‘2021－07－30’因其略高于样本中的最大日期‘2021－07－24’，点击“确认”，并执行，如图 7－32 所示。

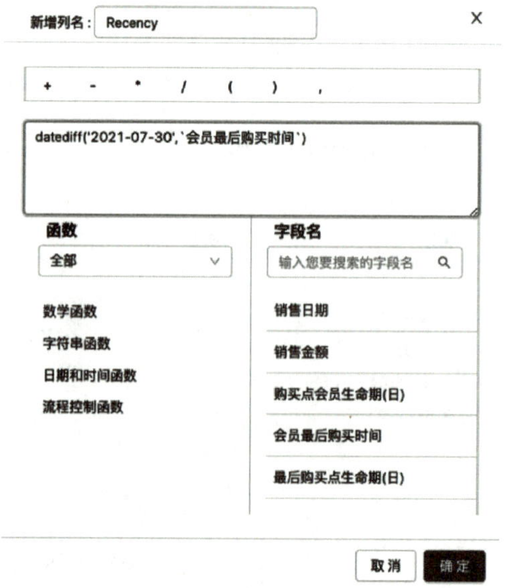

图 7－32 新增列——Recency

Datediff 函数为日期差计算函数，本任务中计算 2021 年 7 月 30 日至会员最后购买时间的时间差，以统计消费间隔。

（6）设置数据分析的维度及指标，在名称输入框，输入“RFM 分析”，点击“下一步”，如图 7－33 所示。

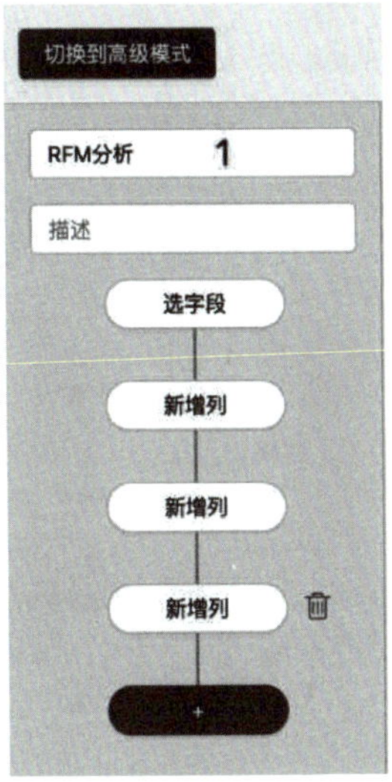

图 7－33　输入视图名称——RFM 分析

将“UserId”“code”“最后购买点生命期（日）（数据桶）”“Recency”的数据类型改为“维度”，用于按维度进行分析。将“流水号”“最后购买点生命期（日）”的数据类型改为“指标”，用于统计不同维度的指标数据。点击“保存”按键，完成数据建模处理，如图 7－34 所示。

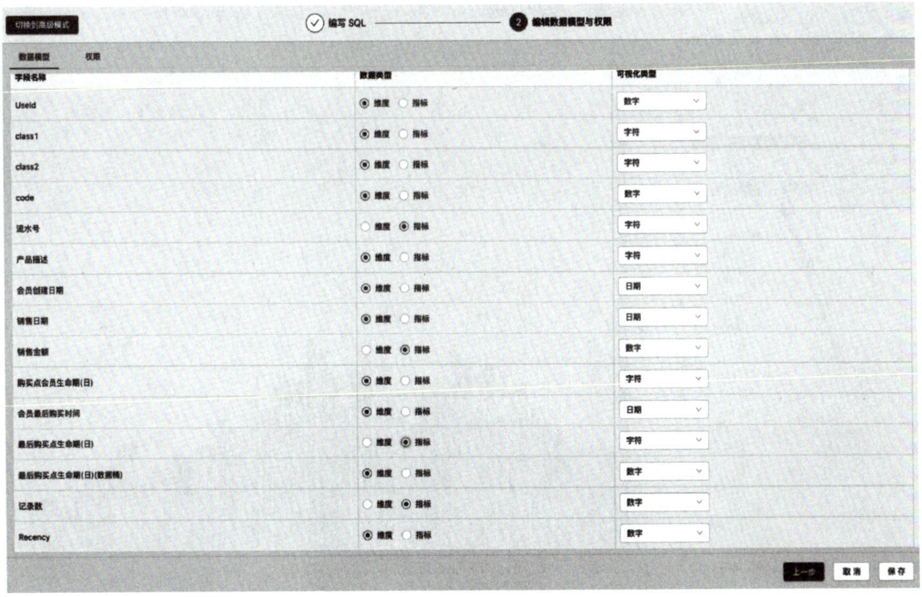

图 7－34　数据格式设置

步骤三：可视化分析。

（1）分析用户最后一次购买生命期。

①将大数据财务分析系统切换到“可视化分析”列表界面，点击“+”，命名为“用户可视化分析”，新增并进入可视化操作界面，如图7-35所示。

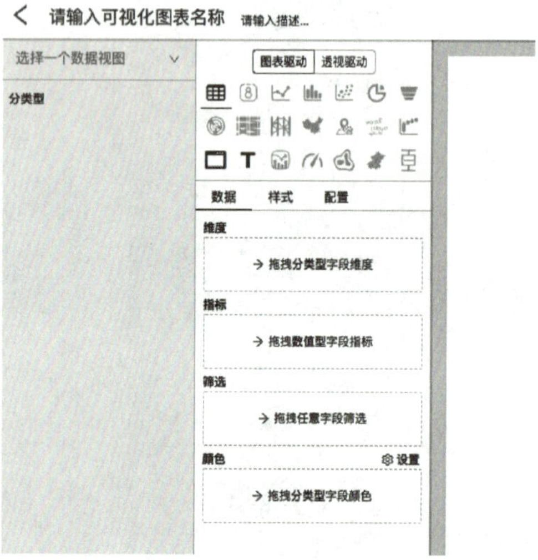

图7-35　可视化分析

②选择数据视图“RFM分析”，绘制柱状图，并将“最后购买点生命期（日）（数据桶）”拖入维度，将“记录数”拖入指标，以体现用户最后一次购买的生命周期，如图7-36所示。

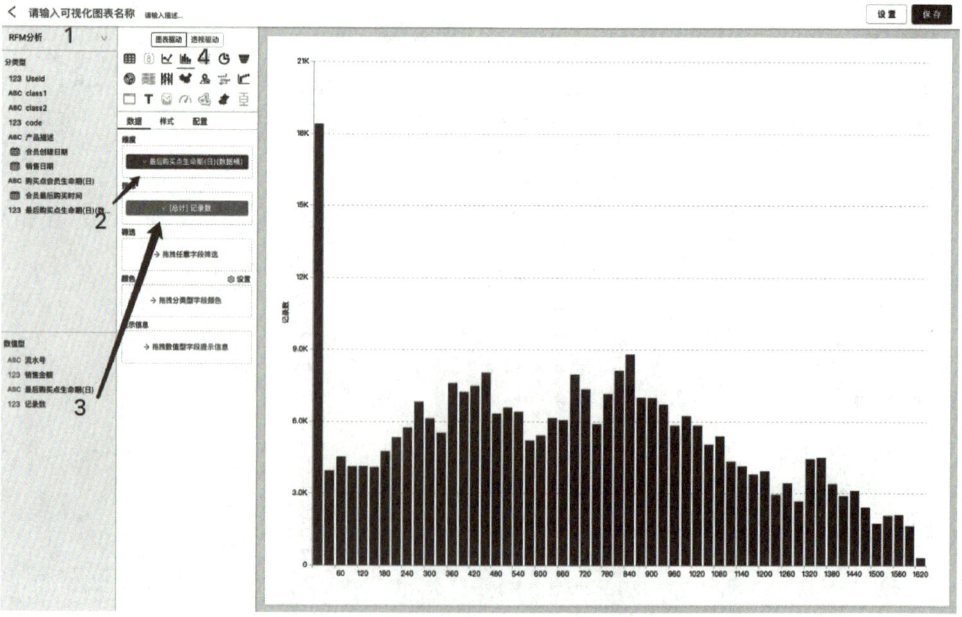

图7-36　用户最后一次购买生命期

③将“销售日期”拖入筛选，并配置日期在“2021－07－01”与“2021－07－30”之间，即样本中的最后一个月，点击“保存”，如图 7－37 所示。

图 7－37　销售日期——筛选条件设置

④将“最后购买点生命期（日）”拖入筛选，并配置条件大于 0，即不考虑会员创建日期当天的购买情况，点击保存，如图 7－38 所示。

图 7－38　最后购买点生命期（日）——筛选条件设置

⑤将可视化分析标题修改为“用户最后一次购买生命期”，并点击“保存”，如图 7－39 所示。

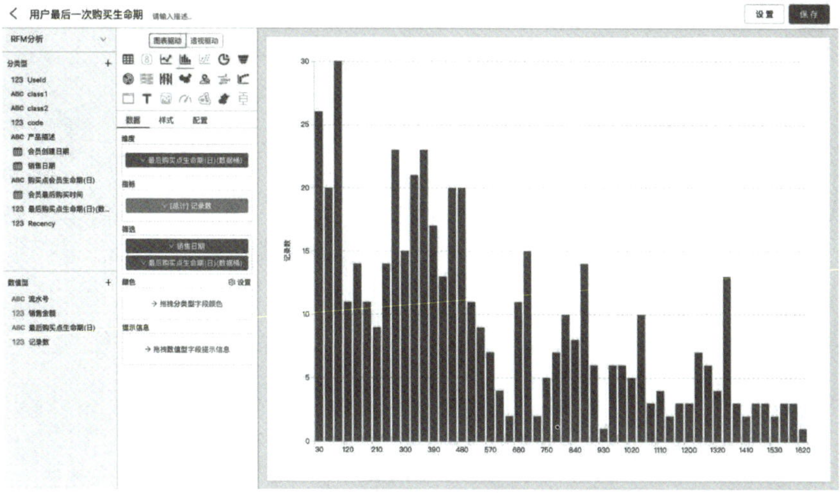

图 7－39　用户最后一次购买生命期

（2）进行用户消费频次及消费金额分析。

①切换到“可视化分析”列表界面，点击“+”，新增进入。选择数据视图“RFM 分析”，将选择“散点图”进行可视化呈现。将“UserId”拖入维度，将“流水号”“销售金额”拖入指标，并将“流水号”的统计值改为去重计数，通过流水号的计数反应消费频次，即每购买一次产生一个流水号，如图 7－40 所示。

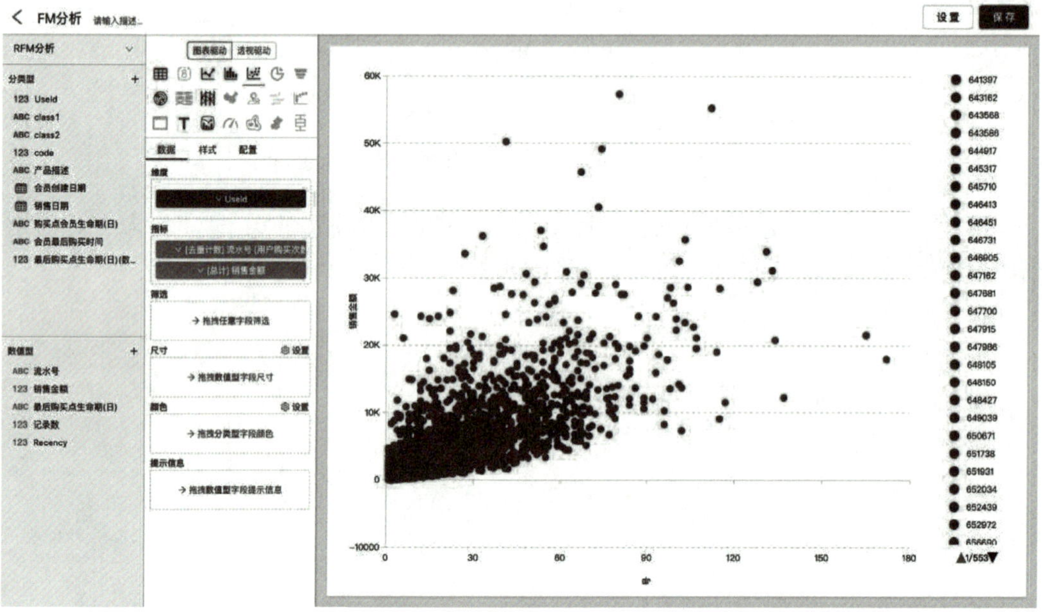

图 7－40　FM 分析——操作步骤

②点击指标中“流水号”，选择“字段设置”，将字段别名改为“用户购买频次”，并保存，如图 7－41 所示。

图 7－41　用户购买频次——字段设置

③左上角输入名称“FM 分析”，并保存，如图 7－42 所示。

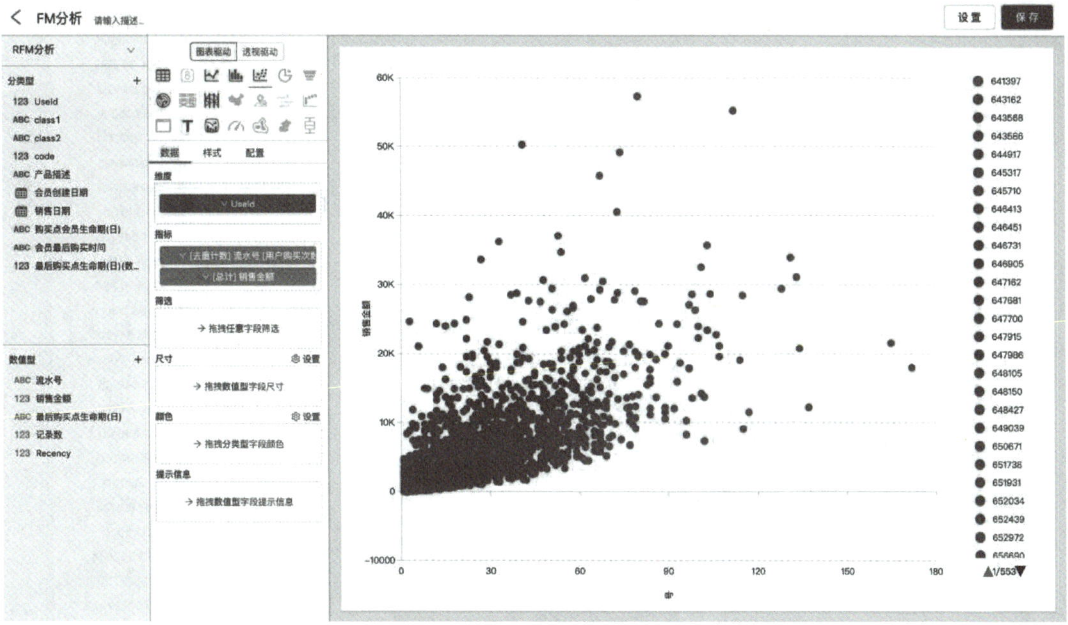

图 7－42　FM 分析

（3）设置最近消费日期，进行“RFM”分析。

①切换到“可视化分析”列表界面，点击“FM 分析”右侧的复制按钮，修改名称为“RFM 分析”，并点击确认，如图 7－43 所示。

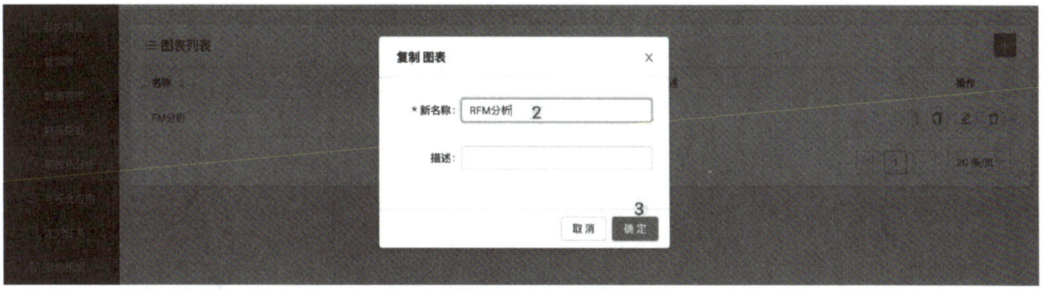

图 7－43　复制视图

②点击“RFM 分析”右侧的修改按钮，进入可视化分析编辑页面。基于“FM 分析”视图，再将“Recency”拖入颜色，并点击“保存”按键，如图 7－44 所示。

③基于 RFM 分析视图进行 RFM 生命周期分析。通过最后购买日期设置散点尺寸，以利于观察数据特征。将“最后购买点生命期（日）”拖入尺寸，点击尺寸右上角设置适当调整大小，图 7－45 所示。

④切换到“配置”，点击参考线配置，选择“平均值”和“流水号”，以建立用户消费频次的平均值参考线，如图 7－46 所示。

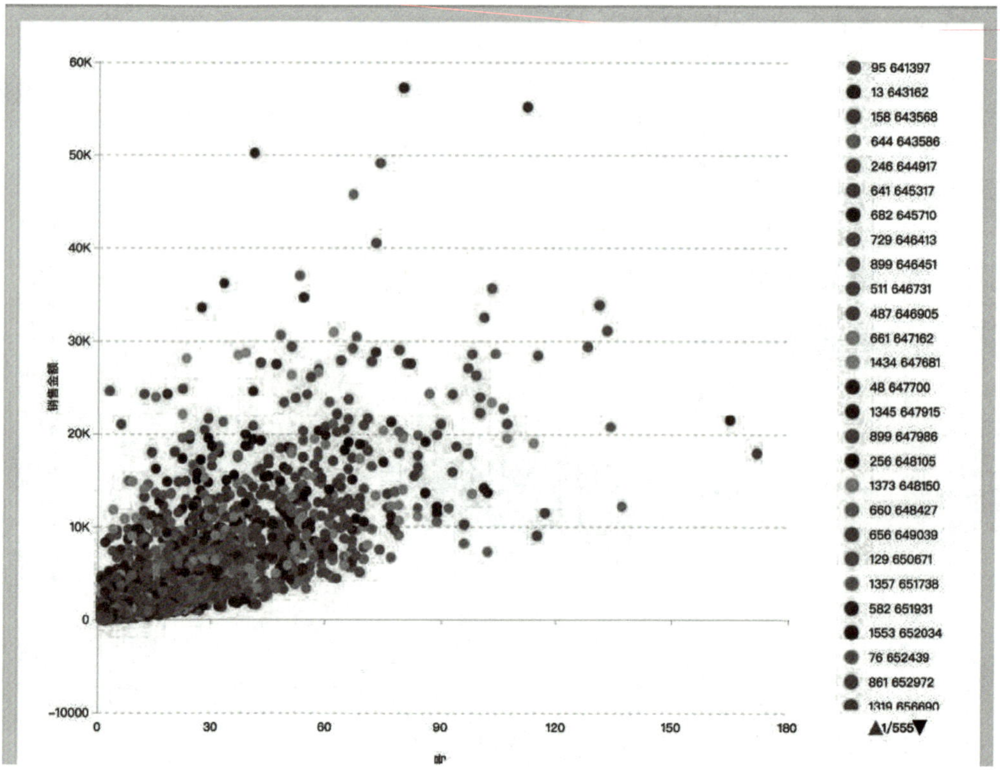

图 7－44　将 R 值设置为颜色

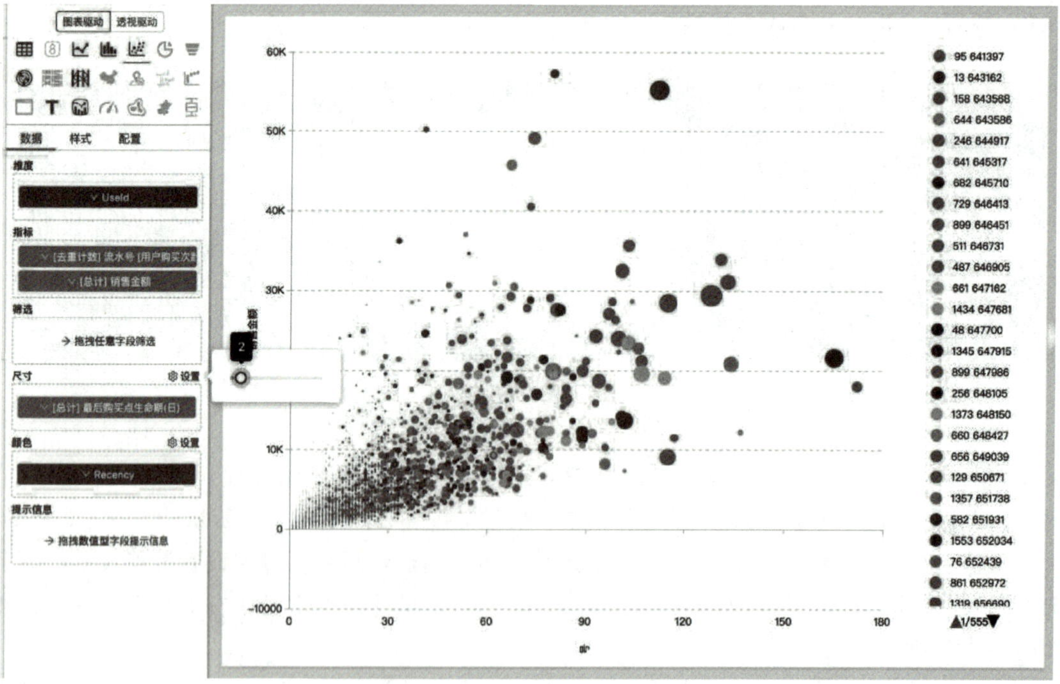

图 7－45　设置散点图尺寸

图 7－46　添加“用户消费频次”参考线

⑤点击新建参考线，选择“平均值”和“销售金额”，以分析“用户消费金额”平均线，点击“保存”按键，如图 7－47 所示。

图 7－47　添加用户消费金额参考线

⑥形成 RFM 可视化分析视图如图 7－48 所示。

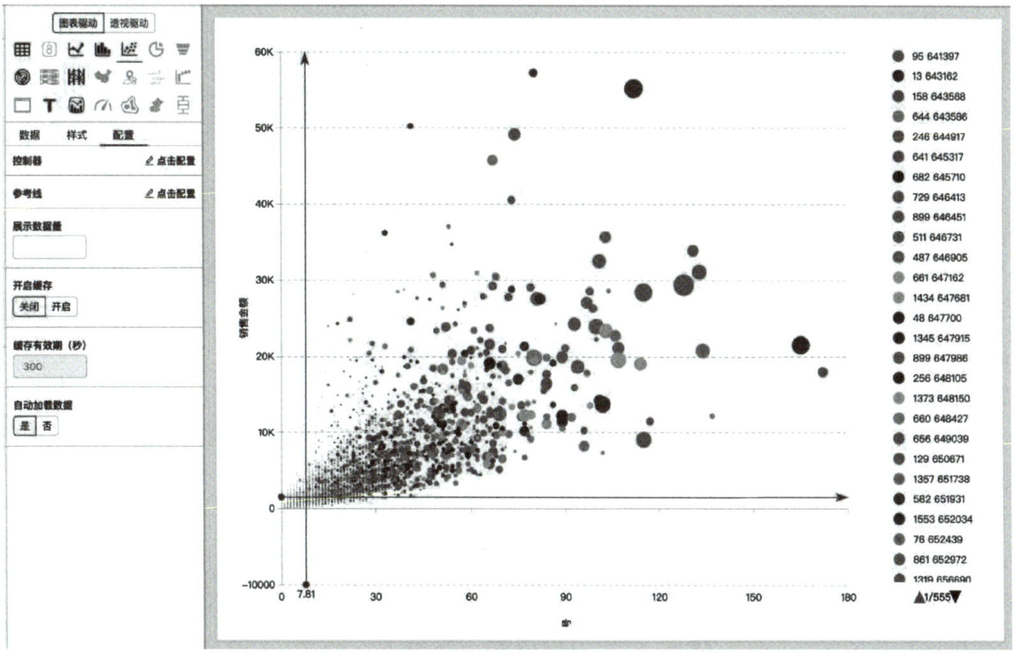

图 7－48　RFM 分析

【任务拓展】

互联网呈现蓬勃发展态势以来，越来越多的互联网企业引入北极星指标，作为业务发展引领性指标。一般而言，北极星指标是企业中最重要最核心的指标，通常在每一阶段只有一个北极星指标。

北极星指标和公司的战略密切相关的。如果企业是以低价战略（薄利多销）作为战略方向，但却将毛利率作为北极星指标，很明显会引致公司实际运营的无所适从。因为在售价较低的情形下保持高毛利率水平基本是不现实的。

企业在不同的发展阶段，战略目标不同，北极星指标也会有所不同。例如，企业在发展初期，为获得市场影响力，占有市场份额最为关键，此时，市场占有率可确定为北极星指标。但是，随着企业的发展，在占有一定市场份额后，营业利润或者自由现金流量就会成为北极星指标。

再比如，对于 APP 等产品，在早期拓展市场上，会更重视新增用户数和注册用户数。但随着产品渐渐成熟，活跃用户数和转化用户数可能就是企业所重视的指标。但是，进一步发展，用户所能带来的收入会成为指引业务发展的重要指标。

通常在判断企业制定的北极星指标是否合适的时候，有如下 4 个原则：

（1）是否能反映用户从产品中获得的核心价值？

（2）是否能为产品达到长期的战略目标和价值目标奠定基础？

（3）当指标变好后，是否能提示企业经营再往好的方向发展？

（4）是否是先导性指标？

请分析微信公众号把粉丝数作为北极星指标，是否合适？

思政拓展：电商时代，诚信是不变的经营之道

近年来，随着电子商务和社交平台的融合发展，中国已成为全球网民人数最多、电商渗透率最高的国家，电商零售市场规模全球排名第一。电商的发展实现了多方共赢，活跃的网络经济正成为中国经济的新亮色。网络经济蓬勃兴起，让消费者有了更多选择，但也滋生出消费欺诈、诚信缺失等突出问题，日益成为侵害消费者权益的“重灾区”，网上消费投诉成为消费投诉的新热点。疫情当下，生鲜、教育、医疗、餐饮等诸多电商消费市场尤为瞩目，且更应经得起考验。

“人无信不立，业无信不兴。”互联网时代，市场信息日益透明，诚信是商家的核心资产，信誉好坏直接决定其生存发展。从某种程度上来讲，网络经济的本质就是口碑经济、诚信经济，信用是其发展壮大的重要基石。只有坚守诚信底线，诚实经营、童叟无欺，为广大消费者提供信得过的产品，方能经得住市场考验、赢得未来。

巧诈不如拙诚。其实，互联网并没有改变商业的本质，不管线上线下，诚信是不变的经

营之道。无论是推动网络经济健康发展，还是维护正常市场秩序、保障消费者合法权益，都必须守住诚信底线，提高网上消费服务水平。只有用健康可持续的商业模式作为保障，让人们愿消费、敢消费，才能让消费更好地成为经济增长的压舱石。

诚信的市场环境，离不开制度保障。对电商出现的问题，不能听之任之，要进一步加强监管规范惩戒力度，畅通投诉渠道，对涉嫌违反“电商法”“广告法”“消费者权益保护法”等违法行为做到“重拳出击”、以儆效尤，建立常态化的处理机制，消除监管盲区，为电商消费者保驾护航。要彻底打赢消费者权益的保护之战，还需加强相关法律的普及，提高消费者法律维权意识，让消费者拿起法律的武器，让消费活动真正做到有法可依、执法必严、违法必究。

同时，要进一步加强行业、社会共治。政府、网购平台、企业、商家、消费者、社会机构携手合作、联合发力，媒体联动舆论监督，形成线上线下一体化良好的行业规范，共同打造和谐公正的经营环境，消除“阿喀琉斯之踵”的电商行业痼疾，并通过更健康的模式、更好的监管自律，让电商业态不断满足消费者需求，依靠优质诚信服务赢得信赖，让更多消费者放心畅享网购，促进消费的蛋糕越做越大，推动经济高质量发展。

“轻千乘之国，而重一言之信。”个人信守承诺、企业捍卫约定、社会崇尚良知，让消费者权益保护不仅仅停留在“3·15”，而是成为伴随我们日常生产生活的准则规范，让市场环境更有诚信、更有秩序。

资料来源：光明网。